职业教育建筑类改革与创新系列教材

建筑企业经营管理

第 2 版

主编 李 彬 张明媚 陶红霞
参编 林 云 王 琳 孔 玲
主审 王孟钧

机械工业出版社

本书是在第1版的基础上修订而成的。全书共分11章，包括建筑企业经营管理基础知识、建筑市场经营、建设工程招投标、建设工程合同管理、建筑企业计划管理、施工技术管理、建筑企业质量管理、建筑企业劳动人事管理、建筑企业材料管理、建筑企业机械设备管理、建筑企业经营评价等。

本书采用经典模式编写，大部分章前设有导入案例，通过导入案例来引出每一章的重点内容，并进行讲解。同时设有社会调查栏目，要求读者根据所学的理论知识，通过自己的眼睛去观察建筑企业经营管理的一些实践知识。本书的另一大特点是根据各章节的理论知识，设有配套练习题和答案，通过对习题练习巩固，使读者对所学的知识融会贯通。

本书可作为职业教育建筑经济管理专业、工程管理专业及其他相关专业的教材，也可作为相关行业岗位培训、成人教育的教材或自学用书。

本书配有电子课件，选用本书的老师可通过登录 www.cmpedu.com 注册、下载，或加入机工社职教建筑 QQ 群（221010660）索取。如有疑问，请拨打编辑电话 010 - 88379934。

图书在版编目（CIP）数据

建筑企业经营管理/李彬，张明媚，陶红霞主编. —2版. —北京：机械工业出版社，2014.6（2023.1重印）
职业教育建筑类改革与创新系列教材
ISBN 978-7-111-47214-8

Ⅰ.①建… Ⅱ.①李… ②张… ③陶… Ⅲ.①建筑企业—工业企业管理—职业教育—教材 Ⅳ.①F407.96

中国版本图书馆 CIP 数据核字（2014）第 142858 号

机械工业出版社（北京市百万庄大街22号　邮政编码100037）
策划编辑：王莹莹　　责任编辑：王莹莹
版式设计：霍永明　　责任校对：郭明磊
封面设计：马精明　　责任印制：刘　媛
涿州市般润文化传播有限公司印刷
2023年1月第2版第7次印刷
184mm×260mm・18印张・397千字
标准书号：ISBN 978-7-111-47214-8
定价：45.00元

电话服务　　　　　　　　　网络服务
客服电话：010-88361066　　机　工　官　网：www.cmpbook.com
　　　　　010-88379833　　机　工　官　博：weibo.com/cmp1952
　　　　　010-68326294　　金　书　网：www.golden-book.com
封底无防伪标均为盗版　　　机工教育服务网：www.cmpedu.com

第 2 版前言

本书第 1 版自 2008 年 8 月出版以来，被广大学校采用，受到了广泛好评，被认为是新颖性、操作性很强的管理类教材。为了适应当前教学改革，更好地服务于教学，本书在第 1 版基础上进行了修订。

本次修订的内容包括：

(1) 根据《建筑工程工程量清单计价规范》（GB 50500—2013）等新规范、新标准修订相关内容，使教材内容与时俱进。

(2) 将第 1 版教材中的"综合练习"和"社会调查"汇集成册附夹在主教材中，并增加了习题答案，供师生教学中参考使用。

(3) 根据课堂教学的特点，为保证教学的连贯性，将第 1 版教材中各知识点后的"试一试"汇总在每一节之后，并改为"练一练"，题型以填空题和选择题为主。

(4) 对第 1 版教材中的一些错误进行改正，对某些文字叙述也作了修改。

本次修订主要由云南建设学校李彬、林云两位老师负责。

由于编写人员水平有限，书中一些不足之处与缺憾在所难免，恳请读者批评指正。

编　者

第1版前言

本书是在国家职业教育有关改革精神指导下，以社会需要为导向，以培养实用为主、技能为本的应用型人才为出发点，根据目前职业院校毕业生的岗位走向、生源等实际情况编写的。

全书紧密结合企业对应用型专业人才管理实践能力的要求和课堂教学的需要，在编写上突出三个特点：

一是系统性。教材以建筑企业为研究对象，由于课程具有综合性特点，在编写上力求保证经营管理知识体系的系统性。同时结合注册造价师、建造师等考试大纲和考试特点，突出重点，精选内容，为学生参加执业资格考试打下基础。

二是实践性。强调对学生管理素质的培养，理论联系实际，注重实践和应用，教材内容侧重于实际操作，通过例题、试一试、综合练习、案例分析和社会调查进行实践训练，拉近课堂和企业的距离，便于学生领会管理真谛，达到培养学生综合实践能力的目标。

三是新颖性。首先，教材按崭新格式编写，充分体现教学的互动性。每个章节一般按知识储备、导入案例、试一试、资料链接、案例分析、综合练习、本章回顾、社会调查等内容编写，编写体例有利于师生互动。其次，教材紧跟社会形势发展，引入国内外经营管理的最新成果、最新规范和最新标准，并将管理的新思想和新方法引入教材中。如"建筑工程施工质量验收"按修改后的《建筑工程施工质量验收统一标准》（GB 50300—2001）介绍，"FIDIC合同条件"和"ISO9000系列标准"体现现行的国际标准。

本书共11章，内容包括：建筑企业经营管理基础知识、建筑市场经营、建设工程招投标、建设工程合同管理、建筑企业计划管理、施工技术管理、建筑企业质量管理、建筑企业劳动人事管理、建筑企业材料管理、建筑企业机械设备管理、建筑企业经营评价。

本书由云南建设学校李彬、北京城市建设学校张明媚、天津城市建设管理职业技术学院陶红霞担任主编，中南大学王孟钧教授担任主审。云南建设学校林云、河南省建筑职工大学王琳、北京城市建设学校孔玲参加了编写工作。

由于编写人员水平有限，本书难免存在一些不足之处，恳请读者批评指正。

编　者

目 录

第 2 版前言
第 1 版前言

第 1 章　建筑企业经营管理基础知识 ………… 1
　1.1　建筑企业基本知识 ………… 2
　1.2　企业经营管理的概念、职能与性质 ………… 6
　1.3　建筑企业经营管理基础工作 ………… 8
　1.4　建筑企业经营管理的体系与特点 ………… 11
　本章回顾 ………… 13

第 2 章　建筑市场经营 ………… 15
　2.1　建筑市场经营概述 ………… 16
　2.2　建筑市场调查与经营预测 ………… 22
　2.3　建筑企业经营决策 ………… 28
　本章回顾 ………… 34

第 3 章　建设工程招投标 ………… 36
　3.1　概述 ………… 37
　3.2　建设工程招投标程序及各方工作内容 ………… 40
　3.3　建筑企业投标策略 ………… 58
　本章回顾 ………… 61

第 4 章　建设工程合同管理 ………… 62
　4.1　建设工程施工合同基础知识 ………… 63
　4.2　建设工程施工合同示范文本及 FIDIC 合同条件简介 ………… 69
　本章回顾 ………… 76

第 5 章　建筑企业计划管理 ………… 77
　5.1　概述 ………… 77
　5.2　建筑企业计划指标体系 ………… 81
　5.3　建筑企业计划的管理过程 ………… 83
　本章回顾 ………… 89

第 6 章　施工技术管理 ………… 91
　6.1　施工管理 ………… 91
　6.2　技术管理 ………… 96
　本章回顾 ………… 104

第 7 章　建筑企业质量管理 ………… 106
　7.1　质量管理的基础知识 ………… 106
　7.2　全面质量管理保证体系 ………… 110
　7.3　建筑工程施工质量验收简介 ………… 120
　7.4　建筑企业质量成本分析 ………… 124
　7.5　2000 版 ISO9000 系列标准简介 ………… 127
　本章回顾 ………… 131

第 8 章　建筑企业劳动人事管理 ………… 132
　8.1　劳动者管理 ………… 132
　8.2　建筑企业劳动管理 ………… 136
　8.3　建筑企业劳动报酬管理 ………… 141
　8.4　能力开发和行为激励 ………… 143
　本章回顾 ………… 146

第 9 章　建筑企业材料管理 ………… 147
　9.1　建筑企业材料管理概述 ………… 148

9.2 材料定额管理 …………………… 151
9.3 材料计划、采购与运输………… 161
9.4 材料仓库管理 …………………… 170
9.5 周转材料及工具用具管理 ……… 174
本章回顾 ……………………………… 177

第10章 建筑企业机械设备管理 ……… 178
10.1 建筑企业机械设备管理
　　　概述 …………………………… 179
10.2 机械设备的购置与租赁 ……… 180
10.3 机械设备的使用 ……………… 187
10.4 机械设备的损耗与保养 ……… 191

10.5 机械设备的修理与更新 ………… 193
本章回顾 ……………………………… 196

第11章 建筑企业经营评价 ………… 198
11.1 建筑企业经营评价的内容 …… 199
11.2 建筑企业经营评价的方法 …… 203
本章回顾 ……………………………… 207

参考文献 ……………………………… 208

**建筑企业经营管理综合练习册及
　参考答案**

第1章 建筑企业经营管理基础知识

 知识储备

管理是管理者为有效地达到预期目标，对组织资源和组织活动有意识、有组织、不断地进行的计划、组织、控制、协调等活动。管理是人类共同劳动的产物，凡是有多人在一起共同工作，都必须要有管理。马克思说过："一个单独的提琴手是自己指挥自己，一个乐队就需要一个乐队指挥。"

通过本章的学习，我们应该：

1. 了解建筑企业的基本概念、建筑企业资质等级、建筑企业组织机构形式和企业文化的建设。
2. 理解企业经营管理的概念与职能，了解企业经营管理的性质。
3. 了解企业经营管理基础工作内容。
4. 了解建筑企业经营管理的体系与特点。

 导入案例

从企业的层次看，目前我国建筑业主要存在的问题有：管理水平低下，关键性人才匮乏，资金运作和融资能力亟待加强，风险控制能力相对较弱，资源整合能力有待提高等。

调研发现，改变企业管理效率低下的状态，提升企业管理能力，已成为许多企业的一大共识。要提高企业的管理能力，首先需要企业深刻认识到管理的重要意义，改变以往"重项目、轻管理"的观念，切实转到"向管理要收益"的轨道上来。其次，要提高员工的素质和管理人员的管理能力，使管理人员具有应有的理念、理论、方法和常识，从而能够履行职责，发挥作用。同时，还要建立健全各项管理制度，制订相应的管理流程和业务流程，做到规范化管理。

由此我们提出下列问题：什么是管理？什么是企业管理和经营管理？搞好企业经营管理需做好哪些基础工作？建筑企业经营管理由哪些部分组成？有什么特点？

通过本章的学习，我们将会找到上述问题的答案。

1.1 建筑企业基本知识

1.1.1 建筑企业的基本概念

1. 建筑企业的概念

建筑企业，是指依法自主经营、自负盈亏、独立核算，从事建筑商品生产和经营，具有法人资格的经济组织。

2. 建筑企业应具备的条件

1）有独立组织生产和进行经营管理的组织机构，在法律上取得法人资格，能独立对外签订合同并具有法律效力。

2）有与承担施工任务相适应的技术人员、管理人员和生产技术工人。

3）有与承担施工任务相适应的生产机具和流动资金，并在银行开设账户，是国民经济的基本核算单位。

4）有健全的会计制度和经济核算办法，能独立进行经济核算，自负盈亏。

5）有保证工程质量和施工工期的手段和设施。

3. 建筑企业的分类

1）按企业制度分类。可分为个人业主制企业、合伙制企业、公司制企业。

2）按资产所有分类。可分为国有企业、集体所有企业、个人所有企业以及外商投资企业（如外资企业、中外合资企业、中外合作企业等）。

3）按经营范围分类。可分为综合性建筑企业、专业性建筑企业。

4）按经营方式分类。可分为承包建筑企业、房地产开发企业、构件加工企业、设备租赁企业、技术咨询企业等。

5）按企业规模分类。可分为大型建筑企业、中型建筑企业、小型建筑企业。

6）按资质条件分类。可分为施工总承包、专业承包和劳务分包三大序列。

1.1.2 建筑企业的资质管理

1. 资质的含义

所谓"资质"，包括资格和素质两个方面的内涵。资格是表述企业单位具有的资历、财力、业绩、信誉等；素质主要是指企业单位的人员、资金、装备的数量构成，技术管理水平和生产能力等各方面的基本状况。

资质管理，实质上是一种资格认证制度。建筑企业必须具备一定的资质条件，并经过建设行政主管部门审批后取得相应的资质等级证书，才有资格在规定的营业范围内承包工程。

2. 资质等级的标准

（1）施工总承包序列企业 是指对工程实行施工全过程承包或主体工程施工承包的建筑业企业。施工总承包序列企业资质设特级、一级、二级、三级共4个等级，划分为12

个资质类别。

（2）**专业承包序列企业**　是指具有专业化施工技术能力，主要在专业分包市场上承接专业施工任务的建筑业企业。专业承包序列资质设 2 个或者 3 个等级，划分为 60 个资质类别。

（3）**劳务分包序列企业**　是指具有一定数量的技术工人和工程管理人员，专门在建筑劳务分包市场上承接任务的建筑业企业。劳务分包序列资质设 2 个等级，或者不分等级，共划分为 13 个资质类别。

建筑业企业的资质等级实行分级审批制度。

建筑业企业的资质管理是一种动态管理。企业资质经审定后并非一成不变，而是根据企业资质条件的变化而变动的，可以升级，也可以降级。建筑业企业资质年检结论分为合格、基本合格、不合格三种。

1.1.3　建筑企业组织形式

我国建筑企业常用的组织机构形式有两级管理和三级管理两种。

1. 两级管理的组织机构形式

实行两级管理的建筑企业，通常设置公司—项目经理部两个层次，按照矩阵制的原理组成企业的组织机构，如图 1-1 所示。

建筑企业两级管理矩阵制组织机构，是把按职能划分的部门和按工程项目（或产品）设立的管理机构，依照矩阵方式有机结合起来的一种组织机构形式。这种组织机构以工程项目为对象设置，各项目管理机构内的管理人员从各职能

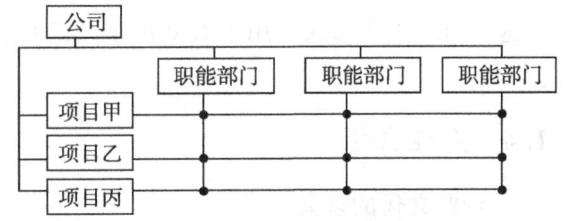

图 1-1　建筑企业两级管理矩阵制组织机构

部门抽调，由项目管理机构的负责人（项目经理）统一领导，待工程完工交付使用后又回到原职能部门。

这种矩阵制组织机构具有灵活性的特点，它能根据工程任务的情况灵活地组建与之相适应的管理机构。而且各个项目机构的工作目标明确，能围绕工程项目的建设开展各项工作，便于协调各类人员的工作关系，调动积极性。但矩阵制组织机构经常变动，稳定性差，尤其是业务人员的工作岗位调动频繁。中小型建筑企业或大型建筑企业的中下层机构一般采取这种形式。

2. 三级管理的组织机构形式

大型建筑企业，通常实行三级管理，即公司—分公司—项目经理部，远离公司基地的地区设立事业部（分公司），具体形式如图 1-2 所示。

这种组织机构形式是在公司统一领导下，按地区或工程（产品）类型成立相对独立的生产经营单位（分公司）的一种组织机构形式。公司只保持最基本的决策权，分公司有相对独立的生产经营权，有自己的产品、市场和组织机构，经济上独立核算。分公司采取的是上述矩阵制组织机构形式。

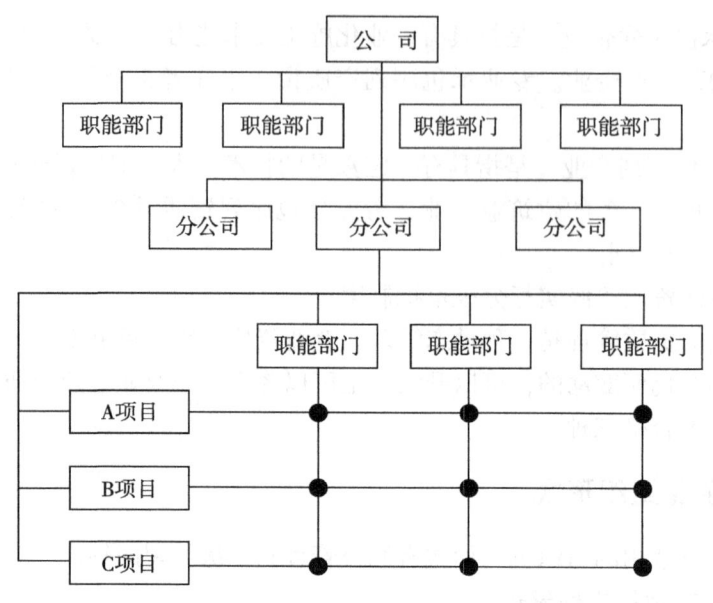

图 1-2 建筑企业三级管理组织机构

这种组织机构形式适用于大型企业,特别是市场分散、产品类型多、跨地区的大型企业。

1.1.4 企业文化

1. 企业文化的含义

企业文化,是指企业在长期发展过程中所形成的共同思想、作风、价值观念和行为准则,是一种具有企业个性的信念和行为方式。企业文化的实质是提高职工的素质,重视人的社会价值,用一种文化精神去凝聚职工、展示企业、吸引用户。

2. 企业文化的特征

企业文化作为一种文化现象,具有以下特征。

(1) 整体性　企业文化讲求整体性,把企业作为一个整体来研究,通过树立企业的整体形象去影响、规范每个职工的思想观念和行为,为实现共同的目标而努力工作。

(2) 稳定性　企业文化是在企业的长期发展中形成的,是一个漫长的渐进过程。企业文化一旦形成,就具有一定的稳定性,为大多数职工所理解和接受。它不会因为企业产品的换代、机构的变化、领导层的更换、经营策略的改变而立即改变,它只能在发展中逐步完善,具有质的稳定性。

(3) 独特性　企业文化具有很强的个性。每个企业都有自己独特的文化,反映企业自身的特点,以区别于其他企业。企业文化的独特性主要体现在时代性、地域性、民族性、行业性等几个方面。当然,即使时代、地域、民族、行业等完全相同的不同企业,也会形成富有个性的企业文化。

(4) 开放性　企业文化的独特性,并不排斥对外开放。恰恰相反,优秀的企业文化必定具有全方位开放的特征，它绝不排斥先进管理思想和经营观念的影响和冲击，而是努力引进、吸收其他企业文化的先进东西，促使自身不断完善和发展。企业文化的开放性必然带来外来企业文化和本地企业文化、传统企业文化和现代企业文化的交融与斗争，企业文化正是在这种碰撞中成熟起来的。

3. 企业文化的建设

企业文化是长期形成的，但并不是自然形成的，而是需要人们不断地建设。企业文化的建设，是一项长期、艰巨、细致的系统工程，需要企业领导和全体职工的共同努力。

（1）建设的目标　企业文化建设的总目标是建成优秀企业，具体有以下几个方面。

1）使企业有良好的社会形象。通过企业文化建设，在社会上树立起企业的良好形象，为企业拓展市场奠定文化基础。

2）使职工有一个良好的工作环境。通过企业文化建设，创造一个使人心情舒畅的工作环境，和谐、团结的人际，人人受尊重的风尚。

3）使职工物质待遇逐步提高。通过企业文化建设，不断提高企业经济效益，从而使职工的物质文化生活需要逐步得到满足，增强企业的凝聚力。

4）使职工的素质不断提高。通过企业文化建设，全面提高全体职工的素质，挖掘和开发人的潜能，充分发挥职工的积极性和创造性。

（2）建设的内容　企业文化的建设，应从其内涵的三个层次上着手。

1）物质文化建设。把各种文化手段用于厂区、施工区、设备、建筑产品、现场文明施工设施等的建设上，通过企业文化的物质基础建设，勾画出企业文化的外在形象。

2）制度文化建设。用企业文化的统一思想去影响、改造组织机构、规章制度、经营思想、职工行为，以及各项经营管理工作，形成和塑造具有本企业特色的经营、技术管理方式。

3）精神文化建设。精神文化建设是企业文化建设的核心和关键，也是最艰难的一项内容。要深入研究和挖掘民族文化的优良成果，处理好传统文化和现实文化，民族文化和外来文化的关系，吸收其他企业文化的优秀内容，并结合本国、本地区、本行业、本企业的实际情况，构造出既具有特色，又能充分发挥良好功能的本企业文化。

练一练

1. 建筑企业，是指_____。
2. 建筑企业按照企业制度分类可分为（　　　）。
A. 个人业主制企业　　B. 合伙制企业　　　C. 公司制企业
D. 劳务分包　　　　　E. 专业承包
3. 把建筑企业分为综合性建筑企业和专业性建筑企业是按照（　　　）分类。
A. 经营方式　　　B. 经营范围　　　C. 企业规模　　　D. 资质条件
4. 建筑企业的资质等级实行_____审批制度。
5. 建筑企业资质年检结论分为_____、_____、_____三种。
6. 施工总承包序列企业资质设_____共_____个等级，划分为_____个资质类别。

7. 劳务分包序列资质设_____个等级，或者不分等级，共划分为_____个资质类别。

8. 适用于大型企业，特别是市场分散，产品类型多，跨地区的大型企业的组织结构形式是_____。

9. 大型建筑企业，通常实行____级管理，即_____。

10. 实行两级管理的建筑企业，通常设置_____两个层次，按照_____的原理组成企业的组织机构。

11. 企业文化的特征包括_____、_____、_____、_____等。

12. 企业文化建设包括_____、_____、_____等。

1.2 企业经营管理的概念、职能与性质

1.2.1 企业经营管理的概念

1. 企业管理的概念

企业管理是指企业为实现经营目标，对生产经营活动及人、财、物、信息等资源所进行的计划与决策、组织与指挥、控制与协调、教育与激励等一系列活动的总称。企业管理是社会化大生产的必然产物，它是随着企业的出现而逐步形成的。

企业管理的对象是企业的生产经营活动。企业生产经营活动可以归纳为两个部分：生产活动和经营活动。生产活动，指企业内部以生产为中心的活动，包括基本生产、辅助生产、生产技术准备、生产服务等内容；经营活动，指企业以经营为中心的活动，主要包括制订经营战略、市场调查与预测决策、市场开拓、产品销售、技术开发、资金筹措等。对生产活动的管理称为生产管理，对经营活动的管理称为经营管理。

2. 企业经营管理的概念

企业经营管理，有狭义和广义之分。广义的经营管理，就是指企业管理，本课程指的就是广义上的经营管理，强调其企业经营的意义，内容上则包含对企业生产经营活动的全部管理工作。狭义的经营管理，则单指对企业经营活动的管理。

1.2.2 企业经营管理的职能

企业经营管理的职能是指企业经营管理所具备的作用和功能。在市场经济条件下，企业经营管理的职能可分为四个方面、八项基本职能。

1. 计划与决策

计划是指确定企业生产经营活动目标以及实现目标的途径、方法、措施的管理活动。计划是企业管理的首要职能，它是企业管理的起点，也是企业管理的归宿。计划是企业全部活动的行动纲领，它可以把企业生产经营活动的全部过程、全部目标和全部活动统统纳入计划轨道，用一个动态的计划体系来协调整个企业，使企业生产经营活动协调、有序地达到预期目标。

决策是对市场环境进行分析，确定生产经营目标，拟定多个可行方案，从中选择一个最佳方案的管理活动。决策得好坏，对生产经营效果影响很大。因此，决策已成为企业经营管理的核心和最基本的职能。

2. 组织与指挥

组织是实现企业计划或目标的一种行为，是根据计划把生产力各要素（人、财、物）和生产经营各环节（供、产、销）合理地结合，使机构、人员和岗位协调，达到高效率。

指挥是对企业各类人员发布命令，分派工作，提出要求的管理活动。指挥职能的内容有：建立集中统一的指挥机构；建立指令的传递和反馈系统；正确下达指令行使指挥权利。

3. 控制与协调

控制是指在计划的实施过程中，及时发现偏差，采取恰当措施加以纠正的管理活动。控制的对象是生产经营活动全过程和各项管理业务，控制的标准是国家的政策、法规、计划和定额。

协调又称调节，是对控制中所出现的与决策或计划偏离部分所做的处理，协调各部门、各环节之间的关系，解决协作中的问题，发现潜力并使之发挥作用。

4. 教育与激励

教育是提高企业素质的战略措施，是多层次、多形式的培训，是提高全体人员能力的手段。

激励是指为调动职工积极性而进行的各项管理活动。企业可通过精神鼓励和物质奖励来激发职工的劳动热情，对失职的职工进行必要的惩罚，以鼓励先进，鞭策后进，调动广大职工的积极性、主动性和创造性。

以上八个基本职能，相互联系、相互渗透、相互制约和依存，不可偏废。

1.2.3 企业经营管理的性质

企业经营管理具有二重性质，即自然属性和社会属性。

1. 自然属性

自然属性是指经营管理具有同生产力、社会化大生产相联系的自然属性。首先，社会化大生产存在着复杂的劳动分工和广泛的生产协作关系，需要将大量的劳动力、劳动手段和劳动对象结合在一起，而只有通过科学的管理，才能正确处理分工与协作的关系，保证生产各要素处于最佳结合状态，从而提高生产力水平。其次，市场经济中的企业，总希望以最少的投入，生产出更多、更好的适销对路的商品，以获取最佳的经济效益。这就要借助于科学的经营管理，针对企业的经营环境和自身条件，采取正确的经营方针，以有效的工作来实现经营目的。

企业管理的自然属性在各种形态的社会都存在，不管社会制度和所有制如何，没有什么本质区别，即没有阶级性。

2. 社会属性

社会属性是指经营管理具有同生产关系、社会制度相联系的社会属性。企业管理的社会属性，表现为合理地维护生产关系方面，不同的社会将维护不同的生产关系。无论什么形态的社会，生产资料占有者总是要按照自己的意愿组织生产经营活动，实现自己的目的。在资本主义社会，企业经营管理者维护资本家的利益；在社会主义社会，企业经营管理者维护以公有制为基础的社会制度，维护广大职工的利益，贯彻按劳分配的原则，正确处理国家、企业、职工个人的利益关系。

经营管理的社会属性，在不同的社会形态存在着本质的区别，即有阶级性。

练一练

1. 五一节到了，某建筑企业组织员工到海南旅游，这体现了企业的（　　）职能。
A. 激励　　　　　　B. 组织　　　　　　C. 计划　　　　　　D. 控制
2. 某建筑企业对今后的发展作了详细的策划，企业有明确的目的，这体现了企业的（　　）。
A. 计划与决策　　　B. 组织与指挥　　　C. 教育与激励　　　D. 控制与协调
3. 企业管理是指企业为实现_____，对生产经营活动及_____、_____、_____、_____等资源所进行的_____、_____、_____、_____等一系列活动的总称。
4. 企业经营管理具有_____和_____。
5. 企业经营管理的自然属性具有阶级性，不同社会不同阶级，企业经营管理的自然属性是不同的，这种说法对吗？

1.3　建筑企业经营管理基础工作

企业经营管理的基础工作，是指为实现企业经营目标和有效地开展各项生产经营活动，而提供资料依据、基本手段和前提条件的各项工作。它是企业实行科学管理的前提，是衡量企业经营管理的质量和水平的重要标志。其主要内容包含以下几方面。

1.3.1　标准化工作

1. 标准化工作的含义

标准从字义上讲，是指衡量事物的准则。企业标准化工作中的标准，是为了保证生产经营活动正常进行，对活动中的例行事务（反复出现的事务），按一定程序和形式颁发的统一规定。标准化工作，指围绕制订标准，贯彻执行标准而进行的一系列工作。

2. 标准的分类

（1）按颁发的部门和适用范围分类　分为国际标准、国家标准、部颁标准、地方标准、企业标准等。

（2）按标准的性质分类　分为技术标准和经营管理标准。

1）技术标准是指对产品生产、经营、使用中技术上的各种规定、准则等。如设计规范、建筑安装工程施工及验收规范、施工操作规程等。

2）经营管理标准指企业经营管理中应当遵守的各种工作制度、规程、准则等。如工资标准、消耗定额、考勤制度、会计制度等。

3. 标准化工作的作用

标准化工作是一种综合性管理工作，在经营管理中具有十分重要的作用。它是衡量产品质量的依据，是维护正常生产秩序的手段，是控制消耗的依据，是安全生产的保障，是规范化管理的措施。

1.3.2 定额工作及清单计价工作

定额是在一定的生产技术经济条件下，生产经营活动中人力、物力和财力的消耗、占用及利用程度的数量标准。

定额是企业经营管理的重要标准，用途十分广泛。它是投标报价、编制计划、组织生产、控制消耗、经济核算、分配报酬等的依据。

随着清单报价制度改革在全国的推行，越来越多的人开始接触和使用这一崭新的建筑招投标计算计价制度即工程量清单计价制度，工程量清单计价制度的实行使我国的建筑业向国际通行的工程造价体系接轨的目标又迈进了一大步，也必将对我国快速发展的建筑业产生深远的影响。

实行工程量清单计价以后，招标人按照国家统一的工程量计算规则提供工程量清单，投标人则必须对单位工程成本、利润进行分析，统筹考虑、精心选择施工方案，并根据企业的施工定额合理确定人工、材料、施工机械等要素的投入与配置，优化组合，合理控制现场费用和施工技术措施费用，确定投标报价，承担"价"的风险。这就要求企业强化竞争意识、敢于竞争、扬长避短，充分体现企业的优势、特点和自主性，从而促进企业加快技术进步，改善经营管理。

1.3.3 计量工作

企业的计量、检测工作，是获得生产经营活动信息的重要手段。获得的信息是否及时、准确和全面，直接关系到企业管理的质量和效率，关系到建筑产品的工程质量和建筑企业的综合效益。要严格计量工作责任制，加强挂牌管理，完善计量工具和检测手段，做好计量器具、仪表设备的配置、保管、校正、维护，并且保证正确和合理使用。

1.3.4 信息工作

信息工作，指企业在生产经营活动中，对所需信息进行的收集、整理、处理、传递、储存等管理工作。信息工作的基本要求是：全面、准确、及时。

建筑企业信息工作的主要内容包括原始记录和凭证、统计工作、经济技术信息、科技档案等。

1.3.5 规章制度

规章制度是企业职工参与生产经营活动应遵守的行为准则。建筑企业的规章制度可分为以下两大类。

1. 社会性规章制度

社会性规章制度，指政府主管部门制定颁发的各种法规、政策性制度。主要有以下 3 种。

（1）技术制度　包括各种设计规范、施工及验收规范、材料检验验收标准、质量检查及评定标准、施工操作规程、安全技术规程等。

（2）经营管理制度　如企业法、公司法、合同法、招标投标法、建筑法、资质等级标准、定额等。

（3）财务会计制度　如会计制度、会计准则、财务通则、财经纪律等。

2. 企业内部规章制度

企业内部规章制度是对企业职工在工作、施工、生产、生活等例行性的活动中应遵守的有关要求、方法、规程、标准等所作的各种严格的规定，主要有以下 5 种。

（1）经营方面的制度　如决策工作制度、合同管理制度、预结算制度等。

（2）生产技术方面的制度　如生产管理制度、技术管理制度、劳动人事制度、设备管理制度等。

（3）财务会计方面的制度　包括出纳、会计、财务、经济活动分析、审计等方面的规定。

（4）例行性工作制度　包括办公、行政、保卫及综合治理、教育、医疗、计划生育等方面的制度。

（5）其他方面的制度　如责任制等。责任制是企业对各单位、各部门、各岗位和职工个人规定其职责的一种管理制度。从岗位上分，有各级领导人员的责任制、职能机构和职能人员的责任制、工人的责任制；从管理业务上分，有生产责任制、技术责任制和经济责任制；另外，还有交接班制等。

1.3.6　职工教育与训练

职工教育与训练，简称为职工培训，是指对职工进行思想、文化、技术业务理论教育和基本技能的训练。

职工培训的目的在于提高全体职工的素质。提高企业经营管理水平的关键在于提高人的素质。因此，加强基础工作必须从提高职工素质抓起，才能收到事半功倍的效果。

练一练

1. 信息工作的基本要求是：_____、_____、_____。
2. 信息工作的内容有_____、_____、_____、_____。
3. 标准按照适用范围分类，分成_____、_____、_____、_____和_____五类标准。
4. 把标准分成技术标准和经营管理标准，是按（　　）分类的。
   A. 性质　　　　　B. 适用范围　　　　　C. 地域　　　　　D. 专业
5. 市场经济条件下，下列哪种计价方式更能强化竞争意识（　　）。
   A. 定额计价　　　　　　　　　　B. 工程量清单计价

6. 建筑企业的规章制度包括_____和_____。
7. 社会规章制度包括_____、_____、_____。
8. 企业内部规章制度包括_____、_____、_____、_____。
9. 生产管理制度属于（　　）。
   A. 经营方面的制度　　　　　　　　B. 生产技术方面的制度
   C. 例行工作制度　　　　　　　　　D. 其他方面的制度
10. 建筑企业经营与管理的基础工作主要包括（　　）。
    A. 职工教育与训练　　　　B. 规章制度　　　　C. 信息工作
    D. 计量工作　　　　　　　E. 定额及清单计价工作

1.4 建筑企业经营管理的体系与特点

1.4.1 建筑企业经营管理的体系

建筑企业经营管理体系是指经营管理工作构成的系统。

建筑企业经营管理过程大致可分为供、产、销三个阶段。建筑企业寻找市场、投标、承揽任务、签订合同获得工程任务后，首先要从不同的渠道取得一定数量的资金，通过供应过程购买生产建筑商品所需的各种物资；然后通过施工生产过程，生产出建筑商品；最后通过交工验收过程（销售过程），把建筑商品移交给用户（建设单位），并取得工程价款，以补偿生产消耗和取得盈利。以上三个过程互为联系，周而复始地不断循环。

为了保证生产经营活动的顺利进行，建筑企业经营管理一般按以下内容建立体系。

1. 建筑市场经营

建筑市场经营是建筑企业经营的具体表现，主要业务有经营预测和决策、寻找市场、参加投标、承揽任务、签订合同、选择恰当的经营方式及建筑商品的销售等。

2. 建设工程招投标

采用承包方式经营的建筑企业，常通过投标获得承包权。招标投标是建筑商品供需双方建立承发包关系的一种最常用的手段和途径。通过投标，建筑企业才能和建设单位沟通信息，达成交易关系，获得工程的承包权（即建筑商品的销售权）。

3. 建设工程合同管理

建筑企业通过各种途径获得的承包业务，都必须用工程合同的形式明确承发包双方的权利和义务。工程项目的建设过程，就是工程施工合同的履行过程。

4. 建筑企业计划管理

建筑企业的决策方案，必须通过计划展开和具体化，才能变成指导生产经营活动的行动方案。

5. 施工技术管理

施工管理是建筑企业生产管理的核心，是对建筑施工全过程的全面控制。施工管理必须以一定的技术为基本条件，通过技术管理才能保证施工生产过程的顺利进行。

6. 建筑企业质量管理

建筑企业生产经营活动的一个重要任务，是要不断提高建筑产品的质量。质量管理是全面控制质量的保证体系。

7. 建筑企业劳动人事管理

劳动人事管理主要研究劳动者、劳动活动和劳动报酬的分配。其中心任务是利用各种手段调动职工的积极性，全面提高劳动生产率。

8. 建筑企业材料管理

建筑企业材料管理的内容主要有：材料计划、采购、运输、供应、保管、发放、核算等。材料管理的目的在于保证生产顺利进行，降低材料成本。

9. 建筑企业机械设备管理

建筑企业机械设备管理包括购置、保管、维护、修理、使用、更新等。通过机械设备管理来保证施工生产的需要，降低机械使用费用。

10. 财务管理

财务管理重点研究企业的资金运动规律。主要内容有：资产管理、成本管理、利税管理等。

1.4.2 建筑企业经营管理的特点

1. 经营业务不稳定

建筑产品类型繁多，无法批量生产，造成建筑企业的经营业务不稳定，管理对象多变。另外，建筑企业的经营业务受国家固定资产投资政策的影响，市场的需要随投资的大小而波动，更加剧了经营业务的不稳定性。所以，建筑企业经营管理必须具备较强的环境适应能力和应变能力。

2. 经营环境多变

建筑产品的固定性和生产的流动性以及经营业务的不稳定性，使建筑企业的经营环境经常变化。不同的施工地点，其工程地质、气候等自然条件差异很大；当地的政策，业主心理，物资供应，劳动力供应，道路运输，价格变动，协作条件等社会环境也有较大差异。建筑企业经常处于这样一种变化的经营环境中，增大了经营管理的难度，使其预见性和可控性差。

3. 机构变动大

为了适应经营业务不稳定、经营环境多变等特点，建筑企业必须建立灵活、善于变化的组织机构。表现在：企业的组织规模要根据市场的容量而变化；组织机构的形式要依据施工对象的特点和地点而变化；基层劳动组织的形式要依据任务的性质和多少而变化；人员的结构比例要依据施工的实际需要而变化。

练一练

1. 建筑企业经营管理过程大致可分为____、产、销三个阶段。
2. 建筑企业经营管理体系包括（   ）。

A. 机械设备管理　　B. 劳动人事管理　　C. 材料管理　　D. 财务管理
E. 质量管理　　　　F. 施工技术管理　　G. 合同管理　　H. 计划管理

3. 建筑企业经营管理的特点是（　　）。
A. 风险大，投资高　　B. 机构变动大　　C. 经营环境多变　　D. 经营业务不稳定

资料链接

建设部（现住房和城乡建设部）《关于建筑业企业项目经理资质管理制度向建造师执业资格制度过渡有关问题的通知》（建市［2003］86号）规定，建筑业企业项目经理资质管理制度向建造师执业资格制度过渡期至2008年2月27日止，"过渡期满后，项目经理资质证书停止使用"。

《建造师执业资格制度暂行规定》（人发［2002］111号）（简称《暂行规定》）规定，建造师分一级建造师和二级建造师。按照建设部颁布的《建筑业企业资质等级标准》，一级建造师可以担任特级、一级建筑业企业资质的建设工程项目施工的项目经理；二级建造师可以担任二级及以下建筑业企业资质的建设工程项目施工的项目经理。《暂行规定》第十四条规定："凡遵纪守法并具备工程类或工程经济类中等专科以上学历并从事建设工程项目施工管理工作满2年，可报名参加二级建造师执业资格考试。"

一级建造师执业资格考试设《建设工程经济》、《建设工程法规及相关知识》、《建设工程项目管理》和《专业工程管理与实务》4个科目。二级建造师执业资格考试设《建设工程施工管理》、《建设工程法规及相关知识》和《专业工程管理与实务》3个科目。

目前，虽然我国建筑业从业人数约占全世界建筑业从业人数的25%，但由于缺乏高素质的施工管理人员，大部分建筑施工企业在国际建筑市场上的份额很少，对外工程承包额仅占国际建筑市场的1.3%。因此，实施建造师执业资格制度，有利于建筑施工企业培养高素质的施工管理人才，与国际接轨，开拓国际建筑市场。

本 章 回 顾

本章较系统地介绍了建筑企业经营管理的基础知识。

1. 建筑企业需具备一定的条件才能依法成立。建筑企业有多种类型，其中最重要的是按资质分类。施工总承包序列企业资质设特级、一级、二级、三级共4个等级，分为12个资质类别。建筑业企业的资质等级实行分级审批制度。建筑业企业的资质管理是一种动态管理。

我国建筑企业，一般设两级或三级管理。两级管理指公司—项目经理部两个层次；三级管理指公司—分公司—项目经理部三个层次。

企业文化是企业统一意志和观念的体现，包括物质文化、制度文化和精神文化三个层次，企业文化的建设应从这三个层次着手。企业文化具有整体性、稳定性、独特性和开放性等特征。

2. 企业管理是指企业为实现经营目标，对生产经营活动及人、财、物、信息等资源所进行的计划与决策、组织与指挥、控制与协调、教育与激励等一系列活动的总称。企业管理的对象是企业的生产经营活动。对生产活动的管理称为生产管理，对经营活动的管理称为经营管理。

计划与决策、组织与指挥、控制与协调、教育与激励是企业经营管理的八大职能。

企业经营管理具有二重性质，即自然属性和社会属性。

3. 企业经营管理的基础工作，是指为实现企业经营目标和有效地开展各项生产经营活动，而提供资料依据、基本手段和前提条件的各项工作。主要有：标准化、定额与清单计价、信息、计量、规章制度、职工教育与训练等。

4. 建筑企业经营管理根据生产经营过程的需要，建立了由各种经营管理活动组成的完整体系。建筑企业经营管理体系，一般由建筑市场经营、建设工程招投标、建设工程合同管理、建筑企业计划管理、施工技术管理、建筑企业质量管理、建筑企业劳动人事管理、建筑企业材料管理、建筑企业机械设备管理、财务管理等组成。招标投标是建筑商品供需双方建立承发包关系的一种最常用的手段和途径。建筑企业通过各种途径获得的承包业务，都必须用工程合同的形式明确承发包双方的权利和义务。

建筑企业经营管理具有经营业务不稳定、经营环境多变和机构变动大等特点。

第 2 章　建筑市场经营

 知识储备

市场有广义和狭义之分。狭义的市场是指有形市场,是商品买卖双方交易交换商品的场所,如百货商场、集市等。广义的市场包括有形市场和无形市场。无形市场是指没有固定的交易场所,靠广告、中间商以及其他形式沟通买卖双方,实现商品交换的市场,如某些技术市场、房地产市场、建筑市场等。市场的构成要素包括下列 5 个方面。

（1）市场主体　市场主体是指市场上从事交易活动的组织或个人。它一般包括商品生产者、消费者和商业中介人。商品生产者是拥有商品的出卖者,属于供给一方;消费者是持有货币的购买者,属于需求一方;商品中介人既是购买者又是出卖者,其活动特点是转手买卖。

（2）市场客体　市场客体是市场主体在市场活动中的交易对象,包括各种商品和服务,如资金、技术、物资、工程项目、设计、监理等。

（3）市场规则　市场规则是指有关机构（政府、立法机构、行业协会等）按照市场运行的客观要求制定的或在市场交易中沿袭下来的并由法律、法规、制度所规定的行为准则,包括市场进入规则、市场竞争规则和市场交易规则。

（4）市场价格　市场价格是商品价值的货币表现。在市场运行的过程中,价格的主要功能有：传导信息的功能；配置资源的功能；促进技术进步,降低社会平均必要劳动量的功能。

（5）市场机制　市场机制是指在一定的市场形态下,价格、利率、工资、供求、竞争等因素相互制约,互为因果所形成的自动联结系统和调节方式。通过市场机制的作用,使得市场具有自我调节、自我发展的功能,从而确保市场的健康发展。

通过本章的学习,我们应该：
1. 了解建筑市场的含义及特点,了解建筑市场体系的构成。
2. 了解建筑市场经营的内容,树立正确的市场经营观念。
3. 了解建筑企业经营方式的含义与分类。
4. 理解经营预测的概念、内容和基本方法。
5. 理解经营决策的概念、程序和基本方法。

建筑企业经营建筑商品，必须通过建筑市场经营活动才能完成。正确选择经营方式，首先要搞好经营预测与经营决策，寻找市场、承揽任务、投标、合同管理等，是有效经营建筑商品的基本问题。本章重点介绍建筑市场经营的基本知识，建筑企业市场经营方式，建筑市场调查与经营预测、经营决策。而对建设工程招投标、建设工程合同管理将分别在第3章和第4章中详细介绍。

2.1 建筑市场经营概述

2.1.1 建筑市场的概念及特点

1. 建筑市场的概念

建筑市场是进行建筑商品及相关要素交换的市场。建筑市场的构成要素包括以下方面。

1）由业主（发包方）、承包商（承包方）和为工程建设服务的中介服务方组成的建筑"市场主体"。

2）不同形态的建筑商品及其相关要素（如建筑材料、建筑机械、建筑技术、劳动力、资金、设计、监理等）组成的建筑"市场客体"。

3）以招标投标为主要竞争形式的"市场机制"。

4）保证市场秩序，保护主体合法权益的法律、法规和监督管理体系。

5）适应社会主义市场经济要求的建筑产品及其相关要素价格形成机制。

2. 建筑市场的特点

建筑产品本身及其生产过程的特点导致了建筑市场具有以下特点。

1）建筑市场范围广，变化大。凡是有生产或有人生活的地方，都需要建筑产品。建筑产品遍及国民经济各个部门和社会生活的各个领域，为建筑企业提供了广阔的市场。另外，建筑产品的需求又取决于国民经济的发展状况，取决于消费者的消费倾向，因此市场需求多样化、市场需求量不稳定。

2）建筑产品生产与交易的统一性。建筑市场交易贯穿于建筑产品生产的整个过程，即首先确定买卖关系，确定价款的支付方式，然后再进行建筑产品的生产，最后通过竣工结算完成交易。此外，建筑产品的形成涉及用户、地质勘察、设计、施工、分包商和中介机构等多家单位的经济利益关系，这个过程体现了建筑产品生产与交易的统一，因此使得交易过程长，市场交换关系复杂。

3）建筑市场主要交易对象的单件性。建筑市场交易的主要对象——建筑产品，种类繁多，要求各异，不可能批量生产。只能根据用户的要求，进行单独设计和施工，组织单件性生产，建筑产品的交易也只能按单件进行。

4）建筑市场交易对象的社会性。所有的建筑产品都有一定的社会性，涉及公众利益，例如建筑产品的位置、施工和使用可影响到城市的规划、环境、人身安全。因此，建筑产品的规划、设计、施工、交易和竣工验收及投入使用整个过程，都是在政府及相关管理部门审查和监督下进行的，以保证建筑产品的质量和使用安全。

5）建筑产品交易的长期性和阶段性。建筑产品的生产周期一般较长，这就决定了建筑产品交易关系的完全实现存在于建筑产品的形成过程中，需经历很长的时间。但是，建筑产品各阶段交易的内容、交易的条件不尽相同，因此建筑产品的交易就必须按照工程合同，结合各阶段的特点，分阶段办理交易活动，分期分批实现建筑产品的价值，最终达到整个交易关系的实现。

6）建筑市场交易活动的不可逆性。建筑商品的生产，一般采取订购销售的方式，大多数是在先有确定的用户的情况下进行的。建筑市场一旦达成协议，设计、施工等承包单位就必须按照双方约定进行组织设计和施工生产，建筑产品一旦竣工，则不能退换，不能再加工。

7）建筑市场无固定场所。建筑市场是无形市场，无固定的交易场所。买卖双方通过招标投标等形式沟通购销关系，促成建筑商品的交易。

8）建筑市场竞争激烈。在建筑市场购买建筑商品，一般不可能直接比较建筑商品作出选择，而只能选择承建单位。这就使得建筑市场的竞争体现为建筑企业综合实力的较量，更显得复杂、激烈。建筑企业必须利用各种手段，在工程价格、质量、工期、信誉、服务等方面显示自己的实力和诚意，赢得用户。

2.1.2 建筑市场体系

建筑市场体系包括建筑产品市场，以及为建筑产品市场服务的生产要素市场和对建筑产品市场提供支持的法律体系、监督体系、社会保障体系，如图2-1所示。

图2-1 建筑市场体系示意图

1. 建筑生产要素市场体系

建筑生产要素市场体系包括：劳动力市场、建筑材料市场、机械租赁市场、资金市场和技术市场。它对建筑产品市场产生重大影响。

2. 法律法规体系

法律法规体系包括：法律体系（建筑法、企业法、劳动法、招标投标法、安全生产法、合同法等）、行政法规体系（建筑市场管理条例、工程质量管理条例、安全生产管理条例等）、技术法规体系（勘察设计、施工、监理等方面的规范、规程、验评标准等）和行业规范体系（行业规则等）。它是保证建筑市场健康有序运行的前提。

3. 社会保障体系

社会保障体系包括：人身保险、社会待业保险、医疗保险、离退休保险、工程保险等。它是建筑企业增强活力的基础。

4. 监督体系

监督体系包括：国家监督体系（劳动部门、质量监督部门）、行政监督体系（各级建设行政主管部门）、法律监督体系（司法部门）、社会监督体系（监理公司、银行等）、社团监督体系（协会等）。

2.1.3　建筑市场经营的概念及内容

1. 建筑市场经营的概念

建筑市场经营是指建筑企业销售建筑商品以满足业主需求而进行的环境分析、市场调查、市场预测、经营决策、投标与签订合同、工程施工、竣工验收与交付使用、售后服务等综合性活动。

2. 建筑市场经营内容

建筑企业进行建筑市场经营，主要包括以下内容。

（1）建筑市场调查　建筑市场调查，就是有目的、有计划、有步骤、系统地收集、整理、分析建筑市场各类信息的工作。建筑市场调查包括两个方面，其一是对影响建筑市场变化的政治、经济、技术、社会、自然等因素的调查；其二是对建筑市场情况的调查，如对用户、对竞争对手、对建筑产品生产要素市场、对相关法规政策、对相关单位等的调查。

（2）建设工程投标　建筑产品作为一种特殊商品，买卖双方主要通过招标投标建立交易关系。建筑企业通过市场调查获得市场需求信息后，选择适宜的工程组织投标。

（3）选择经营方式　建筑企业和建设单位建立交易关系，必须明确经营方式。建筑企业通常以承包作为自己的主要经营方式。承包经营方式很多，如总—分包经营方式、直接承包经营方式、联合承包经营方式等。经营方式的不同，会直接影响工程造价、施工组织方式等。

（4）谈判与签订合同　建筑商品的交易是一种"期货"交易，必须事先签订施工合同，以明确双方的权利义务关系。

（5）办理签证和中间结算　建筑工程施工过程中，往往因为各种原因使工程出现变更，有些变更会影响价格和工期的变化，因此施工中业主和承包商要进一步协调，将达成的一致意见进行签证，以便结算时变更价款。此外，有的工程可以及时办理中间结算，完成部分交易。正是建筑商品生产中的这些固有特点,使建筑市场经营活动深入到建筑工程的施工生产过程中。

(6) 竣工结算 建设工程竣工验收后,业主与承包商应进行及时交接,当交接完成结清全部工程价款后,建筑商品才算完成最终交易。

2.1.4 建筑市场经营观念

1. 建筑市场经营观念的含义

建筑市场经营观念,是指建筑企业在从事生产和经营活动时所依据的指导思想和行为准则,经营观念是否正确,直接影响到经营状况的好坏。

2. 建筑市场经营应具备的观念

(1) 以用户为中心 要求建筑企业以满足消费者的需求作为企业生存和发展的基本条件,将用户放在市场经营的中心位置,为业主提供各方面的优质服务。

(2) 树立企业形象 要求建筑企业在市场经营中注意树立企业形象,以取得良好的社会信誉。主动维护消费者的长远利益和整个社会利益,争创名牌。

(3) 讲求经济利益 建筑企业经营的最终目的,是要通过建筑商品交易获取利润。现代市场经营,就是要通过良好的企业形象赢得用户,在努力为消费者提供满意服务中获取最大的利润。

2.1.5 建筑企业市场经营方式

建筑企业市场经营方式,是指建筑企业在市场经营活动中向业主(建设单位)提供建筑商品或服务的方式。归结起来可分为两大类。

1. 承包经营方式

承包经营方式是指建筑企业通过承包工程向业主(建设单位)提供建筑商品的一种经营方式。它是建筑企业的主要经营方式。

承包经营方式的种类很多,可按以下几种方法分类。

(1) 按承包的关系分 可分为总—分包经营方式、直接承包经营方式、联合承包经营方式等。

1) 总—分包经营方式。指由一家建筑企业总包全部工程建设任务,然后将一部分工程(主体工程除外)分包给其他建筑企业承建的一种经营方式。

在总—分包经营方式中,总包企业直接和业主(建设单位)发生联系,接受委托,对业主(建设单位)负责;分包企业不直接和业主(建设单位)发生联系,而是在总包企业承包的任务中分包一部分工程,对总包企业负责。

总—分包经营方式的主要优点是:

① 有利于工程项目施工全过程统一指挥。总包企业充当全面组织者的角色,接受政府主管部门、设计单位、建设单位的监督,能较好地协调各方关系,保证施工顺利进行。

② 有利于提高工程质量,降低工程成本。由于分包单位多系专业公司,对分包的工程有较高的施工水平,能确保工程质量;有较高的劳动生产率和管理水平,能促进工程成

本的降低。

③ 合同约束，责任明确。建设单位、总包单位、分包单位分别用合同的形式把各自的责任固定下来，使各方既受到合同的约束，又受到合同的保护，便于分清责任，共同工作。

总—分包经营方式也存在一些缺点，主要表现在各单位之间的关系复杂，施工中交叉作业，容易产生矛盾。

2）直接承包经营方式。指建筑企业独立地直接和建设单位签订合同，单独承包工程的一种经营方式。如果一个工程项目由多家建筑企业共同施工，则各家建筑企业分别和建设单位签订合同。

直接承包经营方式减少了总—分包方式的中间环节，承包层次简单，关系清楚。但是，多家承包企业在同一个现场施工，工艺上存在交叉和交接，难免会出现各种矛盾，而承包企业之间因无经济上的联系，关系协调困难。

3）联合承包经营方式。指由两家或两家以上的建筑企业联合向建设单位承包，按各自投入的资本份额和承揽工程任务分享利润并共同承担风险的一种经营方式。《中华人民共和国建筑法》第二十七条规定："大型建筑工程或者结构复杂的建筑工程，可以由两个以上的承包单位联合共同承包。共同承包的各方对承包合同的履行承担连带责任。"

参加联合承包经营的企业，经济上各自独立核算，施工中共同使用的机械设备、临时设施、周转材料等，按使用时间分摊费用。

这种经营方式的优点是由于多家联合，资金雄厚，设备齐全，技术及管理上取长补短，具有较强的竞争能力。不过，联合承包经营一定要划清责任以减少矛盾，否则会因各方的纠纷而削弱联营的优势。

（2）按承包的范围分　可以分为全过程承包、设计—施工承包、施工承包等。其中施工承包经营方式按承包的范围进一步可分为建设项目施工承包，单位工程施工承包，分部、分项工程施工承包。

（3）按承包的费用分　可以分为工程造价总包、工程造价部分承包等。

（4）按建立承包关系的方法分　可以分为招投标承包和协商承包两种。

2. 开发性经营方式

开发性经营方式，指建筑企业按城市统一规划的要求，将建筑工程（建筑商品）建成后出租或出售给用户的一种经营方式。从事开发性经营的企业又叫房地产开发企业。

这种经营方式，是在土地统一开发利用和城市统一规划建设中逐步形成的。随着城市建设的发展，居民住宅、商业建筑、写字楼宇向通用型方向发展，给开发性经营提供了前提条件。开发商可以不预先和用户沟通关系，将工程建成后再出售或出租给用户。

开发性经营方式的业务内容主要有以下几个方面。

（1）房地产开发　这是开发性建筑企业的主要经营业务。首先购买土地，然后组织规划、设计、施工，建成后出售或出租，同时进行物业管理。目前我国兼营建筑施工的房地产开发企业，大多数从事这种开发业务。

（2）代建工程　这是开发性建筑企业根据用户的要求，代购土地，组织设计、施工，建成后移交给用户的一种业务。这种业务和一般房地产经营业务相比较，只是设计、施工前有了一定的目标，其他均相同。

除了上述两类主要经营方式外，根据不同的经营业务，建筑企业还可以采用半成品加工、设备租赁、技术及劳务服务等经营方式。

练一练

1. 建筑产品遍及国民经济各个部门和社会生活的各个领域，建筑产品的需求多样化、市场需求量不稳定，体现了建筑市场的（　　）特点。
   A. 无固定场所　　　B. 竞争激烈　　　C. 长期性和阶段性　　　D. 范围广和多变性
2. 建筑企业必须利用各种手段，在工程价格、质量、工期、信誉、服务等方面显示自己的实力和诚意，赢得用户。这体现了建筑市场的（　　）特点。
   A. 无固定场所　　B. 竞争激烈　　C. 长期性和阶段性　　D. 范围广和多变性
3. 建筑市场的构成要素包括哪些内容？
4. 建筑生产要素市场包括（　　）。
   A. 劳动力市场　　　B. 建筑材料市场　　　C. 机械租赁市场　　　D. 资金市场
   E. 技术市场
5. 法律法规体系包括（　　）。
   A. 法律体系　　　B. 行政法规体系　　　C. 技术法规体系　　　D. 行业规范体系
6. 监督体系包括（　　）。
   A. 国家监督体系　　B. 行业监督体系　　C. 法律监督体系　　D. 社会监督体系
   E. 社团监督体系
7. 建筑市场体系包括（　　）。
   A. 社会保障体系　　B. 监督体系　　　C. 法律法规体系　　　D. 生产要素体系
8. 有目的、有计划、有步骤，系统地收集、整理、分析建筑市场各类信息工作是（　　）。
   A. 建筑市场调查　　B. 可行性研究　　　C. 项目建议　　　D. 选择投标单位
9. 建筑市场经营的内容包括（　　）。
   A. 竣工结算　　　B. 谈判与签订合同　　C. 选择经营方式　　D. 建设工程投标
10. 建筑市场经营的观念包括（　　）。
    A. 追求经济利益　　B. 用户至上　　　C. 树立企业形象　　D. 追求市场
11. 按承包关系分类，承包经营方式分为（　　）。
    A. 总—分包经营方式　　　　　　　B. 直接承包经营方式
    C. 联合承包经营方式　　　　　　　D. 开发性经营方式
12. 开发性经营方式的内容包括（　　）。
    A. 代建工程　　　B. 房地产开发　　　C. 在建工程　　　D. 已建工程
13. 建筑企业的经营方式包括（　　）。
    A. 承包经营　　　B. 开发经营　　　　C. 设备租赁经营
    D. 技术及劳务服务　　　　　　　　E. 半成品加工

14. 按承包范围分，承包经营方式分为（   ）。
   A. 设计—施工承包　　　　　　　B. 全过程承包
   C. 施工承包　　　　　　　　　　D. 工程总造价承包

2.2　建筑市场调查与经营预测

2.2.1　建筑市场调查

1. 市场调查的概念

市场调查就是企业运用一定技术、方法、手段，对影响市场变化及发展的条件、因素等所进行的收集情报，掌握客观情况，提供市场信息，为企业进行经营预测、制订正确的经营方针和合理的经营决策提供可靠依据的一系列工作。

2. 建筑企业市场调查的内容

由于影响市场的因素很多，所以进行市场调查的内容和范围较广泛，既包括企业的外部环境，也要考虑企业的内部环境。概括起来，建筑企业的市场调查主要包括如下几方面内容。

（1）市场需求调查　主要包括当前和潜在的用户、各种建筑类型的需求量、用户的分布情况、各种用户对建筑产品的评价等。

（2）市场供应调查　主要包括各种建筑类型的可供量，建筑材料、构配件、建筑机械设备、劳务市场等的供应情况，社会生产发展水平及技术水平等。

（3）市场竞争状况调查　主要包括竞争对手的数量、分布情况及潜在竞争者的情况，竞争对手的工程质量、工期、服务态度及履约情况，各竞争对手的经营及信誉等。

（4）对建筑市场参与单位的调查　主要包括对设计单位、监理咨询单位、建设单位主管部门、分包商、咨询公司、国家有关行政管理机构等的调查。

（5）企业外部环境整体的调查　主要包括政府的有关方针政策和有关法律法规、国民经济的发展、文化科学技术的发展、自然环境的变化等。企业外部总体环境的调查对企业的战略目标有较大影响和制约作用，是十分重要的。

2.2.2　经营预测概述

1. 经营预测的概念

预测，是人们通过对事物历史、现状和环境的分析，运用人们的知识、经验和科学方法，对事物的未来发展趋势进行的预计和推测。

经营预测，是人们对企业经营活动的发展趋势作出的预测。例如，通过建筑市场预测，掌握社会对建筑商品的需求量。

2. 建筑企业经营预测的内容

（1）建筑市场预测　包括在市场调研的基础上，对建筑市场的需求和供应进行预测，对建筑市场的竞争形势及竞争态势的变化趋势进行预测，以及对建筑产品的类型及构成比例、对用户的要求等进行预测。

(2) 资源能力预测　建筑企业从事建筑商品的生产，必须具备相应的劳动资料、劳动对象和劳动力。因此应了解这些资源条件的市场供应情况，包括对数量、质量、品种、来源、配套等进行预测。此外，还应预测本企业的需求情况，从而推测供需的满足程度，以便采取相应的措施加以解决。

(3) 生产能力预测　主要是摸清企业现有的生产能力，预测将来可能发展的趋势。企业生产能力包括人员、机械设备、生产场所、资金等。

(4) 企业的技术发展预测　包括建筑施工技术、管理技术、企业技术改造和设备更新的预测。

此外，还有利润预测、成本预测、多种经营方向预测等内容。

2.2.3　经营预测的基本方法

预测方法可以分为定性预测法和定量预测法两大类。

1. 定性预测法

定性预测法是在数据资料不足，或事物的发展变化过程难以定量描述，或用定量预测法所付出的代价太大时，利用直观材料，依靠预测者的经验主观判断，对未来发展趋势作出推测。常用的方法有以下 4 种。

(1) 个人判断法　是指征求专家个人意见进行预测。在企业经营管理的实践中，常由经理或经营人员作出预测。该方法有利于最大限度地利用个人创造能力，不受外界影响，独立地作出判断。具有程序简洁、效率高等特点。但此法仅仅依靠个人的判断，容易受专家的知识、经验、占有资料，以及对预测问题是否有兴趣所左右，难免带有片面性。

(2) 会议讨论法　会议讨论法是用会议形式征求预测人员的意见，通过讨论互相启发、交流，集思广益，最后形成预测结果的一种方法。

这种方法简便易行，能够广泛听取各方面人员的意见，取长补短，发挥集体的作用。但由于受到会议形式的影响，人数有限，代表有局限性，会上容易受权威或大多数人意见的影响，而忽视了少数人员的正确意见。

(3) 专家调查法　专家调查法又称特尔菲法。特尔菲是古希腊神话的预见神，取此名也表示可以预卜未来的意思。特尔菲法由美国兰德公司于 20 世纪 40 年代创立，常用于重大问题的预测。

特尔菲法是以书面匿名方式通过几轮咨询，征求专家意见的。其特点是用书面的方式和预测专家取得联系，收集他们掌握的资料、情况和想法进行预测。为了减少专家们可能受到的压力，提高预测结果的质量，此方法对专家的姓名、意见、资料来源以及收集、整理均实行保密，预测人员对每一轮的意见进行汇总整理，作为参考资料再发给每个专家，供他们分析判断，提出新的论证。如此反复，专家的意见日趋一致，结论的可靠性越来越大，最后汇总为预测结果。

特尔菲法是一种比较成熟的方法，具有多方面用途，常用于重大问题的预测。但此法主要是通过预测人员的经验和主观判断得出预测结果，所以预测人员数量、个人能力的限制不可避免地对预测结果的准确性产生一定的影响。并且此法比较费时间，组织工作复杂，在一定程度上影响了它的应用。

（4）经济寿命周期分析法　它是对产品进行市场预测的一种方法。产品销售的经济寿命周期一般分为四个阶段，即试销阶段（Ⅰ）、旺销阶段（Ⅱ）、饱和阶段（Ⅲ）、展销阶段（Ⅳ），如图2-2所示。通过对各阶段的分析来预测不同时期销售量，为确定合理的生产能力和生产计划提供依据。

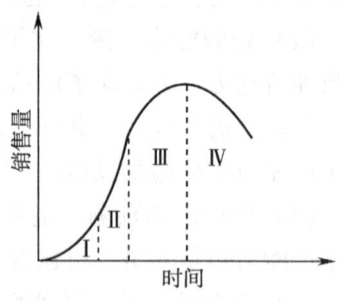

图2-2　产品经济寿命曲线

2. 定量预测法

定量预测法是根据较完备的历史统计数据，运用一定的数学方法，测算事物未来发展趋势的一种方法。下面介绍两种常见的方法。

（1）时间序列法　所谓时间序列法，就是根据"惯性"原则，利用事物过去随时间变化的规律去推测未来发展趋势的一类预测方法。采用这类方法进行预测，主要掌握了事物过去随时间变化的规律，就可将时间按序列依次推向未来，从而推测未来发展的结果。主要有以下几种方法。

1）算术平均数法。算术平均数法，是以历史数据的算术平均值作为预测值的一种方法。其基本公式为

$$\bar{x} = \frac{x_1 + x_2 + \cdots + x_n}{n} = \frac{\sum_{i=1}^{n} x_i}{n} \tag{2-1}$$

式中　$\bar{x}$——历史统计数据的算术平均数，即预测值；

　　　x_i——历史统计数据；

　　　n——历史统计数据的个数。

【例2-1】某公司2004～2013年实现利润分别为1 200万元、1 250万元、1 300万元、1 150万元、1 350万元、1 400万元、1 460万元、1 370万元、1 420万元、1 500万元，试预测2014年可能实现的利润。

【解】用算术平均法计算，将数据代入公式（2-1）得

$$\bar{x} = \frac{(1\,200 + 1\,250 + 1\,300 + 1\,150 + 1\,350 + 1\,400 + 1\,460 + 1\,370 + 1\,420 + 1\,500)\text{万元}}{10}$$

=1 340万元

即该公司2014年可能实现利润1 340万元。

注意：算术平均数法可消除历史统计数据中偶然因素的影响，但不能反映事物上升或下降的趋势，因此不宜用于有趋势变化的经济现象的预测。

2）加权平均数法。加权平均数法是对预测问题的每个历史统计数据按其重要程度分别给予一个权数，以加权平均数作为预测值的一种方法。其基本公式为

$$\bar{x} = \frac{\sum_{i=1}^{n} c_i x_i}{\sum_{i=1}^{n} c_i} \quad (2\text{-}2)$$

式中 $\bar{x}$——历史统计数据的加权平均数，即预测值；

x_i——历史统计数据；

c_i——各历史统计数据对应的权数；

n——历史统计数据的个数。

【例 2-2】 仍用例 2-1 的资料，并取 1、2、3、4、5、6、7、8、9、10 依次为 2004～2013 年各年利润权数，预测 2014 年可能实现的利润。

【解】 采用加权平均数法得

$$\bar{x} = \left(\frac{1 \times 1\,200 + 2 \times 1\,250 + 3 \times 1\,300 + \cdots + 10 \times 1\,500}{1 + 2 + 3 + 4 + 5 + 6 + 7 + 8 + 9 + 10}\right) 万元$$

$$= 1\,387.46 \text{ 万元}$$

即该公司 2014 年可能实现利润 1 387.46 万元。

该方法的关键问题在于合理选择权数。权数的取值应注意：①数据权数越大，越易受偶然因素影响；②近期数据的权数增大，但不一定按固定比例或差值递增。

3）算术移动平均数法。算术移动平均数法是用近期历史统计数据的算术平均值作为预测值的一种方法，使预测值与现实较为接近。其计算公式为

$$S_{t+1} = \frac{1}{n} \sum_{i=1}^{n} x_{t-n+i} \quad (2\text{-}3)$$

式中 S_{t+1}——在 t 周期计算的 $t+1$ 周期的预测值；

t——历史统计数据的周期数；

x_{t-n+i}——历史统计数据；

n——分段数据的个数；

i——自然数（$i = 1、2、3、\cdots、n$）。

【例 2-3】 仍用例 2-1 的资料，试用算术移动平均数法预测 2014 年可能实现的利润。

【解】 设 4 个数据为一段，则

$$S_{10+1} = \frac{x_7 + x_8 + x_9 + x_{10}}{4} = \frac{(1\,460 + 1\,370 + 1\,420 + 1\,500) 万元}{4}$$

$$= 1\,437.5 \text{ 万元}$$

当 2014 年结束，假设实现的利润实际达到 1 480 万元，则可进一步预测 2015 年可能实现的利润。

即 $S_{11+1} = \dfrac{(1\,370 + 1\,420 + 1\,500 + 1\,480) 万元}{4} = 1\,442.5 \text{ 万元}$

4）加权移动平均数法。加权移动平均数法是用近期历史统计数据的加权平均值作为预测值的一种方法。算术移动平均数法没有考虑历史统计数据对事物发展趋势的不同影响程度，为

克服这一缺陷，可以在移动中采用加权平均的方法，即加权移动平均。其计算公式为

$$S_{t+1} = \frac{\sum_{i=1}^{n} c_i x_{t-n+i}}{\sum_{i=1}^{n} c_i} \qquad (2\text{-}4)$$

式中 S_{t+1}——在 t 周期计算的 $t+1$ 周期的预测值；

c_i——各历史统计数据对应的权数；

x_{t-n+i}——历史统计数据；

t——历史统计数据的周期数；

n——分段数据的个数；

i——自然数（$i=1、2、3、\cdots、n$）。

【例2-4】仍用例2-1的资料，试用加权移动平均法预测2014年可能实现的利润。

【解】设4个数据为一段，权数分别1、2、3、4，则

$$S_{10+1} = \frac{(1 \times 1460 + 2 \times 1370 + 3 \times 1420 + 4 \times 1500) \text{万元}}{1+2+3+4}$$

$$= 1446 \text{ 万元}$$

此外，时间序列法还有指数平滑法、平均增长率法等。

（2）线性回归法 线性回归法是根据"相关"原则，依据已知互为因果关系的许多组数据（如产值与利润的关系），并假设这些数据关系是直线变化，从而建立方程，使其延伸预测未来。其数学模型为

$$y = a + bx \qquad (2\text{-}5)$$

下面通过一个实例来说明其预测步骤。

【例2-5】某建筑公司2007～2013年逐年的竣工面积与实现利润之间的统计资料见表2-1，若预计2014年的竣工面积比上一年增长6%，试预测2014年的利润水平。

表2-1 竣工面积与利润统计资料

年 份	2007	2008	2009	2010	2011	2012	2013
竣工面积/万 m^2	2.8	3.3	3.7	4.5	4.9	5.5	6.6
利润总额/万元	112	198	215	270	299	330	350

【解】第一步，绘图观察并确定相关关系，如图2-3所示。

从图2-3可以看出，数据点分布是线性趋势。因此，可以采用一元线性回归模型进行预测。

第二步，建立数学模型

$$y = a + bx$$

式中 y——年利润水平；

x——年竣工面积；

a、b——回归系数。

第三步，回归系数估计：

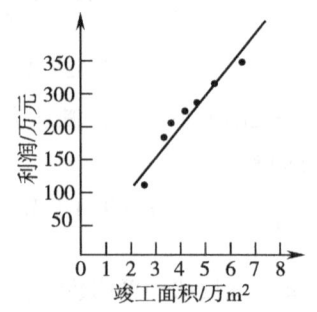

图2-3 竣工面积与利润统计分布

根据表 2-1 给出的数据，列表计算，见表 2-2。

表 2-2 一元线性回归计算表

年 份	x_i	y_i	x_i^2	$x_i y_i$
2007	2.8	112	7.84	313.6
2008	3.3	198	10.89	653.4
2009	3.7	215	13.69	795.5
2010	4.5	270	20.25	1 215
2011	4.9	299	24.01	1 465.1
2012	5.5	330	30.25	1 815
2013	6.6	350	43.56	2 310
合计	31.3	1 774	150.49	8 567.6

$$b = \frac{\sum_{i=1}^{n} x_i \cdot y_i - \bar{x} \sum_{i=1}^{n} y_i}{\sum_{i=1}^{n} x_i^2 - \bar{x} \sum_{i=1}^{n} x_i} \tag{2-6}$$

$$a = \bar{y} - b\bar{x} \tag{2-7}$$

其中

$$\bar{y} = \frac{\sum_{i=1}^{n} y_i}{n}; \quad \bar{x} = \frac{\sum_{i=1}^{n} x_i}{n}$$

将表 2-2 数据代入式 (2-6)、式 (2-7) 中，求得 a、b 回归系数

$$b = \frac{8\ 567.6 - 4.471 \times 1\ 774}{150.49 - 4.471 \times 31.3} = 60.30$$

$$a = 253.43 - 60.30 \times 4.471 = -16.17$$

第四步，建立数学模型 $y = -16.17 + 60.30x$

第五步，应用数学模型进行预测

$$y = -16.17 + 60.30 \times 6.6 \times (1 + 6\%) = 405.69$$

即该公司 2014 年可能实现利润 405.69 万元。

 练一练

1. 市场调查的内容包括（　　）。
A. 市场需求调查　B. 市场供应调查　C. 对建筑市场参与单位的调查
D. 对企业外部环境的调查　　　　　E. 市场竞争状况的调查
2. 对包括设计单位、监理咨询单位、建设单位主管部门、分包商、咨询公司、国家有关行政管理机构等的调查属于对（　　）的调查。
A. 企业外部环境　B. 市场供应　　C. 市场需求　　D. 建筑市场参与单位
3. 建筑企业经营预测的内容包括（　　）。

A. 企业的技术发展预测　　　　B. 生产能力预测
C. 资源能力预测　　　　　　　D. 建筑市场预测

4. 定性预测方法包括_____、_____、_____、_____。

5. 定量预测方法包括_____、_____。

6. 某公司 2004～2013 年实现利润分别为 1 000 万元、1 050 万元、1 200 万元、1 050 万元、1 150 万元、1 300 万元、1 360 万元、1 220 万元、1 270 万元、1 300 万元，试用算术平均法预测 2014 年可能实现的利润。

2.3　建筑企业经营决策

2.3.1　经营决策概述

1. 经营决策的概念

决策是指为达到特定的目标，拟定多个可行方案，从中选择较理想的方案并予以实施的全过程。决策是企业经营管理的核心，是执行各种管理职能的基础，贯穿于管理的全过程。

经营决策是对企业经营活动方面的决策。

2. 经营决策的程序

决策工作是一项动态的完整过程，一般应按照一定的基本程序进行，如图 2-4 所示。

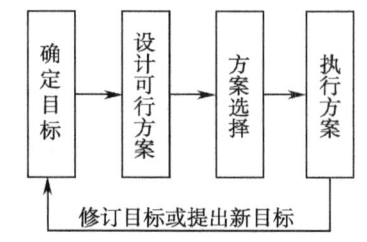

图 2-4　经营决策程序

2.3.2　经营决策体系

建筑企业经营管理的各方面都存在决策问题。上自最高领导层，下至各个作业层，以及各业务管理部门的工作中都面临众多的决策事务。只有正确地处理好这些决策问题，才能保证整个企业有效运转。

企业经营管理各方面的决策事务构成经营决策体系。

1. 决策的分类

决策的种类很多，可按以下分类。

（1）按决策的重要程度分

1）战略决策。战略决策是指对企业全局性的，涉及长远发展的重大问题所作的决策，如经营目标、市场开拓、产品更新等方面的决策。战略决策由企业领导层组织进行。

2）管理决策。管理决策又称战术决策，是为实现战略目标，在实施战略决策过程中开展的决策。如施工方案、计划平衡等。管理决策由企业中级管理层负责组织开展。

3）实务决策。实务决策是指在实际工作中，为提高生产（工作）效率开展的决策。如改进技术、材料代用等。这类决策的时间要求紧，涉及具体工作，由基层组织制订。

（2）按决策的性质分

1）程序性决策。程序性决策是指按一定的规范化的方法处理的决策。在决策中有些问题经常反复出现，在多次处理中已总结出了一套常规的处理方法，再次出现时就可按程序化的方法去解决。

2）非程序性决策。非程序性决策是指没有固定方法处理的决策。在决策中有的问题不经常出现，不可能总结出一套固定的方法，而只能依靠决策者的知识、经验来分析判断，作出决断。

（3）按决策的状态分

1）肯定型决策。肯定型决策指未来自然状态是确定的决策。即决策方案的运行环境是确定的，只有一种状态，方案实施的结果可以事先测算出来。

2）风险型决策。风险型决策指未来自然状态是不确定的，但出现的概率可以事先估计（或计算）的决策。这类决策不管采取何种方案，都可能由于状态的不确定性而使决策存在一定风险，故称为风险型决策。

3）非肯定型决策。非肯定型决策指未来自然状态是不确定的，且出现的概率也不能确定的决策。这类决策的风险性更大，全凭决策者主观判断。

（4）按决策的方法分

1）定性决策。定性决策指不依靠数学方法进行大量运算，而直接依靠决策者的分析判断能力进行的决策。

2）定量决策。定量决策指决策结果能准确计算，依靠数学方法进行运算、推导而作出的决策。

在决策的实践中，定量方法和定性方法往往综合运用，很难分开。

建筑企业的决策除按上述分类外，还可按决策内容分为市场决策、技术决策、生产措施决策、资源决策、人事决策、财务决策等。

2. 决策的组织系统

决策的组织系统和企业组织系统是一致的，这里主要是强调决策职能。决策的组织系统如图2-5所示。

（1）领导层　领导层是以法人代表为中心组成的企业最高决策班子。领导层负责对企业重大问题进行决策，决策分类中的战略性决策就是企业领导层的决策。

（2）管理层　管理层是企业实施经营决策方案的组织者，包括企业的各级管理人员。它将企业领导层的决策方案层层分解，组织实施。在分解和实施中进行管理性的战术决策，如技术组织措施、具体业务决策等。

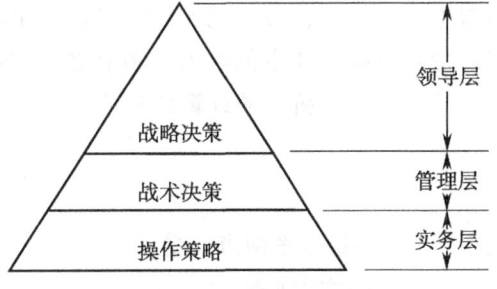

图2-5　决策的组织系统示意

（3）实务层　实务层是指企业的实际工作人员。实务层的主要任务是执行决策方案，在执行中进行一些工作（操作）性质的决策，如操作工艺的改进、工作方法的选择等。

不同的决策层次对企业经营管理所承担的责任是不同的。一般来说，领导层对企业经营的综合效益负全面责任，可以把它看成是利润中心；管理层主要是围绕组织实施经营决策的命令开展工作，控制生产过程，可以把它看成是成本中心；实务层是执行者，可以把它看成是完成任务的中心。

2.3.3 经营决策的基本方法

在当代技术经济高度发展的条件下，单靠人们的经验判断，已经很难作出十分准确的决策。因此，必须应用数学分析的方法进行，以提高决策的科学性。按决策的状态，决策分析方法分为肯定型决策方法、风险型决策方法和非肯定型决策方法三种。

1. 肯定型决策方法

肯定型决策的特点是决策问题只存在一个确定的自然状态，即决策的条件及其预测结果都有明确肯定的答案，决策者可依据一定的方法作出决策。肯定型决策方法有很多，有线性规划、盈亏平衡分析、网络技术等方法。下面仅就盈亏平衡分析法作简要介绍。

盈亏平衡分析法是研究生产、经营一种产品达到不盈不亏时的产量或收入的决策问题的方法。这个不盈不亏的平衡点即为盈亏平衡点，如图 2-6 所示。

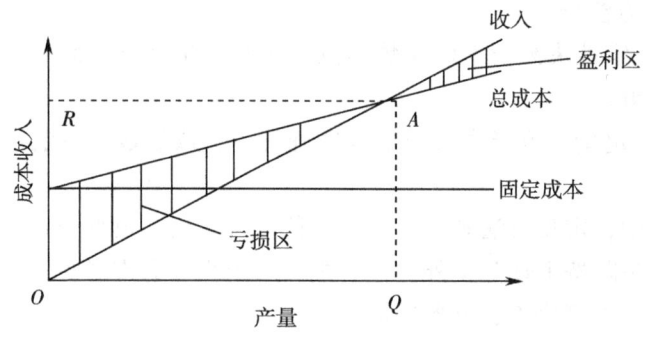

图 2-6 盈亏平衡分析基本模型

从图 2-6 可以看出，产量低于 Q 时，则发生亏损；超过 Q 时则获得盈利；等于 Q 时不盈不亏。因此，我们把 A 点叫做盈亏平衡点；此时，对应于 A 点的产量 Q 称作盈亏平衡点产量；对应于 A 点的收入 R 称作盈亏平衡点收入。

盈亏平衡分析法的计算公式为

$$Q = \frac{C}{P - V} \tag{2-8}$$

式中　Q——盈亏平衡点产量；

　　　C——固定成本；

　　　P——单位产品销售价格；

　　　V——单位产品变动成本。

【例 2-6】 某建筑企业年固定成本为 600 万元，所承包工程的合同单方造价平均为 800 元/m²，实际施工可变成本平均为 640 元/m²。问一年内应完成多少建筑面积的工程才能使公司保本？

【解】 将题中给定数据代入式 (2-8)，有

$$Q = \frac{C}{P-V} = \frac{6\,000\,000 \text{元}}{(800-640)\text{元}/\text{m}^2} = 37\,500\text{m}^2$$

2. 风险型决策方法

风险型决策的特点是决策问题上存在两个或两个以上的自然状态，各种状态下出现的概率可以大概估算出来，即每种状态下出现的可能性大小可以估计。所以，只能根据概率进行决策，并且无论采用何种方案都要为此冒一定风险。风险型决策常用方法是期望值法和决策树法。

（1）期望值法　期望值法是比较各方案的损益期望值，选择损益期望值较优的方案的一种决策方法。损益期望值，是指各种状态的概率乘以相应损益值的总和。期望值计算公式为

$$E(x) = \sum_{i=1}^{n} p_i x_i \qquad (2\text{-}9)$$

式中　$E(x)$——某方案的损益期望值；

　　　x_i——某方案在某种状态下的损益值，收益值取"＋"，亏损值取"－"；

　　　p_i——未来状态出现的概率；

　　　n——未来状态的个数。

（2）决策树法　决策树法是借助于决策树形象地分析决策问题，计算与比较各方案的期望值，从而作出决策的一种方法。下面以一个实例说明决策树法的基本步骤。

【例2-7】某建筑公司的施工管理人员要决定某项工程下月是否开工。如果开工后天气好，能按期完工，可得利润6万元；如果开工后天气不好，将拖延工期，造成损失2万元；假如不开工则不论天气好坏都要付出窝工费损失5千元。根据以往的统计资料，预计下月天气好的概率为0.3，而天气坏的概率为0.7，试进行决策。

【解】① 从左向右画出决策树图，如图2-7所示。首先从左端决策点（用"□"表示）出发，按备选方案引出相应的方案枝（用"—"表示），每条方案枝上注明所代表的方案；然后，每条方案枝到达一个方案的结点（也称机会点，用"○"表示），再由各方案结点引出各个状态枝（用"—"表示），并在各个状态枝上说明状态内容及其概率；最后，在状态枝末端（用"△"表示）注明不同状态下的损益值。

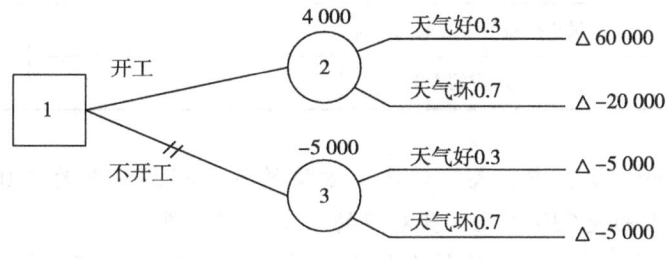

图2-7　某工程开工决策树图

② 计算各种状态下的期望值。

开工方案期望收益值为

$$E(x_1) = 0.3 \times 60\,000 元 + 0.7 \times (-20\,000 元) = 4\,000 元$$

不开工方案期望收益值为

$$E(x_2) = 0.3 \times (-5\,000 元) + 0.7 \times (-5\,000 元) = -5\,000 元$$

③ 选择最理想方案。将各个方案的期望值标注在各个方案的机会点上；然后，比较各方案的期望值，从中选出期望值最大的作为最理想方案。同时剪去（用"//"表示）其他方案。此例中，开工方案的期望值最大（4 000 元），故选择该方案。

3. 非肯定型决策

非肯定型决策的自然状态是不确定的，其特点为：有两个以上可供选择的可行方案；有两个以上自然状态且各状态出现的概率无法知道；各方案在各自然状态下的结果可以计算出来。

由于非肯定型决策的自然状态出现的概率无法估计，决策中将承担更大的风险。这类决策主要取决于决策人的经验、信心和态度，没有一个统一的决策模式。常用的有以下几种方法。

（1）小中取大法 小中取大法指在最不利状态下的收益（即小收益，损失值按负收益处理）中选择较大收益的一种决策方法。

【例 2-8】某建筑公司拟投资新建一预制构件加工厂，有三种建厂方案，见表 2-3，试根据小中取大法的原则进行决策。

【解】按小中取大法的原则列表 2-3 决策。

表 2-3 方案利润及决策表　　　　　　　　　　　（单位：万元）

状态 方案	市场情况			最小损益值
	景　气	普　通	不景气	
小型厂	300	250	230	230
中型厂	450	400	170	170
大型厂	600	300	100	100
最小损益值中的最大损益值				230
对应的方案				小型厂

从表 2-3 中可知，小、中、大三种建厂方案的最小利润分别为 230 万元、170 万元、100 万元，其中最大的是 230 万元，其对应的方案为建小型厂。

（2）大中取大法 大中取大法是在最有利状态下的收益（即大收益，损失值按负收益处理）中选择最大收益的一种决策方法。

【例 2-9】用例 2-8 的资料，试根据大中取大法的原则决策。

【解】列表决策，见表 2-4。

表 2-4 方案利润及决策表　　　　　　　　　　　（单位：万元）

状态 方案	市场情况			最大损益值
	景 气	普 通	不 景 气	
小型厂	300	250	230	300
中型厂	450	400	170	450
大型厂	600	300	100	600
最大损益值中的最大损益值				600
对应的方案				大型厂

从表 2-4 中可知，小、中、大三种建厂方案的最大利润分别为 300 万元、450 万元、600 万元，其中最大的是 600 万元，其对应的方案为建大型厂。

（3）后悔值法　后悔值法是通过计算各方案的最大后悔值，从中选择最小值的一种决策方法。后悔值的计算公式如下

$$\text{某方案在某状态下的后悔值} = \text{某状态下的最大收益值} - \text{某方案在该状态下的收益值} \qquad (2\text{-}10)$$

【例 2-10】用例 2-8 的资料，试根据后悔值法进行决策。

【解】列表 2-5 计算后悔值进行决策。

表 2-5 后悔值计算表　　　　　　　　　　　（单位：万元）

状态 方案	市场情况			最大后悔值
	景 气	普 通	不 景 气	
小型厂	300	150	0	300
中型厂	150	0	60	150
大型厂	0	100	130	130
最大后悔值中的最小值				130
对应的方案				大型厂

将表 2-5 中的数据按后悔值的公式计算，例如

小型厂方案在景气状态下的后悔值 = 600 万元 – 300 万元 = 300 万元

余下的类推。

从表 2-5 中计算的结果可知，三个方案的最大后悔值分别为 300 万元、150 万元、130 万元，其中最小的是 130 万元，对应方案为建大型厂。

除了上述几种方法外，决策还有许多方法。如最小损失标准法、最大可能法、机会均等法等。

 练一练

1. 什么是决策？
2. 决策工作是一项_____的完整过程。
3. 按重要程度将决策分为_____、_____、_____。
4. 决策组织系统包括_____、_____、_____。
5. 按决策状态将决策分为_____、_____、_____。

本 章 回 顾

建筑企业经营建筑商品，必须通过建设工程市场经营活动才能完成。搞好市场经营，首先要搞好经营预测与经营决策，正确选择经营方式。本章重点介绍了建筑市场、建筑企业市场经营方式，建筑市场调查与经营预测、经营决策。

1. 市场有广义和狭义之分。市场由市场主体、市场客体、市场规则、市场价格和市场机制等要素构成。

建筑市场是进行建筑商品及相关要素交换的市场。建筑产品本身及其生产过程的特点导致了建筑市场具有其自身的特点。

建筑市场体系包括建筑产品市场，以及为建筑产品市场服务的生产要素市场和对建筑产品市场提供支持的法律体系、监督体系、社会保障体系。

2. 建筑市场经营是指建筑企业销售建筑商品以满足业主需求而进行环境分析、市场调查、市场预测、经营决策、投标与签订合同、工程施工、竣工验收与交付使用、售后服务而进行的综合性活动。从事建筑市场经营活动，必须树立以用户为中心，以企业形象为基础，讲求经济利益的现代经营观念。

3. 建筑企业市场经营方式，是指建筑企业在市场经营活动中向业主（建设单位）提供建筑商品或服务的方式。建筑企业有两种主要的经营方式：一种是承包经营方式，是指建筑企业通过承包工程向业主（建设单位）提供建筑商品；另一种是开发性经营方式，是指建筑企业将建筑工程（建筑商品）建成后出租或出售给用户。

承包经营方式按承包的关系分为总—分包经营方式、直接承包经营方式、联合承包经营方式等，按承包的范围分为全过程承包、设计—施工承包、施工承包等。

4. 建筑企业经营中必须对市场进行深入的调查，以掌握市场动态，适应市场需求。建筑企业的市场调查主要包括：市场需求调查、市场供应调查、市场竞争状况调查、对建筑市场参与单位的调查、企业外部环境整体的调查。

5. 预测是人们对事物未来的发展趋势进行的预计和推测。经营预测，是人们对企业经营活动的发展趋势作出的预测。

选择预测方法是整个预测工作的核心。常用的预测方法分为定性预测法和定量预测法两大类。定性预测法包括个人判断法、会议讨论法、专家调查法（特尔菲法）、经济寿命周期分析法等。定量预测法包括时间序列法和线性回归法两大类，其中时间序列法包括算术平均数法、加权平均数法、算术移动平均数法、加权移动平均数法等。

6. 决策是企业经营管理的核心,是执行各种管理职能的基础,贯穿于管理的全过程。决策正确与否,是经营成败的关键。

决策是拟定、选择、实施方案的全过程。

决策的组织系统和企业组织系统一致,企业的战略决策、战术决策和操作决策分别由企业领导层、管理层和实务层完成。

经营决策有多种分类方法,按决策的状态分为肯定型决策、风险型决策和非肯定型决策。盈亏平衡分析是肯定型决策方法中常用的方法之一,风险型决策中常用方法有期望值法、决策树法等,小中取大法、大中取大法和后悔值法则是非肯定型决策的基本方法。

第3章 建设工程招投标

 知识储备

工程招标投标在国际建筑承包市场已经应用了一二百年，成为分派建设任务的主要方式。随着经济的发展，我国建筑企业开始走向世界，进入国际工程承包市场，在激烈的国际招投标竞争中取得不少经验和教训。我国推行招标投标承包制是从20世纪80年代开始的。自1982年开始的鲁布革电站引水工程等国际招投标的冲击，促使我国从1992年至今，立法建制逐步完善，特别在《中华人民共和国招标投标法》2000年1月1日起施行后，我国招标投标制进入了全面实施的新阶段。工程招标投标作为一种市场经济条件下建筑商品的主要交易方式，具有明显的优越性。

1) 招标人通过对各投标竞争者的报价和其他条件进行综合比较，从中选择报价低、技术力量强、信誉好的中标者，有利于节省和合理使用资金以及保证招标项目的质量。

2) 招标投标活动要求依法公开进行，有利于遏制承包中的腐败和不正当竞争行为。

3) 有利于创造公平竞争的市场环境，促进企业间公平竞争。

通过本章的学习，我们应该：

1. 了解工程招标投标的概念、方式及基本条件。
2. 了解工程招标投标的程序及主要工作内容。
3. 理解工程报价及策略。

 导入案例

永利监理公司承担了体育馆建设工程项目施工阶段（包括施工招标）的建设监理任务。经过施工招标，业主选定A建筑公司为中标单位。在施工合同中双方约定，A建筑公司将设备安装、配套工程和桩基工程的施工分包给B、C和D三家专业工程公司，业主负责采购设备。

该工程在施工招标和合同履行过程中发生了下述事件：

1) 施工招标过程中共有6家建筑公司竞标，其中F工程公司的投标文件在招标文件要求提交投标文件的截止时间后半小时送达；G工程公司的投标文件未密封。

[问题1] 评标委员会是否应该对F、G这两家公司的投标文件进行评审？为什么？

2）桩基工程施工完毕，已按国家有关规定和合同约定作了检测验收。监理工程师对其中15号桩的混凝土质量有怀疑，建议业主采取钻孔取样方法进一步检验。D公司不配合，总监理工程师要求A建筑公司给予配合，A公司以桩基是D公司施工为由拒绝配合。

[问题2] A建筑公司的做法妥当否？为什么？

3）若钻孔取样检验合格，A建筑公司要求该监理公司承担由此发生的全部费用，赔偿其窝工损失，并顺延影响的工期。

[问题3] A建筑公司的要求合理否？为什么？

4）业主采购的配套工程设备提前进场，A建筑公司派人参加开箱清点，并向监理工程师提交因此增加的保管费支付申请。

[问题4] 监理工程师是否予以签认？为什么？

5）C公司在配套工程设备安装过程中发现附属工程设备材料库中部分配件丢失，要求重新采购供货。

[问题5] C公司的要求是否合理？为什么？

通过本章的学习，我们将会找到上述问题的答案。

3.1 概述

3.1.1 工程招投标的概念

工程招标投标是在国家的法律保护和监督下法人之间的经济活动，是在双方同意基础上的一种交易行为。

工程招标是指招标人以项目建造的期望价为尺度，择优选择投标人的一种经济活动。

工程投标是指具有合法资格和能力的投标人根据招标条件，以投标报价形式争取获得工程任务的一种经济活动。

3.1.2 工程招标的方式

目前，建设工程采用招标投标方式可分为下面两种。

1. 公开招标

公开招标是指招标人以招标公告的方式邀请不特定的法人或者其他组织投标。

这种招标的主要优点是：能促进企业精心经营，以求中标和承包工程；有利于施工准备。它适用于任何大、中型项目或专业性较强的工程项目，可向某一地区、全国乃至国际招标时采用。

2. 邀请招标

邀请招标是指招标人以投标邀请书的方式邀请特定的法人或者其他组织投标。

邀请特定的法人或者其他组织，一般是指选择在社会上享有一定的信誉并经常承担类似工程项目，在技术装备、施工能力、工程质量和经营管理方面均能适应拟建项目建设的施工单位。被邀请单位一般在3个以上。

这种招标方式的优点是：由于被邀请投标者往往不知道还有谁参加这项投标，可以避免他们之间的互相串通，抬高标价。

3.1.3 工程招投标的基本条件

1. 招标单位应具备的条件

1）招标单位是法人、依法成立的其他组织。
2）有与招标工程相适应的经济、技术管理人员。
3）有组织编制招标文件的能力。
4）有审查招标单位资质的能力。
5）有组织开标、评标、定标的能力。

不具备上述2)至5)项条件的，须委托有相应资质的招标代理（或中介）机构代理招标。

2. 建设项目招标应具备的条件

1）概算已经批准。
2）建设项目已正式列入国家、部门或地方的年度固定资产投资计划。
3）建设用地的征用工作已完成。
4）有能够满足施工需要的施工图样及技术资料。
5）建设资金和主要建筑材料、设备来源已落实。
6）已经建设项目所在地规划部门批准，施工现场的"三通一平"已完成或一并列入招标范围。

为了规范建筑市场有关各方的行为，《中华人民共和国建筑法》（以下简称《建筑法》）和《中华人民共和国招标投标法》（以下简称《招标投标法》）明确规定不允许采取肢解工程的方式进行招标，一个独立合同发包的工作范围可以是全部工程招标、单位工程招标、特殊专业工程招标，但不允许将单位工程肢解成分部分项工程进行招标。

3. 投标单位须具备的条件

1）有政府主管部门批准注册的营业执照。
2）企业资质须符合招标工程的要求。

3.1.4 《招标投标法》简介

1.《中华人民共和国招标投标法》基本内容

《中华人民共和国招标投标法》简称《招标投标法》。它的颁布实施对于规范建筑市场行为，规范建设工程招投标活动，保护国家利益与社会利益，维护建设工程招投标活动当事人的合法权益，提高经济效益，保证工程项目质量，具有十分重要的意义。

《招标投标法》共6章，分述如下。

（1）总则 总则共7条，规定了《招标投标法》制定的目的、适用范围；必须进行招投标的项目；招投标活动应遵循的原则；对招投标活动的行政监督管理等。

（2）招标 招标共17条，主要包括招标人和招标项目的规定；招标方式的规定；招标代理机构资格、工作内容的规定；招标过程中招投标行为的规定；招标文件内容及其澄清、修改的规定；招投标截止时间的规定等。

(3) 投标　投标共7条，主要包括对投标人资格的规定；投标人投标行为的规定；投标文件内容的规定等。

(4) 开标、评标和中标　开标、评标和中标共15条，主要规定了开标时间、参加人员、开标程序；开标委员会的组成、评标要求，中标人的条件；中标通知书的发布；承包合同的签订等。

(5) 法律责任　法律责任共16条，主要包括对招标人、招标代理机构、投标人、评标委员会、中标人、招投标行政管理机构在招投标过程中所承担的法律责任的规定和违法行为的处分等。

(6) 附则　附则共4条，主要说明可否进行招投标项目或不适用本法的规定、本法施行的时间等。

2.《中华人民共和国招标投标法》的立法目的

1) 进一步规范招投标活动的行为。我国在推行招投标制度的过程中，为了进一步规范招投标活动，克服在招投标过程中进行"暗箱操作"、搞虚假招标；招标投标程序不规范；投标人串通投标，随意抬高报价，违反公开、公平、公正的原则等行为。以立法的形式，确立了我国招标投标必须遵守的基本规则和程序，以及对招标投标过程中违法行为进行追究法律责任的规定，以保证招标投标活动的正常开展。

2) 进一步保护国家利益和社会利益。《招标投标法》的实施，对保障我国财政资金和其他国有资金的合理使用，有效消除工程发包和其他采购活动中的腐败行为，维护社会公众利益，确保工程项目的顺利实施有其重要意义。

3) 有利于保护招标投标活动当事人的合法权益。针对实践中存在的一些侵犯招标投标活动当事人合法权益的主要问题，《招标投标法》对各方当事人应当享有的基本权利作出规定，以保障双方当事人的合法权益。

4) 有利于提高经济效益和工程质量。实行招标投标制度，依法进行招标投标，通过公平竞争，选择投标人中标，有利于节约投资、缩短工期、保证质量、提高经济效益。

3. 招标投标活动的原则

(1) 公开原则　进行招投标活动，依照《招标投标法》的规定，必须要招标信息公开，开标程序公开，评标标准和程序公开，中标的结果公开。

(2) 公平、公正原则　按照《招标投标法》规定，招标人要严格按照公开的招标条件和程序进行招标；同等地对待每一个投标者，也就是招标人应向所有投标人提供相同的信息解释和澄清招标文件的有关问题；采用同一标准和程序对所有投标人进行资格预审和评标；不得向任何投标人泄露标底和有碍于公平竞争的信息。投标人不得采取向招标人及其招标活动中的有关工作人员进行行贿、提供回扣或给予其他好处等手段参加竞争、获得中标。招投标双方不得将自己的意志强加给对方。

(3) 诚实信用原则　招投标活动是以订立合同为目的的民事行为活动。因此，在招投标活动中要求双方都要诚实守信,不得有欺诈行为。例如,招标人不得以任何形式搞虚假招标;投标人递交的投标书都必须真实;中标订立合同和双方都应严格履行合同规定的义务等。

4. 对招标投标活动进行监督管理的事项

1)对招标投标活动的行政监督必须依法进行,招投标活动及其当事人双方必须依法接受监督。

2)要依照《招标投标法》的规定,对必须招标的项目是否进行了招标,是否按法定的规则和程序进行招标,是否按法定要求进行了开标、评标、定标直至与中标人签订合同,对投标人是否依法参加投标活动,都必须进行监督。

3)依法查处投标活动的违法行为。有关行政监督部门对违反《招标投标法》的行为,除责令改正外,还有依法给予罚款、没收违法所得、取消投标资格、责令停业、吊销营业执照等行政处罚。

练一练

1. 工程招标是指＿＿＿＿＿＿＿＿＿＿＿＿＿＿＿＿＿＿＿＿＿＿＿＿＿一种经济活动。工程投标是指＿＿＿＿＿＿＿＿＿＿＿＿＿＿＿＿＿＿＿＿＿＿＿一种经济活动。
2. 工程招标的方式主要有＿＿＿＿＿＿＿＿和＿＿＿＿＿＿＿＿。
3. 投标单位应具备＿＿＿＿＿＿＿＿和＿＿＿＿＿＿＿＿条件。
4. 招投标的原则包括(　　)。
   A. 公开　　　　B. 诚实信用　　　　C. 公正　　　　D. 公平
5. 招投标法分为＿＿＿＿、＿＿＿＿、＿＿＿＿、＿＿＿＿、＿＿＿＿、＿＿＿＿6章。

3.2 建设工程招投标程序及各方工作内容

3.2.1 建设工程招投标程序

建筑工程招标投标是一个连续完整的过程,必须根据一定的程序进行。招标投标程序如图3-1所示。

3.2.2 招标方的主要工作内容

1. 申请招标

招标单位向建设行政主管部门办理申请招标手续。申请文件应说明:招标工作范围;招标方式;工期对投标单位的资质要求;招标项目的前期准备工作的完成情况;自行招标还是委托代理招标等内容。

2. 准备招标文件

招标申请经审查批准后,即应准备招标文件,通常包括以下内容:

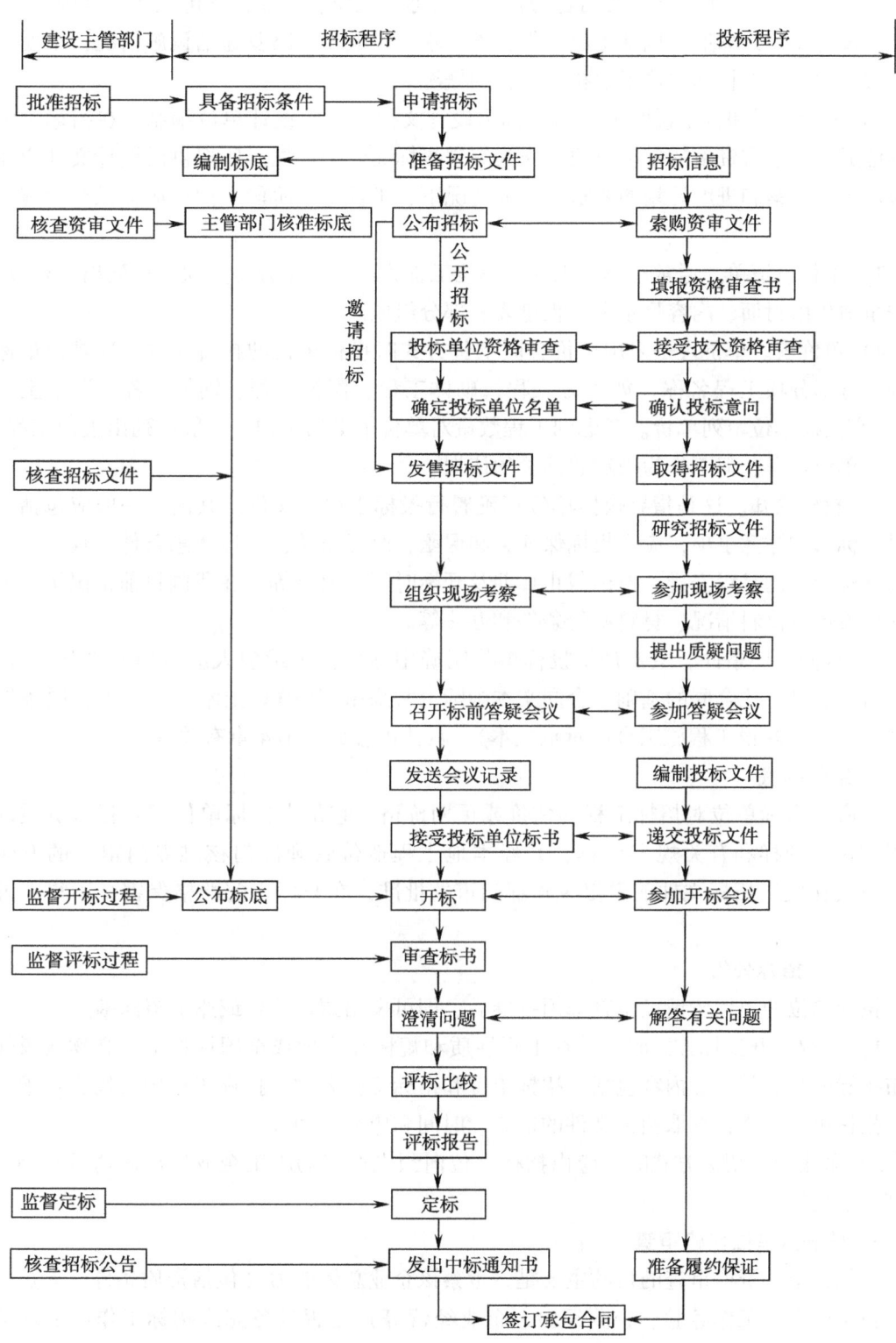

图 3-1 工程招投标程序

1）工程综合说明。其主要内容为：工程名称、规模、地址、发包范围、基础、结构、装修、设备概况；场地和地基土质条件；给排水、供电、道路及通信设施情况；工期要求等。其目的是帮助投标单位了解招标工程的概况。

2）设计图样和技术说明书。通常称为设计文件，它由设计单位编制。在招标时由招标单位成套发给有资格的投标单位，作为编制投标文件的依据。所提供的设计文件应能满足拟定施工方案和进度计划的要求。一般情况下，工程施工阶段，招标应提供全套施工图样。

3）工程量清单。通常以单项工程或单位工程为对象，按分部分项工程列出工程数量。工程量清单由封面、内容目录和工程量表三部分组成。

4）单价表。单价表是采用单价合同承包方式时投标单位的报价文件，通常由招标单位开列分部分项工程名称（如土方工程、砌体工程、模板工程、钢筋工程、混凝土工程等），交投标单位填列单价。考虑到工程数量对单价水平的影响，一般应列出近似工程量，供投标单位参考，但不作为确定总标价的依据。

5）投标须知。这是指导投标单位正确履行投标手续的文件。其内容一般应包括填写和投送标书的注意事项，应交投标保证金和保函，废标条件，决标优惠条件，现场勘察和标前答疑会议的日程安排，投标截止日期及开标时间、地点等。在我国目前情况下，还应列入建设单位供料情况、材料调价条件和办法等。

6）合同主要条件。主要是使投标单位明确中标后作为承包人应承担的义务和责任，作为洽商签订正式合同的基础。合同文本国际上常采用《FIDIC 土木工程施工合同条件》，国内常采用《建设工程施工合同示范文本》。具体内容详见第 4 章有关章节。

3. 编制标底

标底是招标单位对招标工程的估价或预期价格。它是由招标单位或委托有资质的单位根据设计图样和有关规定计算，并经本地工程造价管理部门核准专门审定的发包造价。标底在发出招标文件前需报主管部门审核批准，在开标之前严格保密，不得对外泄露。

4. 发布招标公告

招标单位的招标申请经主管部门批准后，即可发出招标公告或邀请招标函。

1）采取公开招标方式时，应视工程性质和规模在当地或全国性报纸、刊物或媒体上发布招标公告。其主要内容包括：招标单位和招标工程名称；招标工程内容简介；承包方式；投标单位资格；领取招标文件的地点、时间和应交费用等。

2）采用邀请招标方式时，应由招标单位向预先选定的施工企业发出邀请投标函，邀请其参加投标。

5. 对投标单位资格审查

对投标单位资格审查的目的主要是，考察该企业总体能力（包括资质条件、人员、设备、技术能力、工作经验、企业经验、企业经营等）是否具备完成招标工作所要求的条件。

资格审查的主要内容应依据招标工程项目对投标人的要求来确定，中小型工程的审查内容可适当简单，大型复杂工程则要对承包商的能力进行全面审查。

6. 组织现场考察

招标单位按投标须知规定的时间组织投标单位自费进行现场考察。主要是让投标单位了解工程项目的现场情况、自然条件、施工条件以及周围环境条件，以便于编制标书；同时，通过实地考察为投标单位确定投标原则和策略，避免在合同履行过程中以不了解现场情况为由推卸责任。

7. 召开标前会议

投标单位研究招标文件和现场考察后，以书面形式提出有关该项目的质疑问题，招标单位按投标须知规定的时间和地点召开会议，对投标提出的问题及时给予书面解答，也可留待标前会议上解答。招标单位所回答的问题必须以会议记录书面形式发送给每一投标单位，但不必说明问题的来源。回答函件作为招标文件组成部分，如果书面解答的问题与招标文件中的规定不一致，以函件解答为准。

根据《招标投标法》的规定，招标单位对已发出的招标文件进行必要的澄清或必要的修改时，应在投标截止日期之前至少 15 日以书面形式发送给所有投标人，以便于投标单位修改标书。

8. 开标、评标、定标

（1）开标 公开招标和邀请招标均应举行开标会议。开标应在招标文件规定的时间、地点由招标单位主持，所有投标单位参加，并在邀请项目有关主管部门代表参加的情况下进行。开标时由投标单位或其推选的代表校验投标文件的密封情况，确认无误后由工作人员当众拆封，宣读投标单位名称、标价和投标文件的其他主要内容。所有在投标致函中提出的附加条件、补充声明、优惠条件、替代方案等均应宣读。开标过程应当有专人记录，并由读标人、记录人签名，由招标单位存档备查。开标后，任何投标单位不允许更改招标书的内容和标价，也不允许再增加优惠条件。

开标后，应当场公布标底，若所有投标单位的标价都大大超过标底并经复核标底无误时，招标单位宣布投标无效，另行组织其他形式招标。

若在开标会议上发现有下列情况之一，应宣布投标书为废标。

1）未按要求密封。

2）逾期送到。

3）未加盖法人或委托授权人印鉴。

4）未按招标文件的内容和要求填写、内容不全或字迹无法辨认。

5）投标单位未参加开标会议。

（2）评标 评标是对各种标书优劣的比较，以便最终确定中标人。评标工作由评标委员会按评标程序负责。

1）评标委员会由招标单位的代表和有关工程技术、经济等方面的专家组成，成员人数为 5 人以上单数，其中招标单位以外的专家不得少于成员组人数的 2/3。专家应当从县级以上人民政府有关部门提供的专家名册，或从招标代理机构的专家库中以随机抽取的方式确定，所有确定的专家不得与投标单位有利害关系，以保证评标的公正和公平。

2）评标工作程序。对于承包工作内容简单，合同金额不大的小型工程可采用即开、即评、既定的方式由评标委员会及时确定中标人。对于评审内容复杂、涉及面宽的大型工程项目，通常需分成初评和详评两个阶段。初评是评标委员会以招标文件为依据审查各投标书是否为相应性投标，确定投标书的有效性。详评是评标委员会对各投标书实施方案和计划进行的实质性评价和比较。

3）评审方法可以分为定性评审和定量评审两种。对于标的额较小的中小型工程项目评标可以采用定性比较的专家评议法，评标委员会对评标各标书共同分项进行认真分析比较后以协商和投票的方式确定候选中标人；对于大型工程项目应采用"综合评估法"或"最低投标价法"对各投标书进行科学的量化比较，评标委员会对量化比较的结果拟订一份综合比较表或标价比较表，连同书面评标报告提交招标单位，以作为定标的主要依据。

(3) 定标 评标结束后，确定中标单位前，招标单位不得与投标单位就投标价格、投标方案等实质性内容谈判。招标单位应根据评审委员会提出的评标报告和推荐的中标候选单位确定中标单位，也可授权评标委员会直接确定中标单位。中标单位确定后，招标单位应向中标单位发出中标通知书，同时将中标结果通知所有未中标的投标单位，并与中标单位在 30 个工作日内签订合同。中标通知书发出后，招标单位改变中标结果或拒绝签订合同的应承担相应的法律责任。招标单位与中标单位签订合同后 5 个工作日内，向所有投标单位（中标和未中标的）退还投标保证金。

定标的原则，即中标单位的投标应符合：第一，能够最大限度地满足招标文件中规定的各项综合评价标准；第二，能够满足招标文件的实质性要求，并经评审投标的价格最低，但是投标价格低于成本的除外。

评标、定标应按照《招标投标法》和《评标方法暂行规定》的程序和原则进行。

3.2.3 投标方的主要工作内容

1. 投标准备工作

在投标单位决定对一个项目投标以后，需要立即着手大量的准备工作。准确、全面、及时地收集各项技术经济信息，是投标成败的关键。需要收集的信息主要包括以下几方面内容。

1）招标信息。通过多种途径，尽可能在投标工程发出公布前获得工程建设信息。为此，必须熟悉当地政府的投资方向、建设规划，综合分析建筑市场的变化和走向。

2）工程所在地信息。包括当地自然条件、交通运输、价格行情等。

3）建筑、施工技术发展信息。新规范、新标准、新结构、新材料、新工艺的有关情况。

4）招标单位情况。包括招标单位的资金状况、社会信誉以及对招标项目的工期、质量、造价等方面的要求。

5）其他投标单位情况。包括竞争者的实力、优势、当地信誉，以及对项目的兴趣、意向。

6）有关报价的参考资料。收集当地近期类似工程施工方案、报价、工期及实际成本等资料。

7) 投标单位内部资料。包括能反映企业的技术和管理能力的各种资料。

2. 研究招标文件

投标单位在掌握了有关招标方面的信息后,根据招标通告或招标单位的邀请,报名参加适宜的投标,索购资审文件,接受招标单位的资格审查。通过资格审查取得招标文件后,需认真研究招标文件。

研究招标文件的重点应放在以下几个方面。

1) 研究招标工程说明,借以获得对工程全面的轮廓性了解,有助于确定总的投标策略方案。

2) 研究设计文件,弄清工程的技术细节和基本要求,为制订施工方案和报价提供确切的依据。对设计规定的各部位做法和对材料品种规格的要求,整个建筑物及其各部件的尺寸,各种图样之间的关系都要深刻理解,发现不清楚或互相矛盾之处,要提请招标单位解释或更正。

3) 研究合同主要条款,明确中标后应承担的责任和享有的权利。重点是承包方式,开竣工时间,工期奖罚,材料供应方式,预付款支付,工程款支付及价款结算办法,工程变更及停窝工损失处理办法,保险办法,政策调整引起价格变化的处理办法等。因为这些因素最终都会反映在标价上,所以都必须认真研究,以利于减小风险。

4) 研究投标须知,提高工作效率,避免造成废标。

3. 参加现场考察

一般情况下,现场调查要求投标人员亲自去,以此掌握第一手资料,为投标工作打好基础,其主要内容如下。

1) 施工现场的地质、地貌、水文、气候和主要条件。

2) 现场"三通"情况。

3) 施工平面如何布置,主要考虑吊车、料场、生产、生活临时设施的位置,是否有现成的房屋可以利用。

4) 周围环境对施工有什么限制条件,主要包括周围建筑物是否还需要保护,施工振动、噪声等是否允许。

4. 编制投标文件

1) 制订施工方案。施工方案是投标报价的前提条件,也是招标单位评标时要考虑的因素之一。施工方案主要介绍施工能力、施工方法、主要施工机具配置、各工种劳动力的安排及现场施工人员的平衡、施工进度及安全措施等。施工方案应简捷明了,重点突出对招标单位或评标小组有吸引力的技术、工期和降低成本三方面内容。

2) 投标报价。在进行投标计算时,必须首先根据招标文件复核或计算工程量。此外,投标计算还必须与采用的合同形式相协调。

报价是关系投标成败的关键性工作,是综合考虑企业目标、竞争对手情况、投标策略等多种因素后所作出的决策。报价的核心是确定不可预见费用和利润的比率。所谓报价高低,主要就是指这两部分费用比率的高低。

3) 编制标书。对某一工程的投标报价决策作出之后,即应编制正式标书,标书一般应包括如下内容。

① 投标书。

② 投标保证书。

③ 报价表。报价表随合同类型而异，合同一般将各类单价列在工程量表上。有时招标单位要求报单价分析，则须按招标文件规定将主要的或全部单价均附上单价分析表。

④ 施工规划。各种施工方案和施工进度计划表。

⑤ 施工组织机构表及主要工程管理人员人选及简历。

⑥ 如欲将部分项目分包给其他承包商，则需将分包商情况写入投标文件。

⑦ 其他必要的附件和资料。如投标保函、承包商营业执照、承包商投标全权代表的委托书及姓名、地址，能确认投标者财务状况的银行或金融机构的名称和地址等。

5. 递送标书，参加开标

投标文件编制完毕后，应认真审查，确认无误后可按招标文件载明时间、地点递送。

递送标书是将所有准备好的信函、证明文件、保函、技术文件、报价等装封递交到招标单位。递送标书时应注意以下方面。

1）字迹清楚、整洁美观、装帧大方。

2）按要求密封。

3）加盖单位和法定代表人（或法定代表人委托的代理人）的印鉴。

编制标书的一些附加说明、建议等密封后一并送达招标单位，并且在递交标书的同时递交投标保证金。

投标单位送达标书以后，应按时出席开标会议，对评标人提出的各种疑义给予说明，必要时也要同招标单位代表进行商谈。如最终得到招标单位签发的中标通知书，则应在规定时间内与招标方签订合同，并在以后的规定日内办理履约保函。至此，招投标工作即告结束，招投标双方进入合同履行期。

3.2.4 招标文件、工程投标书案例

1. 工程招标文件

【例3-1】某综合写字楼工程招标文件（土建部分）。

招标书封面

招标单位：某公司

法人代表：×××

经办人：×××

电话：××××××××

发出时间：××××年×月×日

第一条 工程综合说明

(1) 工程概况。

1）设计单位：××市建筑设计研究院。

2）工程招标范围：土建。

3) 资金来源：自筹。

4) 现场施工条件。

① 拆迁及"三通一平"情况：拆迁已经完成，"三通一平"已经具备。

② 现场交通条件：可由主干道东城区北大街直接进入施工现场。

③ 施工用地情况：场地面积为 19 980m²，详见规划平面图。

(2) 投标单位资格条件。

1) 参加投标的施工单位必须具有独立法人资格和二级施工资质。

2) 具有被授予合同的资格。投标单位应提供令招标单位满意的资格文件，以证明其符合投标条件和具有履行合同的能力。为此，所提交的资格文件中应包括以下资料：

① 有关确立投标单位法律地位的原始文件（或副本）（包括营业执照、资质等级证书及施工许可证和投标资格证）。

② 近三年获得的工程质量及信誉奖证。

③ 持建造师证进行投标。

(3) 投标单位应承担其编制投标文件与递交投标文件所涉及的一切费用。不管投标结果如何，招标单位对上述费用不负任何责任，只对未中标单位作适当的标书编制补偿，补偿金额为 600 元。

第二条　招标要求

(1) 本工程采用邀请招标。

(2) 技术标准和规范：按国家、行业及地方现行工程质量评定标准和施工验收规范执行。

(3) 编制标底和投标书按下列要求进行：

① 执行国家、地方工程招投标的有关规定。

② 依招标文件、施工图样及有关设计技术资料和现行国家、地方预算定额为依据。

③ 材料价格执行"××市工程造价信息"××××年第四季度××市建筑材料预算指导价，开工后随进度按××市工程造价信息给定的预算指导价作出调整。

④ 竣工技术档案费不进入报价（今后也不再收取）。

⑤ 乙方确认的优惠条件。

(4) 经招标领导小组核准后的招标文件，一经发出不得擅自变更其内容。确须变更或补充的（如答疑、会议纪要等），以文字形式于投标截止日前15天通知所有投标单位和有关单位。

第三条　结算时进行调整价款及工期顺延的范围

发生下列情况，承包单位或建设单位另行洽商，并调整价款或工期顺延。

(1) 重大设计变更。

(2) 不可抗力。

第四条　主要材料、设备供应方式及暂估价清单

(1) 地方材料按中标量由承包单位自行采购，按第二条（3）③报价与结算。

(2) 加工订货成品、半成品及构件的供应方式，除指定由甲方供应外，中标单位按进

度、设计要求标准负责加工或采购,建设单位对其质量实施监督检查并确认后方可付款。

(3) 工程用主要建筑材料清单、供应方式及暂估价见表3-1。

表3-1 主要建筑材料清单与暂估价表

材料或设备名称	规格型号	单位	单价/元	备注
普通钢筋		t	3 049.80	甲供
冷轧带肋钢筋		t	3 380.00	甲供
水泥(旺龙水泥)		t	361.08	甲供
门窗装修(进口)		m²	2 240.33	甲供
模板成材		m²	1 606.77	甲供
面砖(彩)		m²	54.37	甲供
三合板(进口)		m²	15.10	甲供
氯化聚乙烯橡胶防水卷材(黑色)		m²	19.60	甲供
树脂防水珍珠岩		m²	385.00	甲供
防火门及卷帘门		m²	800.00	甲供
磨光花岗岩(楼面现浇板以上)		m²	320.00	甲供
卫生间地面砖	300mm×300mm	块	3.30	甲供
瓷砖		块	2.83	甲供
花岗岩(外墙)		m²	1 080.00	甲供
多孔砖(××砖瓦厂)	240mm×240mm×115mm	百块	98.94	乙供
多孔砖(××砖瓦厂)	240mm×180mm×115mm	百块	85.68	乙供
多孔砖(××砖瓦厂)	240mm×115mm×90mm	百块	48.96	乙供

第五条 计量与支付

(1) 计量。

① 合同工程量以中标核准的工程量为准,当有重大变更时工程量另计。

② 重大工程变更以实际完成的并经建设单位指定的造价工程师核准确认的合格工程量净值为准。

(2) 支付。

① 招标单位要求按工程款的5%延期在土建竣工一年后的一年内支付清,若超过一年,按银行同期利率计息。

② 85%的工程款按工程完成进度经验收合格分阶段付款。

③ 履约保证金按照工程款的2%支付,双方在合同协议条款中确定。

第六条 投标须知

(1) 投标须知的前附表见表3-2。

表 3-2 投标须知的前附表

项号	内容规定
1	工程名称：综合写字楼……凯旋大厦 建设地点：××市东城区北大街 结构类型：框架剪力墙结构 承包方式：包工包料 要求日期：2006年3月29日开工 　　　　　2007年8月30日竣工 　　　　　工期605天（日历日） 招标范围：土建工程
2	合同名称：建设工程施工合同 GF—1999—0201（示范文本）
3	资金来源：自筹资金
4	投标单位资质等级：国家施工二级以上企业
5	投标有效期 15 天（日历日）
6	投标保证金额：＿＿＿％×中标价或 500 000 元
7	投标预备会 　　时间：2006年2月3日 　　地点：东城路建华大厦14层8号
8	投标文件份数 　　正本 1 份　副本 2 份
9	投标文件递交至 　　单位：××经济技术咨询服务公司 　　地址：东城路建华大厦14层8号
10	投标截止日期 　　时间：2006年03月01日17时
11	开标时间 　　时间：2006年03月10日　　地点：东城路建华大厦14层8号
12	评标办法：××市建设工程评标细则

（2）投标文件有下列情况之一者视为无效：

① 投标文件未按规定密封、标志。

② 未加盖投标单位公章和单位法定代表人或者法定代表人委托的代理人的印鉴。

③ 招标单位未注明接受投标书日期和时间，未加盖招标单位公章。

④ 未按规定格式填写，内容不全或字迹模糊，辨认不清，影响评标。

⑤ 投标截止期以后送达的文件。

（3）根据报价、工期、质量、三材用量、优惠条件、企业资质等级、施工组织设计等进行评标。

（4）中标单位在接到中标通知书后30日内应与建设单位签订承包合同，交有关部门鉴证。

第七条 对总包单位的要求

(1) 土建工程不准转包。

(2) 甲方要求甩项分包的工程以及分包给安装单位的水、电、空调、通风、电梯等,建筑总包单位必须同分包单位密切配合,同时提供临时设施、脚手架、垂直运输及零星修补工料,以及图样上所有的预埋件制作、安装、留洞等任务,并在质量、工期、安全、产品保护、预埋管道等方面负有配合管理的责任。甲方付给2%配合管理费。

第八条 其他规定

(1) 工程造价中不考虑赶工措施费。

(2) 利润统一按7%计取。

(3) 若不能按合同工期竣工,超过一天罚款1万元。

(4) 要求工程质量确保优良,达不到优良罚款80万元,达到市优工程奖励20万元,达省优或鲁班奖给予重奖。

(5) 32.5级水泥统一换算成42.5级水泥。

(6) 本工程地下室及主体结构全部采用商品混凝土。

第九条 投标书(见例3-5)

第十条 各种文件格式(见例3-5)

第十一条 图纸和技术资料(另详)

2. 工程招标公告

【例3-2】××××年200亿kg国家粮库××××项目施工招标公告。

××××年200亿kg国家粮库××××项目已经国家发改委、国家粮食局批准。××工程监理有限公司受粮库项目单位委托,对该项目7个粮库建设的平房仓建安工程及主要附属工程进行国内公开招标。现将有关事项公告如下。

(1) 招标工程名称:本次招标共分7个工程标,投标人只能在以下7个标中任选一至两个标参加资格预审,见表3-3。

表3-3

包 号	工程名称	建设性质	仓容/亿kg	仓 型
1	A国家粮食储备库	扩建	0.5	平房仓
2	B国家粮食储备库	扩建	0.5	平房仓
3	C国家粮食储备库	扩建	0.4	平房仓
4	D国家粮食储备库	扩建	0.2	平房仓
5	E国家粮食储备库	扩建	0.5	平房仓
6	F国家粮食储备库	新建	0.62	平房仓
7	G国家粮食储备库	新建	0.8	平房仓

(2) 施工单位资格条件要求:具有独立法人资格的工业与民用建筑施工二级及以上施工资质。

(3) 参加资格预审者须携带的有效证件（原件及复印件）：单位介绍信、营业执照、施工企业资质、建造师资格证、法人委托书、本人身份证。

(4) 资格预审文件售价：每套人民币×××元，售后不退。

(5) 资格预审文件发售时间：自××月××日起至××月××日止。

(6) 资格预审文件发售及递交地点：

××省××市×××路×××号××招标办公室。

联系人：×××、×××

联系电话：××××××××

(7) 资格预审文件递交截止时间：××××年××月××日××时止。

(8) 资格预审合格的单位名单确定后，××工程监理有限责任公司将在××年××月××日之前，发出资格预审合格通知书，通知投标人。

【例3-3】 ××建筑经济技术咨询服务公司邀请函，施字××—××号。

××施工企业：

本公司受××公司委托，承办该公司新建"凯旋大厦"工程施工招标，特邀请你单位参加投标。现将有关事项通知如下：

(1) 该工程位于××市东城区北大街，为一地下2层地上20层，包括办公室、会议室、客房、公寓及多种服务设施的多功能综合大厦，总建筑面积28 000m^2。长螺旋钻孔灌注桩基础，现浇混凝土结构，轻质内外墙，塑钢门窗，高级内外装修和建筑设备。

(2) 随函送上招标文件一套。包括：图纸×张；地基勘探报告一份；工程量清单一份；投标须知一份；投标单位调查表一份。

(3) 请按投标须知要求，详细填写有关文件，于××月××日××时以前密封送交××市东城区建华大厦14层本公司招标业务部，逾时无效；邮寄者以邮局投递日戳为准。

(4) 注意事项：招标单位预先声明，不一定以最低标价为决标标准。

此致

敬礼

××建筑经济技术咨询服务公司

（盖章）

××××年××月××日

地址：××市东城区建华大厦14层

电话：×××××××

联系人：×××

3. 工程招标评标办法

【例3-4】 某综合写字楼评标办法——综合评估法。

(1) 评标原则及方法。

1) 按某综合写字楼招标文件的要求从经济、技术两方面对投标单位的预算价、三材用量、总报价（包括让利）、施工组织设计、质量、工期、施工指挥系统及人员素质、施工队伍的实绩资质进行综合评分、定标。

2) 招标方不保证低价中标。

3) 评标时分经济、技术两组对各类指标分别打分，在得分汇总之前，两组间不得互通信息。

4) 综合评分后总得分从高到低以第一、二、三、四的顺序排列，第二名与第一名得分相差在 8 分范围内时，且报价差距在标底的 1.5% 范围之内，招标单位有权选择其中任一个投标单位中标。

5) 评委打分时，请逐条写明扣分理由，没有扣分理由或理由不充分时，评委会主任有权判定其评分无效。

(2) 标底：原标底或预算价占 50%，投标单位凡与原标底相比差在 +3% ~ -5% 范围内的报价的平均值占 50%，两者之和为标底价，三材用量以原标底数量为准。

(3) 综合评分细则。

1) 分值分布。总分 100 分，经济评价指标 50 分，技术评价指标 50 分。

2) 经济评价。

①预算价 A (10 分)：

$-1 \leq A \leq +1$	$-3 \leq A < -1$ 或 $+1 < A \leq +3$	$-5 \leq A < -3$	$A \geq +3$ 或 $A < -5$
10	6	3	0

② 钢材 B (4 分)：

$-2 \leq B \leq +2$	$+2 \leq B < +4$ 或 $-4 < B \leq -2$	$+4 \leq B < +5$ 或 $-5 < B \leq -4$	$B \geq +5$ 或 $B < -5$
4	2	1	0

③ 水泥 C (4 分)：

$-2 \leq C \leq +2$	$+2 \leq C < +4$ 或 $-4 < C \leq -2$	$+4 \leq C < +5$ 或 $-5 < C \leq -4$	$C \geq +5$ 或 $C < -5$
4	2	1	0

④ 木材 D (2 分)：

$-2 \leq D \leq +2$	$+2 \leq D < +5$ 或 $-5 < D \leq -2$	$D > +3$ 或 $D < -5$
2	1	0

⑤ 最终报价 E (30 分)：

$-7 \leq E \leq -6$	$-8 \leq E < -7$	$-6 \leq E < -5$	$-9 \leq E < -8$	$-5 \leq E < -4$
30	28	26	25	20

$-4 \leq E \leq -3$	$-3 \leq E < -2$	$-5 \leq E < -3$	$E \geq +3$ 或 $E < -5$
15	10	5	0

⑥ 说明：百分率计算公式为

$$\frac{标书数 - 标底数}{标底数} \times 100\%$$

计算百分率时，标书数和标底数以万元为单位，小数点后保留两位数字；计算结果的百分数保留两位小数。

3）技术评价。

① 施工组织设计（34分）：

a. 有施工方案，施工现场平面布置图完全合理得9分；比较合理得7分；不合理得0分。

b. 主要施工设备造型合理得3分；比较合理得2分；一般得1分；不合理或没有清单得0分。

c. 有施工现场组织指挥系统，各级施工负责人及技术力量配备（并附投入本工程主要人员表），科学合理、人员素质高得5分；比较合理、人员素质高得3分；人员素质较高得2分；不合理、人员素质差或没有清单得0分。

d. 有施工进度计划和材料计划，且科学、完善、合理得5分；比较合理得3分；一般得2分；不合理得0分。

e. 有预算价及工程量计算书的得1分，缺一项得0分。

f. 保证工期符合招标文件竣工日期要求，采取有效措施并能提前20～30天的得6分。

g. 有保证质量安全的具体方案与措施，科学合理得5分；比较合理得3分；不合理得0分。

② 投标单位实绩（10分）：即将施工该招标项目的管理班子，××××年以来获优良工程证书（单位建筑面积在12 000m^2以上且超过16层以上）每个得2分；获省优工程奖每个得3分；获鲁班奖每个得4分，满分10分。

③ 施工单位资质（6分）：施工企业的资质为国家一级且企业法定利润为9%的得6分；国家一级施工企业法定利润为3.5%的得4分；国家二级施工企业得2分。

4. 工程投标书

【例3-5】某综合写字楼投标书。

(1) 投标书封面。

投标书

工程名称

投标法人单位（盖章）

法人代表（盖章）

地址

电话

邮编

(2) 投标书清单。

投标书

（建设单位）××公司：

① 根据已收到的综合写字楼——凯旋大厦工程的招标文件，遵照《山西省建设工程招标投标管理办法》的规定，我单位经考察现场和研究贵方的招标文件愿以人民币（大写）××万元的总价承包本期招标范围内的全部工程。

② 一旦我方中标，我方保证在收到对方发出的书面开工令后立即开工，并在605天内竣工。

③ 如果我方中标，我方将在贵方规定的时间内完成同贵方签订承包合同，如果违约，贵方有权终止我方中标并选择其他中标单位。

④ 你方的中标通知书和本投标文件将构成约束我们双方的合同。

投标单位：（盖章）

法定代表人：（签字和盖章）

单位地址：

邮政编码：

电话：

开户银行：

开户行地址：

电话：

日期：××××年××月××日

附表3-4、表3-5。

表3-4 投标书附录

序 号	项 目	内 容
1	工期	（天）
2	延误工期赔偿费额	元/天
3	赶工措施费	1. 合同价格 ％ 2. 元
4	提前竣工奖	合同价格 ％
5	自报质量等级	
6	达到自报质量等级（优良或优良以上）的质量	合同价格 ％
7	达不到自报质量等级的赔偿金	1. 合同价格 ％ 2. 元/m²
8		1. 合同价格 ％ 2. 元/m²
备 注		

投标单位：（盖章）

法定代表人：（签字或盖章）

日期： 年 月 日

表 3-5 报价汇总表

定额直接费 /万元	合　　计	其　　中		其　他
		土　建	安　装	
综合取费及税金/万元				
材差/万元				
投标报价/万元				
建筑面积/m²		单方造价		
主要材料用量	钢材/t	木材/m³	水泥/t	其　他
说　明				

投标单位：（盖章）

法定代表人：（签字或盖章）

日　期：　　年　　月　　日

（3）授权委托书。法人代表需要委托时，可按以下格式填写授权委托书。

授权委托书

本授权委托声明：我××（姓名）系××（投标单位名称）的法定代表人，现授权委托××（单位名称）的××（姓名）为我公司代理人，以本公司的名义参加××招标单位的××工程的投标活动。代理人在开标、评标、合同谈判过程中所签署的一切文件和处理与之有关的一切事物，我均予以承认。

代理人：　　　　　　　　性别：　　　　　　　　年龄：

单位：　　　　　　　　　部门：　　　　　　　　职务：

代理人无转委权。特此委托。

投标单位：（盖章）

法定代表人：（签字或盖章）

日　期：　　年　　月　　日

5. 投标相关表格

投标相关表格见表 3-6～表 3-13。

表 3-6 投标单位企业概况

企业名称				建立日期			
资质等级		在×施工许可证证号				企业性质	
企业地址						电　话	
经　营　范　围							
企业职 工总数	×人	有职称管理人员×人				工人×人	
		高工	工程师	助工	技术员	4～8级	1～3级	无级
主要施工 机械设备	名称	型号	数量/台	总功率/（kW/hp）		制造国或产地	制造年份

表 3-7 项目经理简历表

姓　　名		性　　别		年　　龄	
职　　务		职　　称		学　　历	
参加工作时间		从事项目经理年限			
项目经理证书证号					
已　完　工　程　项　目　情　况					
建设单位	项目名称	建设规模	开竣工日期	合同工期	工程质量

表 3-8 主要施工人员表

机构	项目工程师	姓　名	职　务	职　称	主要资历及承担过的项目
总部	项目主管				
	技术负责人				
现场	项目经理				
	项目副经理				
	项目工程师				
	质量管理				
	材料管理				
	安全管理				
	计划管理				

表 3-9 计划投入的主要施工机械设备表

序号	机械或设备名称	型号规格	数量	国别产地	制造年份	额定功率/kW	生产能力/（m³/h）	备注

表 3-10　企业近三年来所承建已竣工的主要工程情况表

建设单位	项目名称及建设地点	结构类型	建设规模/m²	开竣工日期	合同价款	质量达到标准	履约情况

表 3-11　企业在建的主要工程情况表

建设单位	项目名称及建设地点	结构类型	建设规模/m²	开竣工日期	合同价款	质量标准

表 3-12　目前剩余劳动力和施工机械设备情况

（1）剩余劳动力情况：

剩余人员	共计：　　　人				
其中	有 职 称 管 理 人 员				其 他 管理人员
	高级工程师	工程师	助理工程师	技术员	
	技 术 工 人				
	8级以上	6～8级		1～3级	

（2）剩余施工机械设备情况：

机械或设备名称	型　号	数量/台	总功率/(kW/hp)	制造国或产地	制造年份

表 3-13　甲方供应材料设备一览表

序号	材料或设备名称	规格型号	单　位	数　量	单　价	备　注

> **练一练**

1. 招标方的主要工作内容包括（　　）。
   A. 开标、评标、定标　　　　　B. 准备招标文件
   C. 召开标前会议　　　　　　　D. 现场勘查
   E. 对投标单位资格审查　　　　F. 编制标底
   G. 发布招标公告

2. 根据《招标投标法》的规定，招标单位对已发出的招标文件进行必要的澄清或必要的修改时，应在投标截止日期之前至少_____日以书面形式发送给所有投标人，以便于投标单位修改标书。

3. 评审方法可以分为_____和_____两种。

4. 中标单位确定后，招标单位应向中标单位发出中标通知书，同时将中标结果通知所有未中标的投标单位，并与中标单位在（　　）个工作日内签订合同。
   A. 30　　　　B. 20　　　　C. 15　　　　D. 7

5. 招标单位与中标单位签订合同后（　　）个工作日内，向所有投标单位（中标和未中标的）退还投标保证金。
   A. 5　　　　B. 10　　　　C. 15　　　　D. 20

6. 投标单位在投标过程中的主要工作内容包括_____、_____、_____、_____、_____。

7. 递送标书的要求是（　　）。
   A. 字迹清楚、整洁美观、装帧大方
   B. 按要求密封
   C. 加盖单位和法定代表人（或法定代表人委托的代理人）的印鉴

8. 研究招标文件应重点抓住哪些内容？

3.3　建筑企业投标策略

3.3.1　投标策略的含义

投标策略也称投标决策，指企业在投标中采取的对策以及所进行的各项决策工作。投标策略包括两个主要方面：一是基于企业能力及竞争环境，为实现企业经营目标，对投标工程的选择；二是工程项目的具体投标策略，如标价、工期等。前者是就企业的角度考虑，后者是就某一工程而言。

3.3.2　选择投标对象的策略

1. 定性分析法

建筑企业在分析招标信息的基础上，发现了投标对象，但不一定每一工程都去投标，

应选择一些较有把握的工程项目。选择投标对象,主要考虑下面一些因素。

(1) 企业的经营能力　中标后,企业有承包能力,包括资金、技术、人员等。投标前应考虑工程的规模和要求,不宜选择超过企业经营能力的工程。

(2) 企业的经营需要　企业经营业务的状况、任务是否饱满,对工程需求的迫切程度。

(3) 中标的可能性　了解可能参加竞争的对手,分析对手的竞争能力,估计本企业中标的可能性。

(4) 工程条件　分以下几点分析。

1) 工程的获利前景。分析工程中标后企业盈利的可能水平。

2) 工程的影响程度。分析工程建成后,在社会上可能产生的影响。

3) 建设单位的信用。分析建设单位的信用程度,避免中标后可能出现的纠纷。

4) 施工条件。如道路、场地、气象、水文地质、运输能力、协作能力、材料市场等。这些对施工管理和工程成本都有影响。

(5) 时间要求　编制标书需要一定时间,时间紧张,势必影响估价的准确性,进而影响企业利润。因此时间紧,则不宜草率投标。

对上述因素全面分析后,如果条件好,可考虑参加投标;如果条件不理想,应不参加投标,或适当提高标价投标,以减小中标后可能带来的风险。

2. 定量分析法

(1) 综合评分法　此方法和多目标决策中的评分法的原理相同。它将投标工程定性分析的各个因素,通过评分转化为定量问题,计算综合得分,用以衡量投标工程的条件。下面举例说明。

【例3-6】某企业拟对一项招标工程进行定量分析,以确定是否参加投标。

【解】用综合评分法对前述五个因素评分。①对每个因素视其重要程度给出一个权数,见表3-14;②将各因素的优劣分为三等,分别评为10分、5分、0分;③计算综合得分,评价工程的投标条件。

表3-14　投标评价表

评价因素	权　数	评　分			得分
		好(10分)	一般(5分)	差(0分)	
1. 经营能力	0.25	10	—	—	2.5
2. 经营需要	0.20	—	5	—	1.0
3. 中标可能性	0.25	10	—	—	2.5
4. 工程条件	0.15	—	—	0	0.00
5. 时间要求	0.15	—	5	—	0.75
合计	1.00				7.75

从表3-14的评分过程可看出,投标条件最好的为10分,但这种情况很少。实际工作中,常根据经验确定一个参加投标的标准分数线,高于此线就参加投标。假定该企业定的

投标标准分数线为 5.5 分,则上例工程可考虑参加投标。

(2) 期望值法　企业投标中一般都比较注重经济效益,期望值法是以经济效益为目标对投标工程进行选择的。

【例 3-7】某企业拟在 A、B、C 三个工程中选择一项投标,各种资料见表 3-15,试决策应选择哪个项目投标?

【解】用风险型决策中的数学期望值法,计算各工程收益的数学期望值(见表 3-15),经比较,应选择 C 工程投标。此时,企业可能获得 11.10 万元的收益值。

表 3-15　期望值计算表

工程名称	未来状态下的收益值/万元		期望值/万元
	中标 (0.4)	不中标 (0.6)	
A	20	-0.5	7.70
B	25	-0.8	9.52
C	30	-1.5	11.10

3.3.3　投标报价的策略

建设工程投标竞争,报价是关键。报价过低,无利可图,甚至中标后会导致承包企业亏损;报价过高,中标率就会降低,失去竞争性。因此,能否准确计算和合理确定报价,是力争夺标的重要前提。

投标报价策略作为投标取胜的方式、手段和艺术,贯穿于投标竞争的始终,内容十分丰富,但主要体现在报价上。投标报价策略有以下几种。

(1) 以信取胜　这是依靠企业长期形成的社会信誉,利用技术和管理上的优势,优良的工程质量和服务措施,合理的价格和工期等因素争取中标。

(2) 以快取胜　通过采取有效措施缩短施工工期,并能保证进度计划的可行性与合理性,从而使招标工程早投产、早收益,以吸引业主。

(3) 以廉取胜　其前提是保证工程质量,这对业主一般都是有较强的吸引力的。从投标单位角度出发,采取这一策略也可能有长远考虑,即通过降低投标报价来扩大任务来源,从而降低固定成本在各个工程的摊销比例,既降低工程成本,又为降低新投标工程的承包价格创造了条件。

(4) 靠改进建设方案取胜　通过仔细研究原设计图样,若发现明显不合适之处,可提出改进设计的建议和能切实降低造价的措施。在这种情况下,一般先按原设计报价,再按建议的方案报价。

(5) 采用以退为进取胜　当发现招标文件中有不确定之处并有可能据此提出索赔时,可报低价先争取中标,再寻找索赔机会。采取这一策略一般要在索赔事务等方面具有相当成熟的经验。

投标报价中还有许多具体的策略和技巧,投标单位应根据具体的情况灵活地加以使用。

练一练

1. 投标策略包括两个主要方面：一是_____；二是_____。

2. 投标策略包括（　　）。
   A. 以信取胜　　　　　　B. 以快取胜　　　　　　C. 以廉取胜
   D. 靠改进建设方案取胜　　E. 采用以退为进取胜

案例分析

通过本章的学习，我们不难找到"导入案例"中所提出问题的答案。

1. 对F公司不评定，按照《招标投标法》，对逾期送达的投标文件视为废标，应予拒收；对G公司不评定，按《招标投标法》，对未密封的投标文件视为废标。

2. A公司的做法不妥，因为A公司与D公司是总—分包关系，A公司对D公司的施工质量问题承担连带责任，故A公司有责任配合监理工程师的检验要求。

3. A公司的要求不合理，应由业主而非监理公司承担由此发生的全部费用，并顺延所影响的工期。

4. 监理工程师应予签认，业主供应的材料设备提前进场，导致保管费用增加，属发包人责任，应由业主承担因此发生的保管费用。

5. C公司提出的要求不合理，C公司不应直接向业主提出采购要求，业主供应的材料、设备经清点移交，配件丢失责任在承包方。

本 章 回 顾

本章主要讲述了建设工程招标投标的相关知识。

1. 工程招标投标是在国家的法律保护和监督下法人之间的经济活动，是在双方同意基础上的一种交易行为。

建设工程招标投标的方式主要有两种：公开招标和邀请招标。招标单位和投标单位必须具备相应的条件才能进行招投标工作，《建筑法》和《招标投标法》明确规定不允许采取肢解工程的方式进行招标，一个独立合同发包的工作范围可以是全部工程招标、单位工程招标、特殊专业工程招标，但不允许将单位工程肢解成分部分项工程进行招标。

2. 建筑工程招标投标是一个连续完整的过程，必须根据一定的程序进行。同时，招标方、投标方都应认真按照各自相应的工作程序和内容进行招投标工作。

3. 建筑工程投标竞争，报价是关键。报价过低，无利可图，甚至中标后会导致承包企业亏损；报价过高，中标率就会降低，失去竞争性。投标报价策略作为投标取胜的方式、手段和艺术，贯穿于投标竞争的始终，内容十分丰富，但主要体现在报价上。投标报价策略主要有：以信取胜；以快取胜；以廉取胜；靠改进建设方案取胜；采用以退为进取胜等。投标报价中还有许多具体的策略和技巧，投标单位应根据具体的情况灵活地加以使用。

第4章 建设工程合同管理

 知识储备

建设工程施工合同是建设工程中的主要合同，是工程建设质量控制、进度控制、投资控制的主要依据。通过合同关系，可以确定建设市场主体之间的相互的权利义务关系，这对规范建筑市场有相当大的作用。1999年3月15日九届全国人大第二次会议通过、1999年10月1日开始实施的《中华人民共和国合同法》对建设工程合同作了专门规定。《中华人民共和国建筑法》(1997年11月1日通过、1998年3月1日开始实施)、《中华人民共和国招标投标法》(1999年8月30日通过、2000年1月开始实施)也有许多涉及建设工程施工合同的规定，这些法律是我国建设工程施工合同管理的依据。

通过本章的学习，我们应该：

1. 了解合同的概念和形式。
2. 了解合同生效的概念及应具备的条件。
3. 理解施工合同的概念和特点。
4. 了解建设工程施工合同示范文本。
5. 了解 FIDIC 合同条件。

 导入案例

1. 建设工程施工合同概况

某项建设工程项目，在施工图设计没有完成前，业主通过招标选择了一家总承包单位承包该工程的施工任务。由于设计工作尚未完成，承包范围内待实施的工程虽性质明确，但工程量还难以确定，双方商定拟采用总价合同形式签订施工合同，以减小双方的风险。施工合同签订前，业主委托了一家监理单位拟协助业主签订施工合同和进行施工阶段监理。监理工程师查看了业主（甲方）和施工单位（乙方）草拟的施工合同条件，发现合同中有以下一些条款：

（1）乙方按监理工程师批准的施工组织设计（或施工方案）组织施工，乙方不应承担因此引起的工期延误和费用增加的责任。

（2）甲方向乙方提供施工场地的工程地质和地下主要管网线路资料，供乙方参考使用。

（3）乙方不能将工程转包，但允许分包，也允许分包单位将分包的工程再次分包给其他施工单位。

(4) 监理工程师应当对乙方提交的施工组织设计进行审批或提出修改意见。

(5) 无论监理工程师是否参加隐蔽工程的验收,当其提出对已经隐蔽的工程重新检验的要求时,乙方应按要求进行剥露,并在检验合格后重新进行覆盖或者修复。检验如果合格,甲方承担由此发生的经济支出,赔偿乙方的损失并相应顺延工期。检验如果不合格,乙方则应承担发生的费用,工期不予顺延。

(6) 乙方按协议条款约定时间应向监理工程师提交实际完成工程量的报告。监理工程师接到报告7天内按乙方提供的实际完成的工程量报告核实工程量(计量),并在计量前24小时通知乙方。

2. 问题

(1) 业主与施工单位选择的总价合同形式是否恰当?为什么?

(2) 请逐条指出以上合同条款中的不妥之处,应如何改正?

(3) 若检验工程质量不合格,你认为影响工程质量应从哪些主要因素进行分析?

通过本章的学习,我们将会找到上述问题的答案。

4.1 建设工程施工合同基础知识

4.1.1 合同的概念

合同又称契约,它是平等主体的自然人、法人、其他组织之间设立、变更、终止民事权利义务关系的协议。

合同有广义和狭义之分。广义的合同泛指发生一定权利义务的协议;狭义的合同专指双方或多方当事人关于设立、变更、终止民事法律关系的协议。《中华人民共和国合同法》(以下简称《合同法》)中所称的合同,是指狭义上的合同。

4.1.2 合同的形式和主要条款

1. 合同的形式

合同的形式是指合同当事人双方对合同的内容、条款经过协商,作出共同的意思表示的具体方式。

《合同法》第十条规定:"当事人订立合同,有书面形式、口头形式和其他形式。"所以一般认为,合同的形式有三种,即书面形式、口头形式和其他形式,而公证、审批登记等则是书面合同的特殊形式。法律、行政法规规定或者当事人约定采用书面形式的,应采用书面形式。《合同法》在合同形式上的要求是以不要式[①]为原则,这种合同形式的不要式原则符合市场经济的要求。尽管如此,书面形式的合同仍是应用广泛的合同形式。《合同法》第十一条规定:"书面形式是指合同书、信件和数据电文(包括电报、电传、传

---

① 不要式合同,是指当事人订立的合同依法并不需要采取特定的形式,当事人可以采取口头方式,也可以采取书面形式。不要式合同采取不特定的形式不影响合同的成立和生效。

真、电子数据交换和电子邮件)等可以有形地表现所载内容的形式。"

2. 主要条款

合同的内容,是指当事人约定的合同条款。当事人只有对合同内容——具体条款协商一致,合同方可成立。

《合同法》第十二条中规定,合同的内容由当事人约定,一般包括以下内容。

1)当事人的名称或者姓名和住所。

2)标的。

3)数量。

4)质量。

5)价款或者报酬。

6)履行期限、地点和方式。

7)违约责任。

8)解决争议的方法。

4.1.3 合同的效力

1. 合同的生效

(1) 合同生效的概念　合同生效,是指合同当事人依据法律规定经协商一致,取得同意,双方订立的合同即发生法律效力。

《合同法》第四十四条规定:"依法成立的合同,自成立时生效。法律、行政法规规定应当办理批准、登记等手续生效的,依照其规定。"

(2) 合同生效的条件　合同生效应具备的条件如下。

1)当事人具有相应的民事权利能力和民事行为能力。

2)意思表示真实。

3)不违反法律、行政法规的强制性规定,不损害社会公共利益。

4)具备法律所要求的形式。

(3) 合同生效的时间　通常情况下,依法成立的合同,自成立时生效。

2. 无效合同

(1) 无效合同的概念　无效合同是指不具备合同有效要件而且不能补救,对当事人自始即不应当具有法律约束力的合同,应当由国家予以取缔的合同。

(2) 无效合同的法律规定　根据《合同法》第五十二条规定,有下列情形之一的,合同无效。

1)一方以欺诈、胁迫手段订立合同、损害国家利益。

2)恶意串通,损害国家、集体或者第三人利益。

3)以合法形式掩盖非法目的。

4)损害社会公共利益。

5)违反法律、行政法规的强制性规定。

3. 可变更、可撤销合同

(1) 可变更、可撤销合同的概念　可变更、可撤销合同是指欠缺生效条件,但一方当事人可依据自己的意思使合同的内容变更或者使合同的效力归于消灭的合同。

（2）可变更、可撤销合同的法律规定　《合同法》第五十四条规定有下列情形之一的，当事人一方有权请求人民法院或者仲裁机构变更或者撤销其合同。

1）因重大误解而订立的合同。

2）在订立合同时显失公平的合同。

4. 撤销权消灭

（1）撤销权消灭的概念　撤销权消灭，是指依照法律的规定，当事人原享有的撤销权因撤销权期限已过或者受害方明确表示放弃撤销权，而使其撤销权丧失。

（2）撤销权消灭的法律规定　《合同法》第五十五条规定，有下列情形之一的，撤销权消灭。

1）具有撤销权的当事人自知道或者应当知道撤销事由之日起一年内没有行使撤销权。

2）具有撤销权的当事人知道撤销事由后明确表示或者以自己的行为放弃撤销权。

5. 合同无效或者被撤销后的法律后果

《合同法》规定，合同无效或者被撤销后的法律后果如下。

1）合同无效或者被撤销后，因该合同取得的财产，应当予以返还；不能返还或者没有必要返还的，应当折价补偿。有过错的一方应当赔偿对方因此所受到的损失，双方都有过错的，应当各自承担相应的责任。

2）当事人恶意串通，损害国家、集体或者第三人利益的，因此取得的财产收归国家所有或者返还集体、第三人。

4.1.4　建设工程施工合同的概念及特点

1. 施工合同的概念

施工合同即建筑安装工程承包合同，是发包人和承包人为完成商定的建筑安装工程，明确相互权利、义务关系的合同。依据施工合同，承包方应完成一定的建筑、安装工程任务，发包人应提供必要的施工条件并支付工程价款。

施工合同是工程建设的主要合同，是施工单位进行工程建设进度管理、质量管理、费用管理的主要依据之一。在市场经济条件下，建筑市场主体之间相互的权利义务关系通过合同被确定下来，这对规范建筑市场有很大作用。1999年10月1日实施的《中华人民共和国合同法》对施工合同作了专章规定。1998年实施的《中华人民共和国建筑法》、2000年1月实施的《中华人民共和国招标投标法》也有许多涉及建设工程施工合同的规定，这些法律、法规及部门规章都是我国工程建设施工合同管理的依据。

施工合同的当事人是发包人和承包人，双方是平等的民事主体。所谓发包人，可以是具备法人资格的国家机关、事业单位、国有企业、集体企业、私营企业、经济联合体和社会团体，也可以是依法登记的个人合伙、个体经营户或个人，即一切以协议、法院判决或其他合法完备手续取得发包人的资格，承认全部合同文件，能够而且愿意履行合同规定义务（主要是支付工程价款能力）的合同当事人。承包人应是具备与工程相应资质和法人资格的并被发包人接受的合同当事人及其合法继承人。

2. 施工合同的特点

(1) 合同标的物的特殊性　施工合同标的物是各类建筑产品，而建筑产品具有固定性，其基础部分与大地相连，这就决定了每个施工合同标的物都是特殊的，相互间不可替代，这也决定了施工生产的流动性。另外，建筑产品的类别庞杂，形成了其产品的个体性和生产的单件性，这也决定了施工合同标的物的特殊性。

(2) 合同履行周期的长期性　由于建筑产品的体积庞大，结构复杂，建设周期都较长，不同用途、不同专业特点的工程建设工期长短也不同，少则几月，多则数年。施工合同的履行是贯穿在整个施工期内的，在工程施工过程中，还可能因不可抗力、工程变更、材料供应不及时等原因而延误工期。所有这些情况，决定了施工合同的履行周期具有长期性。

(3) 合同条款内容多　与大多数合同相比，施工合同由于标的物特殊、履行周期长等特点，所以要求施工合同的内容尽量详细。施工合同条款内容除《合同法》规定的条款外，还应有很多具体内容，如有关工程范围和内容、涉及保证工程质量方面的规定等。此外，还应对安全施工、专利技术使用、发现地下障碍物和文物、工程分包、不可抗力、工程设计变更、材料设备的供应、运输、验收等内容作出规定，所有这些都决定了施工合同的内容具有多样性和复杂性。

(4) 合同涉及面广　施工合同除了从法律、行政法规方面涉及面广外，从施工合同监督方面还涉及工商行政管理部门、建设行政主管部门；合同履行中产生纠纷还要涉及仲裁委员会或人民法院、税务部门及公证部门。

4.1.5　建设工程施工合同的订立

1. 施工合同订立的条件

1) 初步设计已经批准。
2) 工程项目已经列入年度建设计划。
3) 有能够满足施工需要的设计文件和有关技术资料。
4) 建设资金和主要建筑材料设备来源已经落实。
5) 招投标工程，中标通知书已经下达。

2. 订立施工合同应遵守的原则

(1) 遵守国家法律、法规和国家计划的原则　订立施工合同，必须遵守国家法律、法规和国家的各项计划。建设工程施工对经济发展、社会生活有多方面的影响，国家有许多强制性的管理规定，施工合同当事人都必须遵守。

(2) 平等、自愿、公平的原则　合同当事人双方，都具有平等的法律地位，任何一方都不得强迫对方接受不平等的合同条件。合同的内容应当是公平的，不能损害一方的利益，对于显失公平的施工合同，当事人有权申请仲裁机构或人民法院予以变更或者撤销。

(3) 诚实信用的原则　诚实信用原则要求在订立施工合同时要诚实，不得有欺诈行为，合同当事人应当如实将自身和工程的情况介绍给对方。在履行合同时，施工合同当事人要守信用，严格履行合同。

3. 订立施工合同的程序和内容

(1) 订立施工合同的程序　施工合同作为合同的一种，其订立也应经过要约和承诺两个阶段。一般情况下,施工合同的订立方式有两种:直接发包和招标发包。如果没有特殊情况,工程建设的施工都应通过招标投标确定施工企业。

中标通知书发出后,建设单位应与中标的施工企业及时签订施工合同。《招标投标法》规定,中标通知书发出30天内,中标单位应与建设单位依据招标文件、投标书等签订施工合同。签订合同的承包人必须是中标的施工企业,在签订施工合同时不得更改投标书中确定的合同条款,合同价应与中标价相一致。如果中标施工企业拒绝与建设单位签订合同,则建设单位将不再返还其投标保证金(如果是由银行等金融机构出具投标保函的,则投标保函出具者应当承担相应的保证责任),建设行政主管部门或其授权机构还可给予一定的行政处罚。

(2) 施工合同的内容 订立施工合同时,承发包双方应签订以下主要内容。

1) 合同的法律基础。
2) 合同语言。
3) 合同文本的范围。
4) 双方当事人的权利及义务(包括工程师的权力及工作内容)。
5) 合同价格。
6) 工期与进度控制。
7) 质量检查、验收和工程保修。
8) 工程变更。
9) 风险、双方的违约责任和合同的终止。
10) 索赔和争议的解决等。

具体参见本章第2节有关建设工程施工合同示范文本的内容。

4.1.6 建设工程施工合同的履行

施工合同的实施过程即工程施工过程,要保证合同顺利实施,合同双方必须共同完成各自的合同责任,确保工程圆满完成。

1. 发包人的施工合同履行

发包人在施工合同内应负责的工作是合同履行的基础,是为承包人开工、施工创造的先决条件,因此发包人必须严格履行。发包人对施工合同履行的管理主要是通过工程师进行的,在合同履行中应进行以下管理工作。

1) 进度管理方面。按合同规定,要求承包人在开工前提出包括分月、分阶段施工的总进度计划,并加以审核;按照分月、分阶段进度计划,进行检查;分析影响进度计划的因素,找出原因归属,及时解决;在同意承包人修改进度计划时,审批承包人修改的进度计划;确认竣工日期的延误等。

2) 质量管理方面。按合同规定,检验工程使用的材料、设备质量;检验工程使用的半成品及构件质量;监督检验施工质量是否符合合同规定的规范、规程要求;按合同规定的程序验收隐蔽工程和需要中间验收工程的质量;对单项竣工工程和全部竣工工程的质量进行验收等。

3）费用管理方面。对预付工程款进行管理，包括批准和扣还；对工程量进行核实确认；对合同约定的价款进行严格管理；当出现合同约定的情况时，对合同价款进行调整；对变更价款进行确定；进行工程款的结算和支付；对施工中涉及的其他费用进行确定；办理竣工结算；对保修金进行管理等。

4）施工合同档案管理方面。工程项目全部竣工之后，应将全部合同文件进行系统整理，建档保管。对合同文件，包括有关的签证、记录、协议、补充合同、备忘录、函件、电报、电传等都应做好系统分类，认真管理。

5）工程变更及索赔管理方面。若出现工程变更，应按合同的有关规定进行变更工程的估价。按照合同规定的索赔程序和方法进行索赔管理，认真地分析承包人提出的索赔要求，仔细计算索赔费用及工期补偿，公平、合理、及时地解决索赔争议。

2. 承包人的施工合同履行

合同管理人员在施工合同履行过程中主要应进行下列管理工作。

1）建立合同实施的保证体系，从而保证合同目标的实现。

2）监督承包人的工程小组和分包商按合同实施，做好各分包合同的协调和管理工作。

3）跟踪合同实施情况；收集合同实施的信息和各种工程资料，并作出相应的信息处理；对比分析合同实施情况与合同分析资料，找出偏差，作出诊断，向项目经理及时通报合同实施情况及问题，提出意见、建议，甚至警告。

4）进行合同变更管理。主要包括参与变更谈判，并对合同变更进行事务性处理；落实变更措施；修改变更资料；检查变更措施的落实情况。

5）日常的索赔管理。主要包括：审查分析收集到的对方的索赔报告，收集反驳理由和证据，复核索赔值，起草索赔报告；对由于干扰事件引起的损失，向责任者提出索赔要求，收集索赔证据和理由，计算索赔值，起草索赔报告；参加索赔谈判，并处理索赔中涉及的问题。

练一练

1. 合同无效或者被撤销后，因该合同取得的财产，应当予以（　　）。

A. 返还　　　　　B. 折价补偿　　　　C. 各自承担相应责任　　D. 以上都错

2. ＿＿＿＿＿＿指依照法律的规定，当事人原享有的撤销权因撤销权期限已过或者受害方明确表示放弃撤销权，而使其撤销权丧失。

3. 撤销权消灭的情形是（　　）。

A. 具有撤销权的当事人自知道或者应当知道撤销事由之日起一年内没有行使撤销权

B. 具有撤销权的当事人知道撤销事由后明确表示或者以自己的行为放弃撤销权

C. 具有撤销权的当事人自知道或者应当知道撤销事由之日起半年内没有行使撤销权

D. 具有撤销权的当事人自知道或者应当知道撤销事由之日起两年内没有行使撤销权

4. 下列哪种情形可变更合同（　　）。

A. 因重大误解而订立的合同　　　　　B. 在订立合同时显失公平的合同

C. 以合法形式掩盖非法目的　　　　　D. 损害社会公共利益

5. 以下属于无效合同的是（　　）。

A. 一方以欺诈、胁迫手段订立合同、损害国家利益

B. 恶意串通，损害国家、集体或者第三人利益

C. 以合法形式掩盖非法目的

D. 损害社会公共利益

E. 违反法律、行政法规的强制性规定

6. 通常情况下，依法成立的合同，自_____时生效。

7. 合同生效应具备（　　）条件。

A. 当事人具有相应的民事权利能力和民事行为能力

B. 意思表示真实

C. 不违反法律或者社会公共利益

8. 合同的形式有三种，即_____、_____和_____，而公证、审批登记等则是_____的特殊形式。

9. 什么是施工合同？

10. 施工合同具有（　　）特点。

A. 合同涉及面广　　B. 合同履行周期长　　C. 合同内容条款多　　D. 具有周期性

E. 具有延展性

11. 合同管理人员在履行合同中的主要工作包括（　　）。

A. 合同变更管理　　　　　　　　B. 合同索赔管理

C. 合同的协调管理　　　　　　　D. 建立合同实施保证体系

E. 跟踪合同实施情况

12. 发包人在合同履行过程中的主要工作包括（　　）。

A. 进度管理　　B. 质量管理　　C. 成本管理　　D. 档案管理

E. 工程变更和索赔

13. 施工合同的订立要经过_____和_____两个阶段。

14. 施工合同订立的条件包括（　　）。

A. 初步设计已经批准

B. 工程项目已经列入年度建设计划

C. 有能够满足施工需要的设计文件和有关技术资料

D. 建设资金和主要建筑材料设备来源已经落实

E. 招投标工程，中标通知书已经下达

4.2　建设工程施工合同示范文本及 FIDIC 合同条件简介

4.2.1　建设工程施工合同示范文本简介

国家建设部（现住房和城乡建设部）、国家工商行政管理局（现国家工商行政管理总局）于 1999 年 12 月 24 日印发了《建设工程施工合同示范文本》（以下简称《施工合同

示范文本》)。《施工合同示范文本》是对原国家建设部、国家工商行政管理局1991年3月31日发布的《建设工程施工合同示范文本》的修订，适用于各类公用建筑，民用住宅，工业厂房，交通设施及线路、管道的施工和设备安装的施工合同文本。

1. 《施工合同示范文本》的组成

《施工合同示范文本》是由《协议书》、《通用条款》、《专用条款》三部分组成的，并有三个附件：附件一是《承包方承揽工程项目一览表》；附件二是《发包方供应设备一览表》；附件三是《房屋建筑工程质量保修书》。

（1）协议书　协议书是《施工合同示范文本》中总纲性的文件，虽然其文字量并不大，但它规定了合同当事人双方最主要的权利和义务，规定组成合同的文件及合同当事人对履行合同义务的承诺，并且合同当事人要在文本上签字盖章，因此具有很强的法律效力。《协议书》的内容包括工程概况、工程承包范围、合同工期、质量标准、合同价款、组成合同的文件及双方的承诺等。

（2）通用条款　通用条款是根据《合同法》、《建筑法》等法律对承发包双方的权利和义务作出的规定，除了经双方协商一致对其中的某些条款作了修改、补充或取消外，它是将建设工程施工合同中共性的一些内容抽象出来编写的一份完整的合同文件。《通用条款》的通用性很强，所以基本适用于各类建设工程，共由11个部分47条组成，这11个部分的内容如下。

1）词语定义及合同文体。

2）双方一般权利和义务。

3）施工组织设计和工期。

4）质量与检验。

5）安全施工。

6）合同价款与支付。

7）材料设备供应。

8）工程变更。

9）竣工验收与结算。

10）违约、索赔和争议。

11）其他。

（3）专用条款　由于建设工程的内容各不相同，其造价也相应随之变动，承包人和发包人各自的能力、施工现场的环境和条件也各不相同，所以《通用条款》不能完全适用于每个具体工程。因此，《通用条款》和《专用条款》成为双方统一意愿的体现。《专用条款》的条款号与《通用条款》一致，但《专用条款》主要是空白，由当事人根据工程的具体情况以明确或者对《通用条款》进行修改、补充。

（4）附件　它是对施工合同当事人权利义务的进一步明确，并使施工合同当事人的有关工作一目了然，便于执行和管理。

2. 施工合同文件的组成及解释顺序

组成建设工程施工合同的文件包括以下内容。

1）施工合同协议书。
2）中标通知书。
3）投标书及其附件。
4）施工合同专用条款。
5）施工合同通用条款。
6）标准、规范及有关技术文件。
7）图样。
8）工程量清单。
9）工程报价单或预算书。

合同履行中，发包人与承包人有关工程的洽商、变更等书面协议或文件视为本合同的组成部分。

组成合同的文件是相互补充说明的，当出现不一致时，应按照本款给出的优先顺序进行解释。双方可以在专用的条款中对组成合同进行补充，也可以对解释的优先顺序进行调整，但不得违反有关法律的规定。

3. 语言文字和适用法律、标准及规范

（1）**语言文字**　合同文件使用汉语语言文字书写、解释和说明，如专用条款约定使用两种以上（含两种）语言文字，汉语应为解释和说明本合同的标准语言文字。

在少数民族地区，双方可以约定使用少数民族的语言文字书写和解释、说明本合同。

（2）**适用法律和法规**　合同文件适用国家的法律和行政法规，需要明示的法律和行政法规，由双方在专用的条款中约定。

（3）**合同使用标准和规范**　按照施工合同示范文本规定，施工合同当事人双方应在专用条款中约定适用的国家标准、规范的名称；没有国家标准、规范，但有行业标准、规范的，约定适用的行业标准、规范的名称；没有国家和行业标准规范的，约定使用工程所在地的地方标准规范的名称。同时发包人应按专用条款约定的时间向承包人提供一或两份约定的标准、规范。

国内没有相应的标准、规范的，由发包人按专用的条款在约定时间向承包人提出施工技术要求，承包人按约定的时间和要求提供施工工艺，经发包人认可后执行。发包人要求使用国外标准、规范的，应负责提供中文译本。因购买、翻译和制订标准、规范或制订施工工艺的费用，由发包人承担。

（4）**图样**　施工合同管理中的图样是指由发包人提供或者由承包人提供经工程师批准、满足承包人施工需要的所有图样，包括配套说明和有关资料。

1）发包人提供图样。在我国目前的建设工程管理体制中，施工中所需要的图样主要是由发包人提供。承包人未经发包人同意，不得将本工程图样转发给第三人。工程质量保修期满后，除承包人存档需要的图样外，应将全部图样退还给发包人。承包人应在施工现场保留一套完整图样，供工程师及有关人员进行工程检查时使用。

2）承包人提供图样。有些工程施工图样的设计或与工程配套的设计可能由承包人完成，如果合同中有这样的约定，则承包人应当在其设计资质允许的范围内，按工程师的需求完成这些设计，经工程师确认后使用，发生的费用由发包人承担。

4.2.2 FIDIC 合同条件简介

1. 国际咨询工程师联合会

FIDIC 是国际咨询工程师联合会（Fédération International des Ingénieurs Conseils）的法文名称的缩写，它是各国咨询工程师协会的国际联合会。

FIDIC 最早是于 1913 年由欧洲三个国家的咨询工程师协会组成。自 1945 年第二次世界大战结束以来，已有全球各地 60 多个国家和地区的成员加入了 FIDIC，中国是在 1996 年正式加入的。可以说 FIDIC 代表了世界上大多数独立的咨询工程师，是最具有权威性的咨询工程师组织，它推动了全球范围内高质量的工程咨询服务业的发展。

FIDIC 下属有两个地区成员协会：FIDIC 亚洲及太平洋地区成员协会（ASPAC）；FIDIC 非洲成员协会集团（CAMA）。FIDIC 下设许多专业委员会，如业务咨询工程师关系委员会（CCRC）；土木工程合同委员会（CECC）；电气和机械合同委员会（EMCC）；职业责任委员会（PLC）等。

2. FIDIC 系列合同条件

（1）《土木工程施工合同条件》（简称 FIDIC "红皮书"） 该合同条件是基本的合同条件，适用于土木工程施工的单价合同形式。该合同条件的第一部分是通用条件，内容是工程项目普遍适用的规定，包括 20 条 163 款，其内容包括：一般规定；业主；工程师；承包商；指定分包商；职员和劳工；工程设备、材料和工艺；开工、延误和暂停；竣工检验；业主的接收；缺陷责任；测量和估价；变更和调整；合同价格和支付；业主提出中止；风险和责任；保险；承包商提出暂停和终止；不可抗力；索赔；争端和仲裁。第二部分专用条件可以说明与具体工程项目有关的特殊规定。世界银行、亚洲开发银行和非洲开发银行规定，所有利用其贷款的工程项目都必须采用该合同条件。

（2）《业主/咨询工程师标准服务协议书》（简称 FIDIC "白皮书"） 该条款适用于业主与咨询工程师之间就工程项目的咨询服务签订协议书，用于投资前研究、可行性研究、设计及施工管理、项目管理等服务。

（3）《电气与机械工程合同条件》（简称 FIDIC "黄皮书"） 该合同条件是 FIDIC 为机械与设备的供应和安装而专门编写的，它是用于业主和承包商就机械与设备的供应和安装而签订的电气与机械工程的标准合同条件格式，该合同条件在国际上也得到广泛采用。

（4）《设计—建造与交钥匙工程合同条件》（简称 FIDIC "橘皮书"） 该合同条件是为了适应国际工程项目管理方法的新发展而最新出版的，适用于设计—建造与交钥匙工程，在我国一般称为总承包工程项目，该条件适用于总价合同。

（5）《土木工程分包合同条件》 该合同条件适用于国际工程项目中的工程分包，与《土木工程施工合同条件》配套使用。

3. FIDIC 系列合同条件的特点

（1）国际性、通用性、权威性 FIDIC 的合同条件是在总结各个地区、国家的业主、咨询工程师和承包商各方经验的基础上编制出来的，是国际上一个高水平的通用性文件。

既可用于国际工程，稍加修改后也可用于国内工程。一些国际金融组织的贷款项目和一些国家和地区的国家工程项目也都采用 FIDIC 合同条件。

(2) 公正合理、职责分明　FIDIC 大量地听取了各方的意见和建议，因而其合同条件中的各项规定也体现了在业主和承包商之间风险合理分担的精神，并且在合同条件中倡导合同各方以坦诚合作的精神去完成工程。

(3) 程序严谨、易于操作　在处理各种问题的程序中，合同条件都有严谨的规定，并且强调要及时处理和解决问题，以免由于任何一方延误而产生新的问题，另外还特别强调各种书面文件及证据的重要性，使条款中的规定易于操作和实施。

(4) 通用条件和专用条件的有机结合　在合同中，凡专用条件和通用条件不同之处均以专用条件为准。专用条件的条款号与通用条件相同，这样合同条件的通用条件与专用条件共同构成一个完整的合同条件。

4. FIDIC《土木工程施工合同条件》

(1) 合同概述　FIDIC 每隔 10 年左右的时间对其编制的合同条件进行一次修订。1999 年 FIDIC 正式出版了新的《土木工程施工合同条件》（又称"新红皮书"）。

1) 合同的法律基础。合同的法律基础，是适用于合同关系的法律。FIDIC 第二部分即专用条件中必须指明，使用哪个国家或州的法律解释合同，该法律即为本合同的法律基础。

2) 合同语言。合同语言，是用以拟订合同文本的一种或几种语言，也应在专用条件中予以指定。合同文本如果使用一种以上的语言编写，则还应指明以哪种语言为合同的"主导语言"。当不同语言的合同文本的解释出现不一致时，应以"主导语言"的合同文本的解释为准。

3) 合同文件。合同文件包括的范围、构成合同的几个文件之间应能互相解释。合同文件解释和执行的优先次序如下。

① 合同协议书。
② 中标函。
③ 投标书。
④ FIDIC 条件第二部分，即专用条件。
⑤ FIDIC 条件第一部分，即通用条件。
⑥ 合同的其他文件，如规范、图样、工程量表等。

如果在工程实施过程中，合同有重大的变更、补充、修改，则应说明它们的内容、与原合同文件的差异。

4) 合同类型。该 FIDIC 合同为业主与承包商之间签订的土木工程施工合同，属于单价合同，同时工程必须实行监理制度，即业主聘请并全权委托监理工程师进行工程管理，它适用于大型复杂工程的承包方式。

(2) 业主、承包商及工程师的权利、业务和职责

1) 业主的权利。
① 业主要求承包商按照合同规定的工期提交质量合格的工程。

② 批准合同转让。

③ 指定分包商。

④ 在承包商无力或不愿意执行工程师指令时有权雇佣他人完成任务。

⑤ 除属于业主风险和特殊风险外，业主对承包商的设备、材料和临时工程的损失不承担责任。

⑥ 在一定条件下，业主可以终止合同。

⑦ 业主有权提出仲裁。

2）业主的义务。

① 委派工程师管理工程施工。

② 编制双方实施的合同协议书。

③ 承担拟订和签订合同的费用和多于合同规定的设计文件的费用。

④ 批准承包商的履约担保、担保机构及保险条件。

⑤ 配合承包商做好协助工作。

⑥ 按时提供施工现场。

⑦ 按合同约定时间及时提供施工图样。

⑧ 按时支付工程款。

⑨ 移交工程的照管责任。

⑩ 承担风险。

⑪ 对自己授权在现场的工作人员的安全负全部责任。

3）承包商的权利。

① 对已完工程有按时得到工程款的权利。

② 有提出工期和费用索赔的权利。

③ 有终止受雇或暂停工作的权利。

④ 有提出仲裁的权利。

4）承包商的义务。

① 遵纪守法。

② 承认合同的完备性和正确性。

③ 对工程图样和设计文件应承担的责任。

④ 提交进度计划和现金流量估算。

⑤ 任命项目经理。

⑥ 放线。

⑦ 对工程质量负责。

⑧ 必须执行工程师发布的各项指令并为工程师的各种检验提供条件。

⑨ 承担其负责范围内的相关费用。

⑩ 按期完成施工任务。

⑪ 负责对材料、设备等的照管工作。

⑫ 对施工现场的安全、卫生负责。

⑬ 为其他承包商提供方便。

⑭ 及时通知工程师在工程现场发生的意外事件并作出响应。

5）工程师的权利和职责。

① 工程师的三个层次。通用条件中将施工阶段参与监理工作的人员分为工程师、工程师代表和助理三个层次。

② 工程师的权利。

a. 质量管理方面。主要包括：对运抵施工现场的材料、设备质量的检查和检验；对承包商施工过程中的工艺操作进行监督；对已完成工程部位质量的确认或拒收；发布指令要求对不合格工程部位采取补救措施。

b. 进度管理方面。主要包括：审查批准承包商的施工进度计划；指示承包商修改施工进度计划；发布开工令、暂停施工令、复工令和赶工令。

c. 支付管理方面。主要包括：批准使用暂停定金额和计日工；确定变更工程的估价；签发各种给承包商的付款证书。

d. 合同管理方面。主要包括：解释合同文件中的矛盾和歧义；批准分包工程；发布工程变更指令；签发工程移交证书和解除缺陷责任证书；审核承包商的索赔；行使合同内必然引申的权利。

③ 工程师的职责。

a. 认真地按照业主和承包商签订的合同工作，这是工程师最根本的职责。

b. 协调施工的有关事宜，包括合同方面的管理、工程质量及技术问题的处理、工程支付的管理等。

练一练

1. 在我国目前的建设工程管理体制中，施工中所需要的图样主要是由_____提供。
2. 在少数民族地区，双方可以约定使用_____书写和解释、说明本合同。
3. 《施工合同示范文本》是由_____、_____、_____三部分组成的，并有三个附件：附件一是_____；附件二是_____；附件三是_____。
4. FIDIC合同通用条件中将施工阶段参与监理工作的人员分为_____、_____和_____三个层次。
5. FIDIC合同为业主与承包商之间签订的土木工程施工合同，属于_____，适用于_____承包方式。
6. 合同文件包括的范围、构成合同的几个文件之间应能_____。
7. FIDIC每隔_____年左右的时间对其编制的合同条件进行一次修订。

案例分析

通过本章的学习，我们不难找到"导入案例"中所提出问题的答案。

（1）不恰当（或不宜使用总价合同形式）。因为该项目工程量难以确定（或双方风险较大）。

(2) 关于草拟的施工合同条件：

第1条中"乙方不应承担因此引起的工期延误和费用增加的责任"不妥。应改正为：乙方按监理工程师批准的施工组织设计（或施工方案）组织施工，不应承担非自身原因引起的工期延误和费用增加的责任。

第2条中"供乙方参考使用"不妥。应改正为：保证资料（数据）真实、准确（或作为乙方现场施工的依据）。

第3条中"再次分包"不妥。应改正为：不允许分包单位再次分包。

第4条不妥。应改正为：乙方应向监理工程师提交施工组织设计，供其审批或提出修改意见（或监理工程师职责不应出现在施工合同中）。

第6条中"监理工程师按乙方提供的实际完成的工程量报告核实工程量（计量）"不妥。应改正为：监理工程师应按设计图样对已完成工程量进行计量。

(3) 影响工程质量的主要因素有：人、材料、施工方法、施工机械、环境。

本 章 回 顾

本章详细介绍了建设工程合同管理的相关知识。

1. 合同是平等主体的自然人、法人、其他组织之间设立、变更、终止民事权利义务关系的协议。合同有广义和狭义之分。《中华人民共和国合同法》中所称的合同，是指狭义上的合同。

当事人订立合同有书面形式、口头形式和其他形式。合同的内容由当事人约定，一般包括当事人的名称或者姓名和住所、标的、数量、质量、价款或者报酬、履行期限、地点和方式、违约责任与解决争议的方法等。

2. 建筑企业通过各种途径获得的承包业务，都必须用施工合同的形式明确承发包双方的权利和义务。建设工程施工合同是建筑工程承发包关系的法律保障，签订合同是一种法律行为。依法成立的施工合同，对建设工程的发包人和承包人都从法律上进行保护：一经签订施工合同，承发包双方都要严格履行各自的义务，一旦任何一方不履行义务，就要承担民事责任；承发包双方若任一方出现违约，权利受到侵害的一方，要以施工合同为依据，依据有关法律，追究对方的法律责任；当施工合同发生争议时，特别是施工合同争议由人民法院受理立案，原告人除履行诉讼程序外，还要提供有关合同文本，以利于人民法院依据合同、依据法律进行调解、审理和宣判。

3. 为了保证建设工程施工合同有效履行，国家有关部门制定了建设工程施工合同示范文本，签订施工合同时必须严格执行。

第 5 章　建筑企业计划管理

 知识储备

建筑企业的一切生产经营管理活动，都是从计划开始的。企业生产经营的每个环节和每个方面都离不开计划。计划在企业经营管理中占有非常重要的地位。

通过本章的学习，我们应该：
1. 了解计划的概念。
2. 了解建筑企业计划管理的概念及计划管理包括的阶段。
3. 了解计划指标的分类。
4. 掌握中长期经营计划的编制方法。

5.1　概述

5.1.1　计划与计划管理

1. 计划的概念

计划是基于现状的认识，确定未来一段时间应达到的目标，并进行科学合理的安排实现目标的一切资源、条件、方案以及实施的步骤、时间等一系列活动的总称。

2. 计划管理的概念

计划管理是指利用计划这种管理手段，通过计划的编制、实施、检查分析，指导和调整企业生产经营管理活动的全过程。计划管理和一切经营管理活动一样，目的在于不断提高企业的经济效益。施工企业必须进行全面计划管理，即通过计划管理周期循环的各过程，带动企业的一切工作，使企业全体成员的活动纳入计划的轨道。因此，施工企业要实行全企业、全过程、全员性的计划管理。

计划管理一般分为三个阶段：一是计划的编制阶段，包括确定目标和拟定实施计划的方法、措施等；二是计划的实施阶段，包括执行计划和执行过程中的组织工作等；三是计划的检查分析阶段，包括执行过程中和执行完毕后的检查分析。这三个阶段进

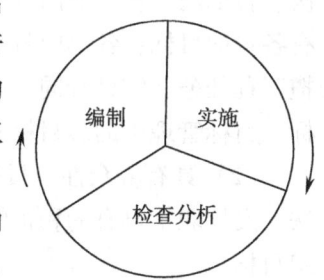

图 5-1　计划管理循环过程

行周期性循环，但相互间也有渗透，如图 5-1 所示。

计划管理按照其工作程序可分为四个阶段的工作内容，即计划的编制、实施、检查和处理。

（1）编制计划　它是计划管理的首要内容。因为无论做什么事情，首先都要编制计划。具体包括：确定目标、拟订实施计划的方法和措施等。

（2）实施计划　它是计划管理的重要环节。因为只有通过实施的过程，计划目标才能实现。具体包括：计划执行和计划的组织工作等。

（3）检查计划　它是为了发现在计划实施过程中出现的偏差，及时采取措施处理。具体包括：检查目标完成程度和计划执行的措施、方法、条件等。

（4）分析和处理计划检查结果　如果计划实施过程中出现了偏差，应分析产生偏差的原因，追究责任，及时处理；若完全按计划实施，应总结成功的经验。

5.1.2　计划管理的任务

建筑企业计划管理的任务概括为：根据市场经济的需要，以及企业自身的生产条件，通过计划的编制、实施和检查分析，把企业的各类资源及各项工作科学地组织起来，保证企业的生产经营活动协调发展，为社会提供尽可能多的、质量过硬的建筑产品，并使企业获得最佳的经济效益。

5.1.3　目标管理

1. 目标管理的概念

目标管理是企业提出一定时期期望达到的理想状态，并组织全体职工共同实现的一种管理方法。建筑企业的目标管理，是企业内部各职能部门、各层次以至每个职工为实现企业的经营目标（总目标），而进行的确定行动计划、制定对策措施，并加以组织实现，最后对成果进行严格考核，对目标执行者施以奖惩的一种管理制度。

目标管理强调事前控制，即把管理的重点从对工程实施过程的管理转移到对目标的管理。用目标把企业全体职工的积极性调动起来，为达到一定成果而努力工作。

目标管理和企业一般管理相比较，有如下特点。

（1）具有系统性　目标管理要求企业形成目标体系。既要有企业总目标，还要有各层次、各部门、各环节的分目标。各层次就是指企业、企业所属各部门，直到每一个职工都有各自的目标；各部门就是指企业各级管理职能部门都有自己的目标；各环节就是指从承揽工程任务、签订合同、施工准备、正式施工，直至竣工验收等各个环节都应该制订目标。目标管理中的总目标和分目标之间是一个互相联系、不可分割的整体。

（2）具有群众性　目标管理强调职工的参与意识，通过采取自主管理或自我控制的办法，发挥职工自身的积极性、创造性和主动性，实现自己的工作目标，进而实现部门和组织目标。

（3）具有协作性　目标管理强调上下级之间、各部门之间的协作关系。具体讲，一方面上级在分解目标时，既要给下级提出要求，又要给下级创造实现目标的条件，避免上下脱节；另一方面，在分解目标时要注意分目标之间的关系，把实施过程中的相互协作关系作为目标的一项内容，列入相互的子目标，使之在执行过程中协调一致。

2. 经营目标内容和制订步骤

（1）经营目标内容　经营目标是企业在未来一定时间内，生产经营活动应达到的成果，是企业生产经营计划的校正。企业在编制生产经营计划时，首先根据自身内在条件和外部环境条件制订出切实可行的经营目标，然后分析企业实现经营目标存在的问题和差距。在此基础上制定对策和措施，用综合平衡法编制出计划。

建筑企业的经营目标由以下内容组成。

1）贡献目标。主要体现在为社会提供的建筑商品的数量、效益和缴纳的税金上。它反映了企业对社会的贡献大小。

2）信誉目标。主要体现在对建筑市场的占有率上。企业要想在市场中生存和发展，首要的一条就是取得社会信任，赢得市场。信誉目标是国家、社会、用户对企业的信任程度。

3）发展目标。主要表现为企业生产经营规模和技术进步的发展目标。如扩大生产经营规模，提高产品质量，提高市场占有率，提高企业的内在素质等。企业在不同时期，可根据实际情况选择其中一个或几个目标作为发展重点。

4）利益目标。主要表现为企业生产经营活动的内在经济动力。如利润总额、资金利润率、工资、奖金、职工福利等在计划期内应达到的目标要求。它是企业在生产经营活动中追求的根本目标。

（2）经营目标的制订步骤　经营目标的制订程序如图5-2所示。

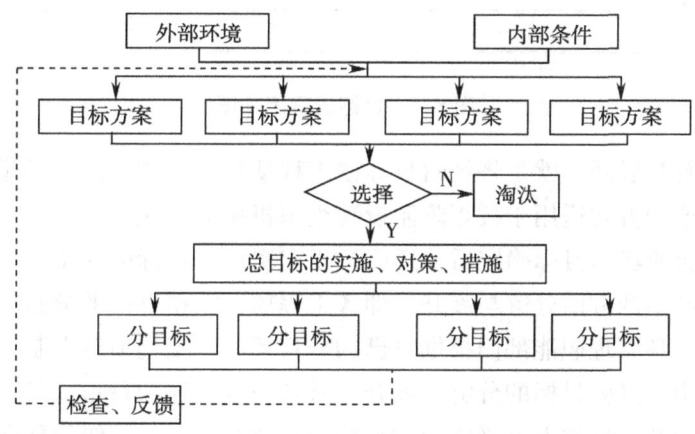

图5-2　经营目标制订程序

3. 经营目标的分解与展开

经营目标的分解与展开就是把企业的总目标自上而下层层分解为各级组织的分目标，根据分目标制定对策、措施，并落实到具体的执行部门和执行人。

制订经营目标的关键就是经营目标的分解与展开。目前目标分解与展开的模式通常有以下两种形式。

1）按直线图分解与展开。目标管理直线图如图5-3所示。

按直线图分解与展开，就是依据层层落实的原则。将目标垂直逐级下达到职工个人。

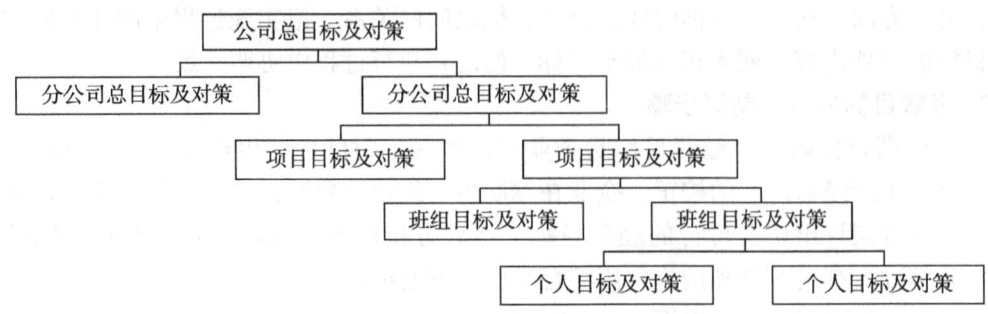

图 5-3　目标管理直线图

这种方式适用于按直线职能制设置组织机构的企业。

在直线职能制的组织机构中，除按上述方法把目标分解到各管理层外，还可以按职能部门系统分解与展开企业总目标。

2）按矩阵图分解与展开。目标管理矩阵图如图 5-4 所示。

	企业总目标			按职能部门展开				
产量	产值	利润	质量	计划	技术	财务	……	……
按工程项目展开	工程项目（A）			对策	对策	对策		
	工程项目（B）			对策	对策	对策		
	工程项目（C）			对策	对策	对策		
	……							
	……							

图 5-4　目标管理矩阵图

按矩阵图分解与展开，就是将经营目标按工程项目和职能部门两条道路分解，分别落实对策和措施。这种方式适用于按矩阵制设置组织机构的企业。

图 5-4 中，企业经营目标确定后，还应按规定实现其目标的对策，根据目标和对策从工程项目和职能部门两方面分解与展开。即各工程项目根据自己的分目标从各管理职能上制定对策与措施；各管理职能部门根据自己的分目标从各工程项目上制定对策与措施。

在实际工作中，经营目标的分解与展开，常常采取上述两种形式结合的办法进行，以解决目标的统一问题。例如上下级之间按直线图分解与展开；同级职能部门的分目标按矩阵图分解与展开。

4. 经营目标的实施

经营目标经分解与展开到各部门、各层次后，仅仅是目标管理工作的开始。企业每个职工应围绕各自的目标开展活动，并依据目标的要求加以实施。

组织经营目标实施应通过编制计划条款、检查、评价和考核、奖惩来完成。

练一练

1. 计划管理一般分为三个阶段，即_____、_____和_____阶段。

2. 计划管理按照其工作程序，包括四个阶段的工作内容，即计划的_____、_____、检查和处理。

3. （ ）是计划管理的重要环节。
   A. 编制计划   B. 实施计划
   C. 检查计划   D. 分析和处理计划检查结果

4. 目标管理具有（   ）特点。
   A. 系统性   B. 群众性   C. 协作性   D. 可及性
   E. 全面性

5. 建筑企业的经营目标由_____、_____、_____和利益目标组成。

6. 制订经营目标的关键是_____。

5.2 建筑企业计划指标体系

5.2.1 计划指标体系的概念

1. 指标

指标是一定社会经济现象的数量表现。它既表示某一社会经济现象的特性，也反映这一现象的数量特征。

2. 计划指标

计划指标是用来表示一定时期内，在具体的经济条件下，企业生产经营活动所应达到的预期目标水平。它是企业生产经营目标的具体化和数量化。

3. 计划指标体系

一项计划指标，只能反映企业生产经营活动某个侧面，为了全面指导和控制企业的生产经营活动，就必须设置一系列相互联系而又相对独立的计划指标。这一系列计划指标的集合就被称为计划指标体系。

5.2.2 计划指标的分类

1. 按指标的性质不同划分

（1）数量指标　表示企业在计划期内，生产经营活动数量上应达到的要求。一般用绝对数表示，如施工产值、工程成本、竣工面积、实物工程量、利润等。

（2）质量指标　表示企业在计划期内，生产经营活动质量上应达到的要求。一般用相对数表示，如工程成本降低率、劳动生产率、工程优良品率、资金利润率等。

数量指标和质量指标是相互联系、相互制约的。离开数量指标，质量指标就失去了基础；达不到质量指标，数量指标就会降低甚至失去其意义。

2. 按指标的计量尺度不同划分

（1）货币量指标　指用货币单位表示的指标。它反映了企业生产经营活动的价值形态，如施工产值、工程成本、资金占用额、工资等。

（2）实物量指标 指用实物单位表示的指标。它反映了企业生产经营活动的实物形态，如实物工程量、设备数量、竣工面积等。

实物量指标和货币量指标是不可分割的两类指标，它们从不同的角度反映了企业生产经营活动的状况。

5.2.3 建筑企业计划指标体系的内容

建筑企业内部考核的计划指标，是在国家对企业考核指标的基础上，结合企业内部考核的需要而制订的。企业可依内部机构体制的变化和经济责任制的调整，及时增加或减少内部考核指标。建筑企业内部考核指标体系参见表5-1。

表5-1 建筑企业内部考核指标体系表

序号	指标名称			公司	分公司	项目经理部	班组
1	工程量	建筑面积	施工面积	★	★	★	★
			交工面积	★★	★★	★★	★★
			竣工面积	★	★	★★	★★
		其他实物工程量		★★	★★	★★	★★
		交竣工率	按面积计	★★	★★	★	
			按实物工程量计	★★	★★	★	
2	工程质量	工程质量优良率		★★	★★	★★	★★
		工程质量合格率		★	★	★	
		分部分项工程质量优良品率		★★	★★	★★	★★
3	利税	利税额	实现利税总额	★	★	★	
			人均利税额	★★	★★	★★	
		利税率	资本金利润率	★★			
			销售利税率	★★	★		
			净资产报酬率	★			
4	工作量	自行完成建安工程量		★	★	★	
5	劳动生产率	产值	全员劳动生产率	★★	★★	★	
			建安工程劳动生产率	★	★	★	
		全员平均交竣工面积		★★	★★		
		平均定额达到程度		★	★	★	★
6	工期	工期定额平均达到水平		★	★	★	
		工期定额完成率		★	★	★	
7	合同完成情况	工程履约率	按交工面积计	★	★	★	
			按交工工程量计	★	★	★	
			按交工工程个数计	★	★	★	
8	安全生产	工伤事故人次		★	★	★	★
		工伤事故频率		★	★	★	★

(续)

序号	指标名称		公司	分公司	项目经理部	班组
9	工程成本	成本实际降低额	★	★	★	★
		成本实际降低率	★	★	★	
10	工资	百元产值工资含量	★	★		
11	机械设备	完好率	★		★	★
		利用率	★	★		
		产值率	★	★	★	
		技术装备率	★	★		
12	资金	流动比率、资产负债率	★			

注："★"表示应考核的项目；"★★"表示应重点考核的项目。

 练一练

1. 计划指标按指标的计量尺度不同划分为（　　　）。
   A. 数量指标　　　B. 质量指标　　　C. 货币量指标　　　D. 实物量指标
2. 计划指标按指标的性质不同划分为（　　　）。
   A. 数量指标　　　B. 质量指标　　　C. 货币量指标　　　D. 实物量指标
3. 计划指标是生产经营目标的＿＿＿＿和＿＿＿＿。

5.3 建筑企业计划的管理过程

5.3.1 计划的编制

经营计划具有综合、全面的特点。建筑企业通常只编制中长期和年（季）度经营计划，月度及其更短期的计划一般以施工生产计划为主，所以只编制作业计划。

1. 中长期经营计划的编制

（1）编制依据

1）企业的外部环境：包括政治、技术、经济、法律、文化、民俗风情等。

2）企业的内部条件：包括人力、物资、资金及管理水平等。

（2）编制内容

1）确定经营方针和经营方向。

2）确定经济效益目标。

3）制订重大技术改造项目的规划。

4）确定生产的发展速度和规模。

5）制订劳动组织的改进规划。

6）制订主要机械设备的更新规划。

7）其他重要问题。如资金筹措、职工培训、生活福利等。

(3) 编制程序

1) 调查研究，掌握企业内外条件。

2) 进行经营预测，掌握企业未来生产经营活动和内外条件的发展趋势。

3) 进行经营决策，选择最佳经营目标和对策。

4) 编制正式计划。

(4) 编制方法　中长期计划没有统一的编制方法，需要根据实际情况综合运用各种编制方法。由于中长期计划的计划期长，实施过程中不可能完全不变，因此要求计划具有一定的弹性，以适应变化的需要。在现代管理中，常用滚动计划的方法处理中长期计划的变动和修正。下面以企业五年经营计划为例，说明滚动计划的原理。

1) 按照近细远粗的原则，编制五年计划中的各年度计划，形成企业第一个五年经营计划。要求：第一年具体，与本年度经营计划吻合；第二、三年较粗；第四、五年粗略。

2) 经过一年实施后，根据执行结果和内外条件的变化进行调整，并将计划期向前推移一年。仍按照近细远粗的原则，编制出新的五年计划。

其后依次类推，详见图5-5。

图5-5　滚动计划方法

2. 年（季）度经营计划的编制

(1) 编制依据

1) 国家基本建设年度计划，上级主管部门下达的考核指标以及企业承包经营的承包指标。

2) 中长期计划和上年度计划的完成情况。

3) 企业的人力、物力、财力、技术、经营管理以及各项基础工作的状况。

4) 生产资料市场情况。

5) 建筑市场情况。

6) 工程承包合同、施工图样、施工组织设计。

7) 半成品、构配件加工等协作单位的状况。

(2) 编制内容

1) 年度经营目标计划。

2) 施工生产计划。

3) 技术改造和开发计划。

4) 劳动计划。

5) 成本计划。

6) 财务计划。

7) 质量计划。

8) 多种经营计划。

(3) 编制程序　一般按以下程序编制。

1) 准备工作。包括企业中长期计划的要求，企业内部条件测定，外部环境预测，承包指标等。

2）编制经营目标计划。一般包括利润、产值、产量、质量等指标。

3）编制施工生产计划。应根据经营目标计划，计划部门制订出年（季）度施工项目的进度、产值、竣工等指标，以及附属企业生产、机械施工的计划；技术部门制订技术组织措施计划。

4）编制资源需用及平衡计划。针对施工生产计划提出的要求，分别由劳动工资、机械设备、材料供应、施工管理等部门制订出相应资源的需用和平衡计划。

5）编制财务成本计划。根据经营目标计划中的目标利润，施工生产计划中的技术组织措施，以及企业的资金状况分别制订出财务及成本计划。

6）编制其他专业计划。其他专业计划如技术改造计划、质量计划等。

以上程序，仅是编制年（季）度计划的一般规律，实际工作中一般没有固定的顺序。建筑企业年（季）度经营计划的编制过程，是一个上下左右反复平衡的过程，经过多次平衡修订后才能最终确定。下面用框图表示建筑企业年（季）度经营计划编制的一般程序，如图5-6所示。

（4）编制方法 经营计划的编制方法很多，如预测法、决策法、投入产出分析法、网络计划法、综合平衡法、滚动计划法等。编制时必须根据具体计划的特点和要求选择适当的方法。例如：经营目标计划的各项指标，可采取预测、决策方法，或投入产出分析法；施工生产中的进度计划可采取网络计划法；年度内各月任务的分配可采用滚动法；资源计划可采用综合平衡法等。另外，也可先用一种方法编制计划草案，然后用其他方法修正调整，经比较后定案。

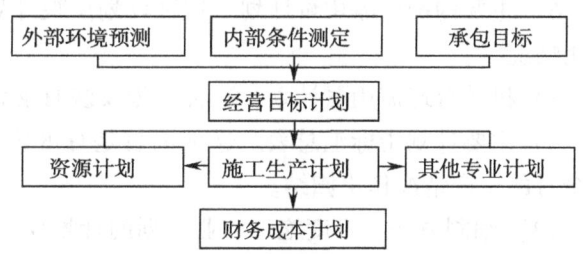

图5-6 年（季）度经营计划编制的一般程序

总之，经营计划的编制方法很多，要灵活运用。但是，从建筑企业计划体系着眼，从编制指导思想入手，主要还是预测、决策和综合平衡两类方法。即用预测、决策方法确定经营指标；根据经营指标用综合平衡原理编制出各项专业计划。

3. 施工生产计划的编制

建筑企业施工生产计划分为年、季、月、旬、周施工生产计划等。月、旬、周施工生产计划具有作业性质，又称施工作业计划，是直接组织施工活动的依据。月度作业计划是年（季）度计划的具体执行计划，它是基层施工单位和生产人员进行施工的直接依据。下面以施工项目作业计划为例来具体说明。

（1）月度施工作业计划的编制依据

1）年或季度计划的分月任务安排。

2）上月计划的完成情况。

3）工程合同。

4）施工组织设计。

5）有关技术定额。

6）劳动力、材料、构配件以及机械设备等资源的供应情况等资料。

（2）月度施工作业计划的内容

1）单位工程施工进度计划。包括按建设单位分列的单位工程形象进度及工作量计划。

2）施工项目计划。它是计划月度内施工的工程项目的汇总，包括各项目的主要指标及施工单位。

3）实物工程量计划。这种计划汇总了计划月度施工各工程的主要实物量，是编制资源计划的依据。

4）劳动力需用量计划。这种计划是提出完成施工任务的人员数量及平衡措施，是完成任务的人力保证。

5）材料需用量计划。这种计划反映计划月度各主要材料的需用量和供应情况。

6）主要构配件需用量计划。这种计划反映计划月度内施工的各工程对主要构配件的需用情况。

7）机械台班需用量计划。这种计划反映月度各施工项目需用施工机械的情况。

8）主要计划指标汇总表。这种汇总是月度施工作业计划的综合反映，它用指标形式对全月的生产情况作出归纳。

（3）编制方法　月度施工作业计划的计划期短，编制条件大多已知，对市场的依赖较年度计划小，故主要用综合平衡的方法编制。编制中，重点处理好以下平衡关系。

①月度计划和年、季度计划的平衡关系。

②产量指标和产值指标的平衡关系。

③月度施工进度和单位工程施工进度的平衡关系。

④施工进度和实物工程量、各种资源计划的平衡关系。

下面以施工项目作业计划为例来具体说明。

1）月度施工进度计划。编制月度施工作业计划时，首先依据控制指标及各工程的具体情况，编制进度计划。施工进度计划的表格见表5-2。

表 5-2　施工进度计划表

工程名称：　　　　　　　　　　　　　　　　　　　　　　　　　　　年　　月

序号	分部分项工程名称	工程量		劳动量	班组人数	施工进度计划/天									
		单位	数量			1	2	3	4	5	6	7	8	…	n
1															
2															
…															
n															

表5-2反映计划期内施工项目中各作业项目的进度安排，是编制其他作业计划的依据。

2）实物工程量计划。本计划表是把施工进度计划表中的工程量汇总而得，它为资源计划提供了依据。实物工程量计划的表格见表5-3。

表5-3 实物工程量计划表

工程名称：　　　　　　　　　　　　　　　　　　　　　　　　　　　　　　　　　　　　年　月

施工单位	砌体	安板	安梁	安柱	土方	垫层	模板	钢筋	混凝土	找平层	抹灰	油漆	……
合计													
××项目													
××项目													
……													

3）劳动力需用量计划表。此表是依据施工进度计划的要求，汇总主要工种的需用量而得。劳动力需用量计划的表格见表5-4。

表5-4 劳动力需用量计划表

工程名称：　　　　　　　　　　　　　　　　　　　　　　　　　　　　　　　　　　　　年　月

工种名称	计划需用量	现有人数	平衡差余	平衡条件	备注
瓦工					
木工					
……					

4）材料需用量计划。此表是根据施工进度计划的要求，汇总主要材料的需用量而得。材料需用量计划的表格见表5-5。

表5-5 材料需用量计划表

工程名称：　　　　　　　　　　　　　　　　　　　　　　　　　　　　　　　　　　　　年　月

材料名称	型号规格	单位	数量	备注
红砖				
水泥				
……				

5）主要构配件需用量计划。此表是根据施工进度计划的要求，汇总主要构配件的需用量而得。主要构配件需用量计划的表格见表5-6。

表5-6 主要构配件需用量计划表

工程名称：　　　　　　　　　　　　　　　　　　　　　　　　　　　　　　　　　　　　年　月

构配件名称	型号规格	单位	数量	备注
空心板				
平板				
……				

6）机械台班需用量计划。此表是按单位工程施工组织设计的要求及施工进度计划的

具体时间组织供应。机械台班需用量计划的表格见表 5-7。

表 5-7　机械台班需用量计划表

工程名称：　　　　　　　　　　　　　　　　　　　　　　　　　　　　年　月

机械设备名称	型号规格	使用部位		需用量		供应时间		备注
		项目名称	工程量	单位	数量	进场	退场	
搅拌机								
卷扬机								
……								

7）主要技术组织措施计划。此计划是保证施工项目计划期内各项活动顺利进行的必要条件，它主要包括质量措施、技术措施、安全措施、文明施工措施和降低成本措施。

5.3.2　计划的实施与控制

编制计划只是计划工作的第一步，是计划全过程的开始，重要的是选择和采用相应的调控手段来具体实施计划，并加强对计划实施情况的监测、分析、检查和评估，以便及时发现经济运行中存在的问题和采取有效措施解决问题，保证宏观调控目标和计划预期指标的实现。

1. 计划的下达

执行计划的第一步工作是下达计划。下达计划之前，由计划的编制单位向执行单位进行全面交底。交底的内容视计划的性质而定，一般包括：计划编制思想；主要计划指标及分解；计划的特点和重点；采取的主要措施；执行过程中可能出现的问题及应变措施等。

计划交底，是编制者和执行者共同学习计划的过程。通过交底，使大家明确计划目标和措施，调动执行单位的主动性，为完成计划任务打好基础。

计划交底后，编制单位以计划文件形式下达给执行单位。经营计划文件的形式，主要是各种计划表格。经营计划一经下达，便形成企业生产经营活动的行动纲领和准则。企业各级组织，各个职能部门，全体职工都必须自觉维护计划的严肃性，保证计划全面实现。

2. 计划执行中的控制

计划执行中的关键问题，是计划的控制。所谓计划的控制，就是根据信息反馈原理，对计划执行情况进行检查分析，及时发现执行结果和计划目标之间的偏差，采取相应措施加以纠正的工作过程。计划控制的目的在于保证计划顺利实施。

（1）计划控制的基本条件　对计划执行过程实施控制，必须具备下列条件。

1）计划的目标明确，有可供检查的标准。

2）执行结果能够统计测算，可以和标准进行比较。

3）有畅通的信息渠道，出现偏差时能及时准确地反映给控制部门，控制部门发出的指令能正确快速传递。

4）控制系统的各级管理人员有良好的素质，能正确判断计划执行中的各类问题，作出恰当的决策。

5）职工群众有参与控制的主动性和积极性。

(2) 计划控制的方法　计划控制的方法主要指控制过程中发现偏差和纠正偏差的方法。

在计划控制过程中，主要通过统计来发现和分析计划执行过程中的问题。统计能全面反映企业生产经营活动实际状况，从计划控制角度讲，也即全面反映了计划的执行结果以及计划自身存在的问题。通过统计调查，统计工作得到大量的原始资料，并对这些资料进行整理分析，从中找出计划执行中的问题。

在建筑企业，主要依靠调度工作来纠正计划执行中的偏差。生产经营调度，是以计划目标为中心，针对计划执行中的偏差，通过发布调度命令，重新建立新的平衡关系，保证计划顺利实施的一种控制方法。生产经营调度的内容十分广泛，凡计划涉及的内容，都属调度的范围。调度的方法通常有两种：一是通过会议发布命令调度，二是直接用文件发布命令调度。调度命令实质上是一种补充计划。

在调度中，有两条纠正执行结果和计划目标偏差的途径：一是采取措施使执行结果接近计划目标，二是修正计划。一般情况下，应尽量维护计划的严肃性，选择第一条途径纠正执行中的问题，努力实现原定目标。只有出现特殊情况才选择第二条途径，调整计划。通常有：第一，在执行过程中，制订计划的某些重要条件或因素发生了变化，不可能按原订计划实施；第二，制订计划时对经济发展趋势的预测有较大失误，使原计划失去了依据；第三，计划本身有重大错误。

3. 计划执行后的检查分析

计划执行完毕，并不意味着计划控制工作的结束。因为计划管理工作是一个周而复始的循环过程。任何一项计划都是上期计划的延续，下期计划的基础，计划是连续不断的。做好计划执行完毕后的检查分析，对于提高下一轮次计划的编制与控制水平，有十分重要的意义。

计划执行完毕后的检查分析，包括以下内容。

1）编制计划时对各种因素、环境的预测是否准确，应做哪些改进。
2）实施的计划是不是最优方案，有无错误。如有错误，是什么原因造成的。
3）执行中出现过什么问题，采取了什么应变措施，效果如何。
4）执行中的控制有什么成功的经验和教训，如何发扬和改进。

本 章 回 顾

本章重点讲述了建筑企业计划管理和经营计划两个基本问题。

计划管理是建筑企业经营管理的重要组成部分。经营管理的各项工作都是从计划开始的，并围绕计划的实施展开。学习计划管理，不应将其孤立对待，而应结合经营管理的各项内容，从相互关系上加深理解。所以，这部分的重点是计划管理体系。从计划体系中了解建筑企业的计划种类及相互关系；从指标体系中认识指标的作用及主要指标；从组织体系中了解企业各部门、各级机构的计划工作。

目标管理是计划管理的基本指导思想和方法，它强调事前控制，用目标去组织和引导企业生产经营活动。本书结合经营目标的编制、分解（展开）、实施讲述目标管理的一般原理。其中目标的制订与分解是重点，学习中应联系建筑企业组织机构和计划体系的内容，加深认识。

经营计划是建筑企业的综合计划，由各类专业计划组成。

第6章 施工技术管理

 知识储备

建筑企业施工生产活动是建筑企业生产经营过程的基本环节，建筑产品必须经过施工过程才能最终完成。施工生产活动又必须以施工技术为保证。施工管理指围绕建筑工程施工而进行的决策、计划、组织、指挥和控制等工作。它是从接受施工任务开始到交工验收为止的全过程，是围绕施工对象而进行的生产事务的组织管理工作。建筑企业技术管理是对企业生产经营活动过程中各项技术活动和技术工作的基本要素进行的各项管理活动的总称。

通过本章的学习，我们应该：
1. 了解施工管理、技术管理的含义、内容。
2. 了解施工管理、技术管理的主要业务工作内容。

 导入案例

某市南苑北里小区22号楼为6层混合结构住宅楼，设计采用混凝土小型砌块砌筑，墙体加芯柱，竣工验收合格后，用户入住。但用户在使用过程中，发现墙体中没有芯柱，只发现了少量钢筋，而没有浇注混凝土，最后经法定检测单位采用红外线照相法统计发现，大约有82%墙体未按设计要求加芯柱，只在一层部分墙体中有芯柱，造成了重大的质量隐患。

问题：1) 该混合结构住宅楼达到什么条件，方可竣工验收？
2) 该工程质量验收的基本要求有哪些？
3) 该工程已交付使用，施工单位是否需要对此问题承担责任？为什么？

通过本章的学习，能够了解并解答上述问题。

6.1 施工管理

6.1.1 施工管理的含义及内容

1. 施工管理的含义

施工管理，是指为了完成最终建筑产品的施工任务，从接受施工任务开始到工程交工验收、交付使用为止的全过程中,围绕施工对象和施工现场而进行的生产事务的组织与管理工作。这个全过程包括施工准备、正式施工和竣工验收交付使用三个阶段。施工管理在很大程度上影响着建筑业企业的生产经营实际效果,施工管理是建筑业企业管理的重要组成部分。

2. 施工管理的任务

施工管理的任务是:合理组织完成最终建筑产品的全过程,充分利用人力、物力,有效地使用时间和空间,保证综合协调施工,按质、按期完成施工任务。其基本内容包括以下6方面。

1)落实施工任务,签订承包合同。
2)进行开工前的各项业务准备和现场施工条件的准备,促成工程开工。
3)进行施工中的经常性准备工作。
4)按计划组织综合施工,进行施工工程的全面控制和全面协调。
5)加强对施工现场的平面管理,合理利用空间,保证良好的施工条件。
6)组织工程的交工验收。

从上述内容可以看出,施工管理是一种综合性很强的管理工作,其中包括与其他专业管理的配合。没有专业管理,施工管理就失去了支柱;没有施工管理,专业管理会各行其是,缺乏应有的活力,不能服务于整体。因此施工管理之所以重要,关键在于它的协调和组织作用。

3. 施工管理的内容

施工管理贯穿于施工全过程,在施工全过程的不同阶段上,施工管理的重点和具体内容是不相同的。施工管理的主要内容见表6-1。

表6-1 施工管理的主要内容

阶 段	工作名称	内　容
施工准备阶段	施工准备工作	编制施工组织设计、施工图预算和施工预算,落实施工条件,签订分包合同或内部承包合同
正式施工阶段	现场施工管理	编制计划,落实措施,跟踪检查计划的实施,及时反馈,平衡调度,保进度、保质量、保节约、保安全
竣工验收阶段	工程竣工验收	整理竣工资料,参加竣工验收,办理移交验收

6.1.2 施工管理的主要业务工作

1. 施工准备工作

施工准备工作,是为保证施工生产正常进行而必须事先做好的工作。它贯穿于整个施工过程,不仅在开工之前需要做好施工准备,而且随着工程的进展,在各个分部分项工程施工之前都要做好施工准备。

施工准备工作的基本任务:掌握建设工程的特点,进度要求;摸清施工的客观条件;合理部署施工力量;从技术、物资、人力和组织等方面为施工创造一切必要的条件。事先认真、周密、细致地做好施工准备工作，对于充分发挥人的积极因素，合理地组织人力、物力、财力，加快施工进度，提高工程质量，降低工程成本，具有十分重要的意义。

施工准备工作的依据是工程合同、施工图样、现场地形图和工程地质资料等。

施工准备工作的主要内容包括以下几个方面。

（1）技术准备

1）调查研究、搜集资料。进行施工准备工作时，不仅要从已有的书面资料上了解建设要求和施工地区的情况，而且还必须进行实地勘测调查，获得第一手资料，这样才可能制订出符合实际的施工组织设计，合理进行施工。其主要内容包括下面几项。

① 施工地区的自然条件。如地形、地貌、气候、地质、水文等情况。

② 施工地区的能源和交通运输情况。如现有交通运输设施条件，各种材料的供应能力及水电、通信的供应设施等。

③ 当地的生活、医疗、文化、教育等方面的情况。

④ 施工现场情况。如有无障碍物、有无建筑物可作为临时设施使用等。

⑤ 其他条件。如当地的劳动力供应情况、地方材料可利用情况、构件加工能力等。

2）熟悉、审查图样 设计图样是施工的依据。建筑企业在接受工程施工任务后首先要熟悉图样。在学习和熟悉图样的基础上，对其进行全面审查，弄清设计意图及工程特点，及时发现问题，参加图样会审，纠正图样上的错误。

3）编制施工组织设计。施工组织设计是指导拟建工程施工重要的技术经济文件，是施工准备工作的核心内容。施工组织设计的内容应视其编制对象的性质、规模和复杂程度而定。一般来说，其主要内容应包括以下几方面。

① 工程概况。

② 施工准备工作计划。列出施工准备工作项目一览表。

③ 施工方案。包括施工顺序、施工方法、施工机械的选择以及施工技术组织措施等。

④ 施工进度计划。用横道图或网络图表示。

⑤ 资源需要量计划。包括劳动力、材料、机具、构配件的需要量及供应时间等。

⑥ 施工平面图。用图样展现施工阶段现场平面布置。

⑦ 技术经济指标分析。

4）编制施工图预算和施工预算。

① 施工图预算是技术准备的重要组成部分，是由施工单位编制的确定投标报价的技术经济文件，是签订合同、编制施工计划、进行工程结算的依据。

② 施工预算是施工单位为了加强企业内部经济核算、节约人工和材料、合理使用机械，在施工图预算的控制下，根据施工图样、施工方案以及施工定额等资料编制的直接用于生产的技术经济文件。它是施工企业编制施工作业计划、签发施工任务单和限额领料的依据，也是实行按劳分配、进行经济核算的依据。

（2）现场施工准备 现场施工准备主要包括：现场施工控制网的测量、做好"三通一平"、搭设临时设施、施工机具的安装与调试等工作。

（3）物资准备 物资准备是保证施工顺利进行的物质基础，必须在工程开工前把这项准备工作做好。主要内容包括：建筑材料的准备、构配件及制品的加工准备、建筑安装机械和机具的准备以及生产工艺设备的准备等。

（4）施工队伍准备　内容包括：根据项目的规模、结构特点和复杂程度，建立项目管理组织机构；组建综合素质较高的施工队伍；组织劳动力进场，同时要进行技术、安全、消防和文明施工、劳动纪律等方面的教育。

（5）资金准备　按照工程合同的规定，及时筹集工程备料款及其他资金，确保工程施工的正常进行。

（6）签订分包合同　分包合同的条款依据分包的工程内容，按照工程承包合同管理条例的规定确定。

（7）申请开工　当做好了施工准备工作，具备开工条件后，便可申请开工。

2. 现场施工管理

现场施工管理，指现场施工过程中的管理。即根据企业的施工计划和施工组织设计，对拟建工程项目施工过程的进度、质量、安全、成本、现场布置等方面进行全面指挥、协调和控制，科学地组织施工，以达到工期短、质量好、成本低和安全生产的目标。现场施工管理的主要内容应包括两个问题：一是如何按计划组织综合施工；二是如何对施工过程进行全面控制。

（1）按计划组织综合施工　所谓综合施工，就是指所有不同工种、配备不同机械设备、使用不同材料的工人队组，在不同的地点和工作部位，按预定的顺序和时间，协调地从事施工作业。

（2）施工过程的全面控制　施工过程的全面控制，就是通过对施工进度、质量、成本、安全等方面的检查，对出现的偏差进行分析，提出纠偏的具体措施，实施调控，以期达到预定的目标。

施工过程的全面控制内容一是施工过程中的检查，施工过程中的检查内容主要有质量、进度、成本及安全等几个方面。将检查结果与计划指标相比较，找出在进度、质量、消耗上的差异，分析原因，以便提出改进措施。二是施工总平面图管理，施工总平面图管理是合理使用场地、保证现场交通道路和给水、排水系统畅通，实现现场文明施工、安全生产的重要措施。三是施工调度工作，由于建筑施工的可变因素多，施工中总会出现不协调和新的不平衡。对于新出现的不协调和不平衡进行调整的工作就是调度。施工调度即是指在施工过程中不断组织新的平衡，建立和维护正常的施工条件及施工程序。施工调度工作是及时平衡、解决矛盾、保证正常施工的重要手段，是组织施工中各环节、各专业、各工种协调作业的中心。

施工调度必须建立在计划管理的基础上，围绕着施工组织设计及其他技术经济文件进行工作、指挥。调度工作必须准确、及时、严肃、果断。

3. 工程竣工验收

工程竣工验收是建筑工程投入使用前的最后一次验收，也是全面检验建筑工程是否符合设计要求和施工质量，同时还是检查施工承包合同完成情况的一项重要工作。工程竣工验收应按照《建筑工程施工质量验收统一标准》（GB/T 50300—2013）进行。

(1) 竣工验收的依据

1) 上级主管部门批准的可行性报告，计划任务书及有关的建设文件。
2) 初步设计或扩大初步设计文件，施工图样以及有关的技术说明文件。
3) 招标文件和工程承包合同、施工过程中的设计变更及签证。
4) 国家现行的施工技术验收规范。

(2) 竣工验收的标准

1) 工程项目按照工程合同规定和设计图样以及有关的要求完成，能满足生产和使用要求。
2) 主要设备安装、调试、试运转达到设计要求。
3) 建筑物四周 2m 内场地整洁。
4) 技术档案资料齐全。
5) 环境保护设施、劳动卫生安全设施、消防设施已按设计要求与主体工程同时建成使用。

(3) 竣工验收资料的整理　竣工验收资料是工程技术档案的主要来源，也是工程竣工验收的重要依据之一。在办理工程竣工验收时，施工单位应向建设单位提供以下资料。

1) 竣工工程项目一览表。包括单位工程名称、面积、开竣工日期以及工程质量评定等级和竣工图。
2) 工程定位、测量复核记录。
3) 图样会审记录。
4) 材料、构件和设备的质量合格证明及检验证明。
5) 隐蔽工程检查验收记录。
6) 技术核定、设计变更资料。
7) 施工实验记录。如混凝土及砂浆试块强度试验、土工试验、沥青胶试验、钢筋焊接试验等试验报告记录。
8) 施工记录。如地基处理记录、打桩记录、混凝土及钢筋混凝土工程施工记录、建筑物或构筑物沉降观测记录等。
9) 设备安装、试运转记录。如机械设备、暖气、卫生、电气等工程安装、检验和试运转记录。
10) 质量安全事故处理记录。
11) 其他有关资料。如工程开工和竣工报告、工程保修单、施工日志等。

(4) 竣工验收程序　工程竣工验收应当按以下程序进行。

1) 工程完工后，施工单位向建设单位提交工程竣工报告，申请工程竣工验收。实行监理的工程，工程竣工报告须经总监理工程师签署意见。
2) 建设单位收到工程竣工报告后，对符合竣工验收要求的工程，组织勘察、设计、施工、监理等单位和其他有关方面的专家组成验收组，制订验收方案。
3) 建设单位应当在工程竣工验收 7 个工作日前将验收的时间、地点及验收组名单书面通知负责监督该工程的工程质量监督机构。

4）建设单位组织工程竣工验收。

工程竣工验收合格后，建设单位应当及时提交工程竣工验收报告。工程竣工验收报告主要包括工程概况，建设单位执行基本建设程序情况，对工程勘察、设计、施工、监理等方面的评价，工程竣工验收时间、程序、内容和组织形式，工程竣工验收意见等内容。

练一练

1. 施工管理是指_____。
2. 施工管理的任务是，合理组织_____，充分利用_____，有效地使用_____，保证_____，按质按期完成施工任务。
3. 在施工全过程的不同阶段上，施工管理的重点和具体内容是_____的。
4. 编制施工组织设计属于（　　）阶段工作。
   A. 施工准备阶段　　B. 施工阶段　　C. 验收阶段
5. 施工准备工作只是在开工之前做好施工准备即可。（对或错）
6. 施工准备工作的依据包括_____、_____、_____和_____等。
7. 施工准备工作的主要内容包括（　　）。
   A. 技术准备　　B. 现场施工准备　　C. 物资准备　　D. 施工队伍准备
   E. 资金准备　　F. 签订合同　　　　G. 申请开工
8. 现场施工准备主要包括_____、_____、_____和_____。
9. _____是保证施工顺利进行的物质基础。
10. 现场施工管理的主要内容包括两个问题，一是_____，二是_____。
11. _____是工程技术档案的主要来源，也是工程竣工验收的重要依据之一。

6.2　技术管理

6.2.1　技术管理的任务、内容

建筑施工过程是建筑产品的生产过程，也是一系列的技术活动过程。技术管理是建筑企业管理的一部分，它不是指某项技术问题如何解决，而是指各项技术活动和技术工作如何管理，即运用管理的职能去促进技术工作的开展。

建筑企业技术管理，就是对建筑企业施工生产活动中各项技术活动过程和构成施工技术工作的各项技术要素进行一系列组织工作的总称。

1. 技术管理的任务

1）正确贯彻执行国家的各项技术政策和上级对技术工作的指示与决定。
2）建立健全技术组织机构，科学地组织各项技术工作，充分发挥技术人员和技术装备的作用。

3）建立正常的生产技术秩序，保证安全生产和文明施工。
4）提高技术工作的经济效果，保证工程项目"优质、高速、低耗、安全"。
5）促进企业的科学研究，不断革新原有技术和采用新技术，努力提高技术水平。

2. 技术管理的内容

建筑企业技术管理的内容如图 6-1 所示。

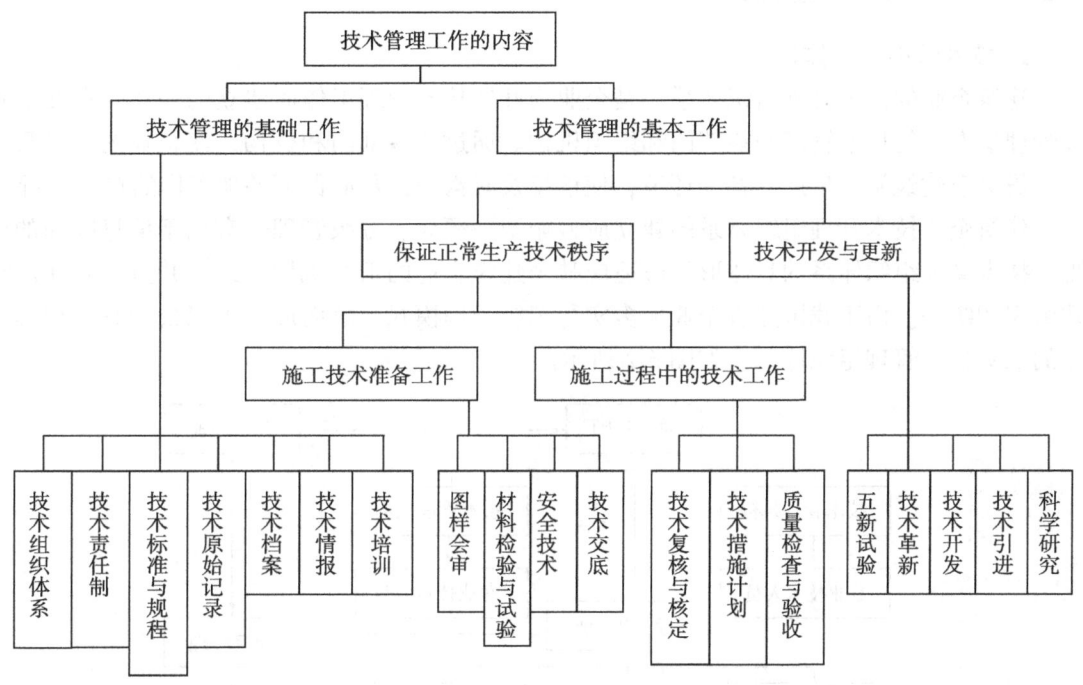

图 6-1　建筑企业技术管理的内容

6.2.2　技术管理的原则

1. 认真贯彻国家的技术政策

国家的技术政策规定了一定时期内的建筑技术标准和科学技术发展方向。如技术档案制度、材料试验标准、施工验收规范、施工操作规程，以及新技术、新材料、新工艺、新结构的推广运用等，企业必须认真贯彻执行。贯彻执行国家的技术政策，必须注意因时因地制宜，从企业的实际情况出发，制订规划，逐步实现。

2. 尊重科学技术原理，严格按照技术规律办事

科学技术的发展规律是客观存在的，我们只有去发现它、认识它、掌握它，用科学的工作态度和方法进行管理，才能促进企业技术的发展，才能获得预期的经济效果。建筑企业要遵循的技术规律是多方面的，企业应特别注意施工技术规律、设备运转规律、材料试验规律、新技术的开发和应用规律等。

3. 讲求技术工作的经济效果

讲求技术工作的经济效果，就是企业技术管理工作既要符合技术规律的要求，又要符合经济节约的原则。技术管理工作中必须讲求经济效益，当使用某一项技术时，必须同时考虑它的经济效果，尽量使二者达到统一。

在建筑企业技术管理工作中，对每一项新技术成果的应用，都要认真做好技术经济分析，进行多方面的技术经济评价，结合当时当地具体条件，采用经济效益最佳的技术方案。

6.2.3 技术管理的基础工作

1. 技术管理组织体系

建筑企业的技术管理组织体系，是企业为开展技术管理工作而建立的一系列存在于各级管理层次上的技术管理职能部门和组织机构。通过这些部门和机构，使企业的技术管理工作贯穿于建筑施工生产的各个环节，使信息及时沟通，从而保证各项工作的顺利进行。

建筑企业技术管理组织体系的建立应遵循统一领导、分级管理，有利于信息畅通的原则。技术管理组织体系的具体形式应适应整个建筑企业的组织机构形式，并且与企业的行政组织相统一。由于我国建筑企业大多实行三级管理模式，故而形成了以公司总工程师为首的三级技术管理组织体系，如图6-2所示。

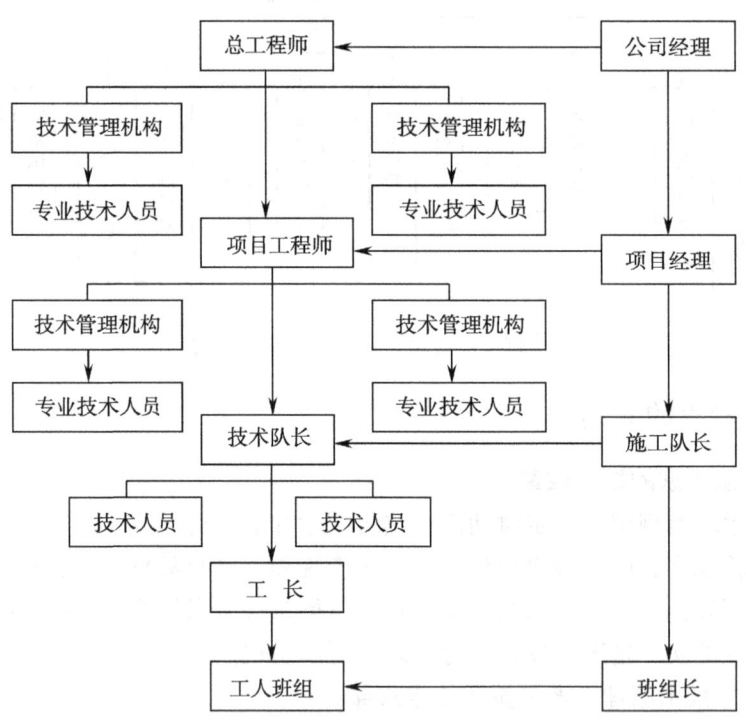

图6-2 技术管理组织体系

总工程师是企业生产技术的总负责人，受公司经理的领导，是经理在技术方面的助手。技术职能机构是同级领导人的工作助手，接受同级领导人的领导，并且在技术上向同级领导人负责。总工程师、项目工程师、技术队长或主管技术人员形成了三级技术领导责任制。职能机构责任制、专职技术人员责任制以及工人技术操作岗位责任制，共同构成建筑企业的技术管理体系。

2. 技术责任制

建筑企业的技术责任制,就是在建筑企业的技术管理系统中,按照责、权、利相结合的原则对各级技术机构和技术人员进行有效分工并规定明确的职责范围,使他们有责有权,与企业内部的经济责任制相结合,推动整个企业的技术工作有效地进行。技术责任制是技术管理的基础和核心,对调动各级技术人员的积极性和创造性,认真贯彻国家的技术政策,搞好技术管理,促进建筑技术的发展和保证工程质量提高都有着极为重要的作用。在实行三级技术管理组织体系中,技术责任制的分类和要求见表6-2。

表6-2 技术责任制的分类和要求

分 类	要 求
1. 技术领导责任制:规定总工程师、项目工程师和技术队长的职责范围 2. 技术管理机构责任制:规定公司、项目部、施工队各级技术管理机构的职责范围 3. 技术管理人员责任制:规定各级技术管理机构中的技术人员的职责范围 4. 工人技术责任制:规定工人岗位操作职责范围	1. 建立和完善技术责任制,应从企业实际情况出发,根据本企业技术工作的特点,合理划分权限,明确分工和任务,做到责、权、利密切结合,以利于各项技术管理工作 2. 四种责任制体系中,按顺序排列,后一类是前一类的基础与保证。上级技术负责人有权对下级技术人员发布技术指令,安排各项技术工作,召开技术会议,研究技术问题,作出各项技术规定。下级技术负责人应服从上级技术负责人的领导

各级技术管理机构的主要职责应根据其在技术管理工作系统中的具体位置而定,一般包括:在各自负责的范围内,做好经常性的技术业务工作;深入实际,调查研究,总结和推广先进经验;向各级领导提供技术分析材料、技术情报、技术咨询、技术建议方案和技术措施,以便于领导决策;检查下属技术部门和技术人员贯彻有关技术规范、规程及技术制度等。

3. 制定与贯彻技术标准和技术规程

技术标准和技术规程是建筑企业技术管理、质量管理和安全管理的依据和基础,是技术管理标准化的重要内容。正确制定和贯彻执行技术标准与技术规程,是建立正常施工生产秩序,完成建设任务的重要前提。

(1)技术标准 建筑安装工程技术标准是对建筑安装工程质量、规格及检验方式等所作的技术规定,是企业技术管理的依据。

技术标准按其运用范围的不同可分为三级:国家标准、部颁标准(专业标准)和企业标准。部颁标准和企业标准不得与国家标准相抵触;企业标准仅适用于本企业范围,是对国家标准和部颁标准中没有列入的项目所作的补充。为了提高产品质量,企业标准可以比国家和部颁标准更先进。

我国现行的技术标准有:建筑安装工程施工验收规范,建筑安装工程质量检验评定标准,建筑材料、半成品的技术标准及相应的检验标准。

(2)技术规程 建筑安装技术规程是建筑安装工程技术标准的具体化,是为了贯彻执行技术标准,保证施工生产有序进行,对建筑工程的施工过程、操作方法、设备和机具的使用维修、施工安全技术等方面所作的具体规定。

技术规程是指导工人技术操作的技术文件,是施工中必须遵守的准则。由于各地区操作方法和操作习惯不同，在保证达到技术标准的前提下，技术规程可由地区和企业自行制订和执行。

国家现行的技术标准规程有以下几种。

1）施工工艺规程。它规定了施工的工艺要求、施工顺序、质量要求等。

2）施工操作规程。它规定了各主要工种在施工中的操作方法、技术要求、质量标准、安全技术等。工人在施工中必须严格执行施工操作规程，以保证工程质量和安全生产。

3）安全操作规程。它是为了保证在施工过程中人身安全和设备运行安全所作的规定。

4）设备维护和检修规程。它是根据设备的磨损规律和运转规律，对设备的日常维护和检修作出的规定。其目的在于保持设备完好，能正常运转，保证生产需要，减少损耗和损坏，尽可能降低维修费用。

技术标准和技术规程一经颁发，就必须维护其权威性和严肃性，不得擅自违反，要严格执行。但技术标准和技术规程也并非一成不变，随着技术水平的不断提高和适用条件的变化，必须及时进行修订，以适应生产力的发展。

4. 建立和健全技术原始记录

技术原始记录是整个建筑企业技术管理工作的基础和重要组成部分。其内容有：材料、构配件及建筑安装工程质量检验记录；质量、安全事故分析和处理记录；设计变更记录；施工日志等。

技术原始记录中，施工日志是反映施工生产的重要原始记录，施工中必须严格建立和健全施工日志制度。施工日志应自工程开工之日起，由单位工程技术负责人逐日记录，直至工程竣工。施工日志记录的内容应及时、准确。

在工程竣工时，施工日志可作为评定工程质量的一项重要依据。在工程竣工验收后，当工程的耐久性、可靠性、安全性发生问题时，施工日志也是进行维修、制订加固方案的重要依据之一。

5. 建立工程技术档案

工程技术档案是按照一定的归档制度，有计划、有系统地积累起来的有关工程项目的技术经济资料和文件。它集中反映了工程项目施工、技术、经济等方面的活动成果，具有保存和研究的价值，应由专人负责收集、整理并归档集中管理，不得遗失、损坏。

建筑企业的工程技术档案分为两大类：一类是为了工程竣工验收而准备的技术资料，作为评定工程质量和建筑产品使用、维护、改造、扩建的技术依据。这部分技术档案随同工程竣工，提交建设单位保存。另一类是企业自身要求的保留资料，如施工组织设计、"五新"（新材料、新工艺、新技术、新结构、新设备）试验和使用效果，各种试验记录，重大质量事故的分析和处理措施，有关技术管理工作经验总结等。这部分资料可作为继续生产、科研以及对外进行技术交流的重要依据。

6. 做好科技情报工作

建筑企业的科技情报是指与建筑施工生产、建筑技术有关的各种科技信息。包括科技图书、科技刊物、科技报告、学术论文、科技展品、建筑技术应用软件等。

科技情报是建筑企业技术管理工作的"耳"和"目"，它能使建筑企业及时了解先进技术水平情况，从而促进技术进步。现代建筑技术发展异常迅速，建筑企业必须随时掌握发展动态，及时获得先进的技术，才能使自身不断发展壮大，在日趋激烈的市场竞争中立于不败之地。

此外，技术管理的基础工作还包括技术培训等内容。

6.2.4 技术管理的主要工作

建筑企业应当在做好技术管理基础工作的前提下，努力做好技术管理的基本工作。技术管理的基本工作内容丰富，这里着重介绍图样会审、技术交底、技术复核与核定、工程质量检查与验收等主要工作。

1. 图样会审

图样会审是指开工前由建设单位、设计单位、施工单位对图样共同进行的检查与核对。其目的是领会设计意图，熟悉图样内容，明确技术要求，及早发现并消除图样中的错误和不当之处，以便正确无误地进行施工。因此，图样会审是一项很重要、很严肃的施工准备工作。

施工单位在收到施工图样有关技术文件后，应立即组织有关人员学习、研究，即进行"自审"。在自审的基础上再会同建设单位、设计单位进行会审。图样会审一般由建设单位或与建设单位签订了监理委托合同的建设监理单位组织设计单位进行技术交底，施工单位对图样提出修改意见，经各方讨论提出会审纪要。会审纪要由各方签字后下发，以正式文件列入工程技术档案。

2. 技术交底

技术交底是指工程开工前，由各级技术负责人将有关工程施工的各项技术要求逐级向下贯彻，直到基层。其目的是使参与施工任务的技术人员和工人明确所担负工程任务的特点、技术要求、施工工艺等，做到心中有数，保证施工顺利进行。因此，技术交底是施工技术准备的必要环节，建筑企业应认真组织技术交底工作。

技术交底包括图样交底、施工组织设计交底、设计变更交底及分项工程技术交底等内容。

技术交底应从上到下逐级进行，交底内容上粗下细，越到基层越具体。技术复杂的重点工程、重点部位，由公司总工程师就施工中的难点向项目工程师、技术职能部门的负责人进行交底；一般的工程由项目工程师向技术队长或主管技术人员进行全面交底；技术队长或主管技术人员对各分部分项工程向执行班组进行具体交底。

技术交底的形式视工程的复杂程度、交底内容的详略而定。一般采用口头、文字、图表等形式，必要时也可用样板、示范操作等方式进行交底。

3. 技术复核与技术核定

（1）技术复核 技术复核是指在施工过程中，对重要的和涉及工程全局的技术工作，依据设计文件和有关标准进行的复查与校核。其目的是避免发生重大差错而影响工程的质量和使用，以维护正常的技术工作秩序。

（2）技术核定 技术核定是指在正式施工前和施工过程中，修改原设计文件必须遵循的权限和程序。在施工过程中,往往会遇到设计图样有差错,或因施工条件发生了变化,需进行材料代换、构件代换或采用新技术、新材料等而不能按原设计进行施工的情况,此时应按照核定程序及时办理设计变更核订单,即技术核定。技术核定应坚持如下原则。

1)属于结构形式、主要材料设备的变更,增减荷载影响结构寿命和承载能力,降低建筑标准、改变建筑物的使用功能及承重构件的变更等,均应由原设计单位的负责人审查同意签字后生效,并提出设计变更核订单,交付施工单位实施。

2)一般技术核定,如钢筋代换等,不影响承载能力、不降低标准、不改变使用功能的项目(如地沟、盖板、过梁等),应经技术主任审定后,征得建设单位同意,由施工单位实施。

3)凡是设计变更均应征得建设单位同意,较大变更问题应由三方共同洽商,取得一致意见后由设计单位负责修改,并向施工单位签发变更通知单。属于提高工程造价的项目,涉及建设规模和投资方向变动的项目,要报请原批准初步设计的单位同意后方能实施。

在进行技术复核与技术核定的同时,还应对材料、半成品的质量进行检验,它同属于技术的复查、核对范围。例如,检验水泥、砖的强度等级,砂、石的颗粒级配等,并将检验结果存入工程技术档案。

4. 工程质量检查与验收

为确保工程质量,必须按有关质量标准逐项检查操作质量和中间产品质量。在质量检查的基础上,进行隐蔽工程、分项工程和交工工程的检查与验收。

(1)隐蔽工程检查与验收 隐蔽工程检查与验收,是指在施工过程中上一道工序将被下一道工序掩盖,其质量无法再次进行复查的工程项目,在隐蔽前所进行的检查与验收。如钢筋混凝土中的钢筋绑扎,基础工程中的地基土质和基础尺寸、标高,打桩数量、位置等。此类工程应在下道工序施工以前,由施工单位邀请建设单位、设计单位共同进行检查、验收,评定其质量等级,及时办理隐蔽工程验收手续。

(2)分项工程预先检查与验收 分项工程检查与验收,是建筑企业为保证工程质量,在某一分项工程完成后由施工队自己组织的检查验收。但对主体结构工程、重点或特殊的分项工程,以及推行新结构、新技术、新材料的分项工程,在完工后应由建设单位、设计单位和施工单位三方共同检查验收,并将验收记录纳入工程技术档案。

(3)交工(竣工)验收 详见6.1.2中"工程竣工验收"部分。

6.2.5 技术革新与技术开发

1. 技术革新

(1)技术革新的主要内容

1)改革或改进施工工艺和传统落后的操作方法。

2)改进机械设备和工具,提高工作效率。

3)研制新材料、改进工程原材料的利用方法。

4)改进建筑结构和建筑产品的质量。

5）其他方面的改革，如材料试验技术、现场检测技术、质量检验技术及管理技术等方面的改革。

（2）技术革新与技术革命

技术革新就是对现有技术的改进、更新。技术革命则是对原有技术的重大突破。一定意义上可以把"革新"与"革命"的关系理解为"革新"是量的变化，而"革命"则是质的飞跃。要想实现技术革命，就必须进行经常性的技术革新，实现技术的飞跃发展和进步。

2. 技术开发

技术开发是指在科学技术的基础研究和应用研究的基础上，将新的科研成果应用于生产实践的开拓过程。

技术开发是实现技术进步的重要手段，也是技术管理的重要内容之一。通过技术开发，创造或运用新技术，促进企业的技术进步，提高企业施工生产和管理的现代化水平，是企业显著提高经济效益的重要途径。

（1）技术开发的途径

1）独创型。就是通过研究取得技术上的重大突破，即发明与创新；再通过技术开发，提供生产性的样机、样品；然后在工厂中进行试生产，最后进行推广使用。

2）引进型。从企业外部引进新技术，经过结合本单位实际并进行创新后，形成具有实用价值的新技术。

3）综合与延伸型。通过对现有技术的综合与延伸，进行技术开发，形成新技术。

4）总结、提高型。是指通过生产实践经验的总结、提高来开发新技术。

（2）技术开发的程序

1）技术预测。施工企业进行技术开发，首先应对建筑技术发展动态、企业现有技术水平、技术薄弱环节等进行深入调查分析，预测施工技术的发展趋势。

2）选择技术开发课题。从本企业的生产实际出发，研究和解决生产技术上的关键问题。

3）组织研制和试验。开发课题一旦确定，就要集中人力、物力、财力，加速研制和试验，按计划拿出成果。

4）分析评价。对研制和试验的成果进行分析评价，提出改进意见，为推广应用作准备。

5）推广应用。将研究成果在生产实践中加以应用，并对推广应用的效果加以总结，为今后进一步开发积累经验。

6）继续预测、连续开发。

练一练

1. 建筑企业技术管理就是_____。
2. 建筑企业技术管理的内容可分为_____与_____两部分。
3. 技术管理的基础和核心是_____。
4. _____和_____是建筑企业技术管理、质量管理和安全管理的依据和基础，是技术管理标准化的重要内容。

5. 技术标准按其运用范围的不同可分为三级：_____、_____ 和企业标准。
6. 施工日志应自_____起，由单位工程技术负责人逐日记录，直至工程竣工。
7. 技术交底包括_____、_____、_____ 和_____。
8. 技术开发的途径包括（　　）。
   A. 独创型　　　B. 引进型　　　C. 综合与延伸型　　　D. 总结提高型

 案例分析

通过本章的学习，我们归纳出"导入案例"中所提出问题的答案。

答：（1）验收条件

1）完成建设工程设计和合同规定的内容；
2）有完整的技术档案和施工管理资料；
3）有工程使用的主要建筑材料、建筑构配件和设备的进场试验报告；
4）有勘察、设计、施工、工程监理等单位分别签署的质量合格文件；
5）按设计内容完成，工程质量和使用功能符合规范规定的设计要求，并按合同规定完成了协议内容。

（2）基本要求

1）质量应符合统一标准和砌体工程及相关专业验收规范的规定；
2）应符合工程勘察、设计文件的要求；
3）参加验收的各方人员应具备规定的资格；
4）质量验收应在施工单位自行检查评定的基础上进行；
5）隐蔽工程在隐蔽前应由施工单位通知有关单位进行验收，并形成验收文件；
6）涉及结构安全的试块、试件以及有关材料，应按规定进行见证取样检测；
7）检验批的质量应按主控项目和一般项目验收；
8）对涉及结构安全和使用功能的重要分部工程应进行抽样检测；
9）承担见证取样检测及有关结构安全检测的单位应具有相应资质；
10）工程的观感质量应由验收人员通过现场检查，并应共同确认。

（3）施工单位必须对此问题承担责任，原因是该质量问题是由施工单位在施工过程中未按设计要求施工造成的。

本 章 回 顾

本章主要介绍建筑企业在施工过程中的施工管理、技术管理的基本知识，主要内容如下：

1. 施工管理，是指为了完成最终建筑产品的施工任务，从接受施工任务开始到工程交工验收、交付使用为止的全过程中，围绕施工对象和施工现场而进行的生产事务的组织与管理工作。这个全过程包括施工准备、正式施工和竣工验收交付使用三个阶段。

2. 技术管理是建筑企业管理的一部分，它不是指某项技术问题如何解决，而是研究各项技术活动和技术工作如何管理,即运用管理的职能去促进技术工作的开展。

3. 技术管理的基础工作包括建立技术管理组织体系、建立技术责任制、制定与贯彻技术标准和技术规程、建立和健全技术原始记录、建立工程技术档案、做好科技情报工作、开展技术培训等。

4. 技术管理的基本工作内容丰富,本章介绍了图样会审、技术交底、技术复核与核定、工程质量检查与验收等主要工作。

5. 技术革新就是对现有技术的改进、更新,技术革命则是对原有技术的重大突破。技术开发是指在科学技术的基础研究和应用研究的基础上,将新的科研成果应用于生产实践的开拓过程。

第7章 建筑企业质量管理

 知识储备

什么叫质量？根据我国国家标准（GB/T 19000—2000）和国际标准（ISO9000：2000），质量是"反映产品或服务满足明确或隐含需要能力的特征和特性的总和"。定义中"产品或服务"是质量的主体。定义中的"明确需要"一般是指在合同环境中，用户明确提出的要求或需要，通常是通过合同及标准、规范、图样、技术文件等做出的明文规定，由供方提供。定义中的"隐含需要"一般是指非合同环境（即市场环境）中，用户未提出或未提出明确需要，而由供方通过市场调研进行识别与探明的需求或需要。这是用户或社会对产品或服务的"期望"，即人们所公认的不言而喻的"需要"。定义中的"特征和特性"，是"需要"的定性与定量的表现，因而也是用户评价产品或服务满足需要程度的参数或指标系列。

通过本章的学习，我们应该：
1. 了解质量管理的基本观念、发展阶段及基础工作。
2. 了解全面质量管理保证体系的运行方式。
3. 了解建筑工程施工质量验收内容及程序。
4. 掌握质量成本分析的方法。
5. 了解 ISO9000 系列标准内容。
6. 了解建筑企业质量体系的建立程序。

7.1 质量管理的基础知识

7.1.1 质量的内涵

管理实践中，质量包括下列内涵。

1. 产品（工程）质量

产品（工程）质量是指产品（工程）满足人们在生产及生活中所需的使用价值及其属性。其含义包括以下两个方面。

1）产品（工程）质量的高低是根据所具有的质量特性能否满足人们需要及满足程度来衡量的；一般有形产品的质量特性主要包括性能、寿命、可靠性、安全性、经济性、美观等；无形产品特性强调及时、准确、圆满与友好等。

2）产品（工程）质量具有相对性：一是对有关产品（工程）所规定的要求及标准、规定等因时而异；二是满足期望的程度由于用户需求程度不同，因人而异。

2. 工序质量

工序质量是指产品形成过程中的设计、生产、施工、检验等各环节中人员、设备、工艺、材料、环境等各因素对产品质量的影响程度。包括：设计文件图样中存在的缺陷或矛盾的程度；原材料、外购件、外协件在供应保管和使用过程中的质量程度；生产工艺、施工方案的先进适用程度；机械设备、工具的性能及完好程度；人员数量、结构和素质水平等；环境条件威胁或破坏质量的程度。

3. 工作质量

工作质量是指企业的经营决策、组织管理、生产技术，以及后勤服务和培训教育等工作对产品质量的保证程度。

工作质量是产品（工程）在形成过程中各环节、各因素、各方面工作质量的综合反映，要保证产品（工程）质量就要求有关部门和人员精心工作，对决定和影响产品（工程）质量的所有因素严加控制，即通过提高人员素质提高工作质量，通过工作质量保证工序质量，通过工序质量保证产品（工程）质量。

7.1.2 工程项目质量

工程项目质量是国家现行的有关法律、法规、技术标准、设计文件及工程合同中对工程的安全、使用、经济、美观等特性的综合要求。工程项目一般都是按照合同条件承包建设的，因此工程项目质量是在"合同环境"下形成的。

任何工程项目都由分项工程、分部工程和单位工程三部分组成，而工程项目的建设是通过每道工序来完成的，而工序质量又取决于人的工作质量。因此，工程项目质量包含了工序质量、分项工程质量、分部工程质量和单位工程质量，包括工程建设各阶段的质量及其相应的工作质量。

7.1.3 质量管理的概念及发展阶段

质量管理是指确定并通过质量体系中的诸如质量策划、质量控制、质量保证和质量改进等手段来实施质量方针、目标和职责的所有活动。

企业的质量管理，经历了漫长的发展过程。按照其解决质量问题所依据的手段和方式，一般分为三个阶段。

（1）质量检验阶段（1920~1940年）　这个阶段的基本特征是，把质量检验从生产工作中脱离出来，企业中设置了独立的质量检验部门和专职的检查人员对产品质量进行检验，目的是通过对最终产品进行测试，并与质量标准相比较，挑出次品和废品，保证出厂产品的质量。这种单纯的质量检验和把关，是一种事后的管理方法，无法把质量问题消灭在产品的设计和生产过程中，难以对可能出现的产品质量问题进行预防和控制。

（2）统计质量管理阶段（1940~1960年）　第二次世界大战初期，由于战争的需要，美国许多民用生产企业转为军用品生产。为了提高军用品的质量，开始注意分析影响产品质量的原因，并将统计方法运用于质量管理中，制定出"战时质量管理法"，取得了显著效果。后来其他行业和国家也相继推行这种方法。这个阶段的主要特点，是在生产过程中应用概率论和数理统计的方法，对生产工序进行严格控制。目的是既保证产品质量，又防止废品产生，把事后检验变为事先预防。其方式是由质量控制工程师、技术人员和检验员共同承担质量管理任务，增强了预防观念和意识。其弱点是过分强调统计工具，而忽视了人的因素和管理工作对质量的影响。

(3) 全面质量管理阶段（1960年开始至今） 这阶段又简称TQC（Total Quality Control）阶段。随着科学技术的日新月异和生产力的迅速发展，人们对产品的质量提出了更高的要求，而产品质量的形成过程也更加复杂。原来的质量检验和统计管理方法，远不能适应发展的需求。因此，就需要有一个系统的组织管理工作，需要从分析产品形成的客观规律和研究质量特性规律入手，对产品实行系统、综合、全面的控制。全面质量管理的主要标志是把企业经营管理、工程技术和统计方法紧密结合起来，从产品的设计、生产、售后服务全过程建立完整的质量管理工作体系，对影响质量问题的各类因素进行综合控制，达到全面提高产品质量的目的。

7.1.4 全面质量管理的基本观念

根据国际标准（ISO9000：2000），全面质量管理的定义是：一个组织以质量为中心，以全员参与为基础，通过让顾客满意和本组织所有成员及社会受益而达到长期成功的管理。全面质量管理的基本观念包括以下几方面内容。

(1) 为用户服务的观念 推行全面质量管理的宗旨是一切为了用户，把用户的利益放在第一位。这里所说的"用户"有多种含义。对企业外部而言，凡是接受和使用本企业产品（工程）或服务的单位和个人，都是用户。对企业内部，下道工序就是上道工序的用户，要求每道工序都以下道工序为自己的用户，本工序的质量问题在本工序内发现和解决，不给下道工序留隐患。通过每道工序的质量控制，最终达到提高产品（工程）质量的目的。

(2) 全面管理的观念 全面管理最明显的标志是突出"全面"二字，就是实行全过程、全企业和全员的"三全"管理。

全过程管理要求对产品形成过程进行全面控制。在建筑企业，对于每个建筑产品必须从规划、勘察设计、施工准备、正式施工、竣工验收、交付使用、售后服务等全过程实施质量控制。

全企业管理要求企业所属单位和各部门都要参与质量管理工作，共同对产品质量负责和保证。应将经营、生产、技术、安全、劳动人事、物资供应、机械设备、财务及后勤服务等各部门都纳入到质量保证体系中，围绕提高产品（工程）质量而开展各项工作。

全员管理要求把质量控制工作落实到每个职工，让所有员工都关心产品质量，把提高产品（工程）质量和本人的工作结合起来，通过全体职工的工作，保证产品（工程）质量的提高。

(3) 预防为主的观念 任何一件产品的质量，都经过设计、制造（施工），并在生产活动中通过各种工序形成。事后检验在质量管理中是一种重要手段，能起到质量把关的作用，但是一种"马后炮"的做法。全面质量管理把着眼点放在"事前控制"、"防患于未然"上，采用科学手段，对产品形成过程中的各道工序和各个因素进行质量控制，对每个分部分项工程的质量进行预防性管理，及时发现和消除隐患，使每道工序始终处于控制状态。

（4）用数据说话的观念　准确的数据是科学管理的依据。全面质量管理的主要特点是依靠了反映质量特性的数据及广泛地运用了数理统计的方法。用数理统计方法，对生产中搜集的大量数据进行分析整理，研究质量运动的规律，找出影响质量的原因，采取恰当的对策来改善质量控制方法，有针对性地采取保证质量的措施，全面提高管理工作的质量。

7.1.5　全面质量管理的基础工作

1. 标准化工作

标准化工作是企业经营管理的基础工作，是全面质量管理的基础。衡量产品（工程）质量的优劣，工作质量的好坏，都离不开统一的标准。质量管理，实质上就是贯彻执行各项标准，以保证产品（工程）的质量达到标准的要求。讲质量首先要讲标准，只有高标准，才有高质量。

2. 计量工作

全面质量管理的特点之一是"用数据说话"。而准确的数据来自准确的计量工作。因此，计量工作是建筑生产的重要环节，是贯彻各项技术标准的重要手段，只有完善计量工作，才能获得准确的数据，定量化地分析质量问题，准确地把握质量关。计量工作包括对投料、控制、配比、监测的计量和对成品的测试、检验、分析等内容。

3. 质量情报工作

质量情报是反映产品质量和企业生产经营各环节工作质量的原始记录、数据、信息以及各种技术经济指标资料等。准确的质量情报，为有效开展质量管理工作提供决策上的依据。

4. 质量管理制度

质量管理制度中最重要的是质量责任制。质量责任制是指把质量管理各个方面的具体任务和要求落实到各个部门、各级机构、各个岗位和具体的人头上，规定其责任并赋予相应的权力，用规章制度把各项质量工作组织起来，形成严密的质量管理体系。在组织上、制度上把保证质量责任制与现有的经济责任制和岗位责任制紧密结合起来，形成责任制体系。

5. 质量教育工作

人是决定产品质量的关键因素，对职工的教育培训是质量管理最重要的基础工作。质量教育一般包括质量观念教育、质量管理知识教育和技术业务培训三方面内容。通过教育，保证企业全体员工树立正确的质量观念，掌握质量管理方法和具有保证质量的技术。

练一练

1. 质量的内涵包括_____、_____、_____三个方面。
2. 工作质量是指企业的_____、_____、_____、_____和_____等工作对产品质量的保证程度。

3. 质量管理经历了_____、_____、_____三个阶段。
4. 全面质量管理的基本观念包括_____、_____、_____和_____。
5. 什么是工程项目质量？
6. 质量管理的基础工作包括（   ）。
   A. 质量教育工作　　　　B. 标准化工作　　　　C. 计量工作
   D. 质量情报工作　　　　E. 质量管理制度

7.2　全面质量管理保证体系

7.2.1　全面质量管理保证体系的概念

全面质量管理保证体系，又称为质量体系、质量管理体系、质量保证体系，以下统称质量体系。指企业用最经济的手段，以保证长期生产（提供）用户满意的产品（服务）为目标，运用系统的管理思想和方法，把质量管理的各阶段、各环节的质量职责组织起来，形成一个既有明确任务、职责和权限，又相互协调、相互促进的有机整体。

质量体系是全面质量管理的核心。质量管理实质上就是要建立质量体系，并使其正常运转。

7.2.2　质量体系运行的基本形式

1. 质量体系的运行方式

推行全面质量管理，使质量体系有效运行，应当按一定的方法和程序进行。质量体系的运行方式概括起来就是："一个过程，四个环节，八个步骤"。

一个过程，是指质量体系要贯穿于企业整个生产经营全过程。

四个环节就是计划、实施、检查、处理四个阶段循环推进，简称PDCA循环，P（Plan）是计划，D（Do）是实施，C（Check）是检查，A（Action）是处理。每一个循环都要经过这四个阶段，又可分为八个步骤。

（1）计划阶段　这个阶段需要找出质量问题，分析原因，针对主要原因制定改进措施，作出详细计划。具体分成四个步骤。

第一步：调查分析现状，找出存在的质量问题。
第二步：分析产生质量问题的各种原因或影响质量的因素。
第三步：找出影响质量的主要因素。
第四步：制定改进措施，拟定行动计划，并预计效果。

为了使质量计划切实可行，保证后续工作的效果，在计划制订过程中要反复考虑并明确回答以下问题：为什么要制订这样的计划、采取这些措施（Why）；实施这样的计划要达到什么目的（What）；计划在什么地方实施（Where）；计划由谁组织实施（Who）；计划在什么时间实施（When）；如何去实施计划（How）。这六个问题明确了计划的原因、目的、地点、时间、人和方法，简称为"5W1H"问题。

（2）实施阶段　这个阶段的任务是要贯彻执行质量计划。质量问题能否改善，关键要看计划的落实情况。因此在实施的过程中必须强调计划的严肃性，保证计划的实施。

第五步：实施计划。

（3）检查阶段　这个阶段要求将实际工作结果与预期目标（计划）加以对比，及时发现问题，分析原因，采取措施纠正偏差。

第六步：检查计划实施效果。

（4）处理阶段　这个阶段的目的是总结经验，巩固成绩，找出差距，吸取教训。干得有效果，成功的，就要想办法巩固它并确定为标准；干得没效果，失败的，就要采取措施加以纠正，防止以后再发生。

第七步：总结经验，巩固成绩，实现标准化。

第八步：处理遗留问题，将未解决的问题转到下一个 PDCA 循环中去解决。

2. PDCA 循环的运行特点

PDCA 循环，极大地加快了积累经验的过程，推动了质量的提高、管理的改善、技术的发展、人才的成长。它有如下特点（见图 7-1）。

图 7-1　PDCA 循环的特点

（1）周而复始　质量体系按 PDCA 循环运行是一个周而复始的过程，没有止境。PDCA 循环的理论和方法不仅用于质量管理，还适用于企业经营管理的各个方面，其实质就是精益求精。

（2）系统性（大环套小环）　PDCA 不停运转就是管理，可运用于企业各个方面，从总公司到分公司，从分公司到项目部，从部门到岗位，大环套小环，大环小环相互关联，相互促进。

（3）循环上升　即 PDCA 每循环一周都有新的要求和目标，形成一个不断前进、不断提高的过程。产品质量犹如一个轮子在楼梯上转动，逐级上升。

7.2.3　质量体系的建立

1. 质量体系的内容

质量体系所涉及的管理工作系统主要包括以下几个方面。

（1）目标管理系统　目标管理系统就是要制订明确的质量计划和质量目标，并付诸实施。质量目标是根据企业存在的质量问题、质量标准、用户期望确定的企业在计划期内要达到的质量水平。质量计划和目标的落实，就是将目标层层分解，层层交底，使人员、技术、组织和物资得到落实。

（2）组织保证系统　组织保证系统就是建立健全质量管理机构，确定职责、权限及相互关系，开展质量宣传教育，做好日常质量管理工作，编制质量计划，监督、检查计划的落实，研究推广先进的质量控制方法，开展质量管理小组活动。

（3）标准化系统　标准化系统就是把生产经营过程的各种活动程序、技术要求、管理方法都纳入规范和标准之中，形成制度。其中包括技术标准、操作标准、材料标准、产品质量标准及岗位责任制等。

（4）信息管理系统　信息管理系统就是把反映工程质量和工作质量的数据、原始记录以及工程在使用过程中形成的各种数据和资料，加以汇总、整理、分析，寻找出波动原因及规律性，使质量管理工作有充分的依据。

质量体系框图如图7-2所示。

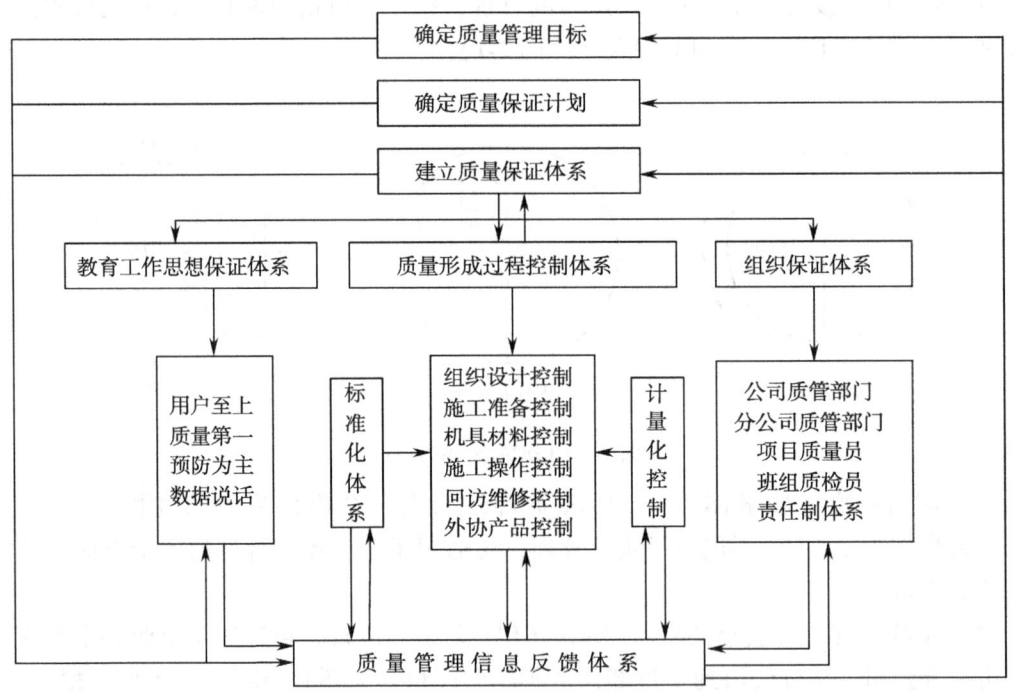

图7-2　质量体系框图

2. 建筑企业质量体系的内容

建筑企业质量体系包括：施工准备过程、施工过程和使用过程三个部分的质量保证工作。

（1）施工准备过程的质量保证

① 严格审查图样。对设计图样存在的差错，及早发现，及时纠正。

② 编制好施工组织设计。认真分析施工中存在的薄弱环节和工程特点，有针对性地

提出防范措施。

③ 搞好技术交底工作。向执行者进行全面的技术交底，使人员了解任务的质量特性，避免盲目行动。

④ 严格材料、构配件和半成品的质量控制，把好质量关，为工程施工提供良好的物质条件。

⑤ 做好施工机械设备的检查维修工作，使机械设备保持良好的技术状态，避免发生机械故障，影响工程质量。

（2）施工过程的质量保证

① 加强施工工艺管理。严格按照设计图样、施工组织设计、施工验收规范、施工操作规程施工。坚持质量标准，保证各分部分项工程的质量。

② 加强施工质量检查和验收。十分重视对隐蔽工程和已完分部分项工程的及时检查验收，不合格者，必须返工，不留隐患。

③ 掌握工程质量动态。通过质量统计分析，找出影响质量的主要原因，总结产品质量的变化规律，采取相应对策，防止质量事故发生；对工程施工中的重点控制工序、部位和容易发生质量通病的地方，要设立质量控制点，重点控制。

（3）使用过程的质量保证

① 及时回访。认真听取用户对施工质量的意见，收集有关资料，并对用户反馈的信息进行分析，从中发现施工质量问题；了解用户需要，为以后施工积累经验。

② 保修。对由于施工原因造成的质量问题，企业要负责无偿维修，取得用户的信任；对于设计原因或用户使用不当造成的质量问题，应协助修理，提供必要的技术服务，保证用户正常使用。

7.2.4 全面质量管理的统计分析方法简介

统计方法是指收集、整理、分析和解释有关统计数据，并对其所反映的问题做出结论的方法。质量管理中常通过统计方法探索质量问题症结所在，分析产生质量问题的原因。

1. 统计调查表法

统计调查表主要是用来系统地收集资料和积累数据，确认事实并对数据进行粗略整理和分析的统计图表。统计调查表的种类很多，可根据调查对象的性质和调查目的选用。常见的统计调查表有下列几种。

（1）质量不合格项目调查表　主要用来调查生产现场不合格品频数和不合格品率，以便继而用排列图等分析研究。

（2）产品缺陷部位统计调查表　主要用来记录、统计、分析不同类型的外观质量缺陷所发生的部位和密集程度，从中找出规律性，为进一步调查或找出解决问题的办法提供事实依据。

（3）质量特征分布调查表　它是对计量数据进行现场调查的有效工具，是根据以往的资料，将某一质量特性项目的数据分布范围分成若干区间而制成的表格，用以记录和统计每一质量特性数据落在某一区间的频数。

(4) 矩阵调查表 它是一种多因素调查表，把产生问题的对应因素分别排列成行和列，在其交叉点上标出调查到的各种缺陷、问题和数量。

(5) 质量验收统计调查表 用于检验工程质量和评定工程质量等级。

【例7-1】某工地钢筋混凝土工程不合格点增多，使用统计调查表法初步分析质量问题。

【解】通过调查，对不合格的项目分类统计见表7-1。

表7-1 不合格项目统计调查表

批次	混凝土强度	几何尺寸	表面平整	预埋件位移	表面缺陷	露筋
1	3	1	1	0	1	0
2	5	2	0	0	0	0
3	9	1	1	0	0	1
4	4	2	1	1	0	0
5	2	2	0	0	0	0
6	7	0	1	0	0	0
7	3	3	0	0	0	0
8	5	1	0	0	1	0
9	6	4	1	1	0	0
10	6	4	0	0	0	0
合计	50	20	5	2	2	1

从表7-1中可以看出：钢筋混凝土工程的不合格点主要发生在混凝土强度、几何尺寸、表面平整等方面，要分析更深层次的质量原因，需采用其他方法。

2. 分层法

分层法又称分类法、分组法。即按不同的调查目的将收集到的数据进行分类整理，使数据反映的问题明朗化，以利查出影响质量的原因。分层法的关键是正确选择分类标志，常见的分类标志有下面几种。

(1) 人员 可按年龄、级别和性别等分类。

(2) 机器 可按设备类型、新旧程度、不同的生产线和类型等分类。

(3) 材料 可按产地、批号、制造厂、规格、成分等分类。

(4) 方法 可按不同的工艺要求、操作参数、操作方法、生产速度等分类。

(5) 测量 可按测量设备、测量方法、测量人员、测量取样方法和环境条件等分类。

(6) 时间 可按不同的班次、日期等分类。

(7) 环境 可按照明度、清洁度、温度、湿度等分类。

(8) 其他 可按地区、使用条件、缺陷部位、缺陷内容等分类。

总之，分层方法很多，可根据具体情况灵活运用。也可以在质量管理活动中不断创新，创造新的分类标志。

【例7-2】在例7-1种，有六个方面造成钢筋混凝土工程质量不合格，试用分层法分析混凝土强度不合格的原因。

【解】影响混凝土强度的因素很多，但根据调查，很可能是由于水泥的原因。水泥是影响质量的重要因素，施工中使用了两个厂家的水泥，现将水泥按厂家分层分析混凝土强度不合格的原因，见表7-2。

表7-2 不合格因素分层分析表

水泥生产厂家	不合格点数	比例（%）
甲	8	16
乙	42	84
合计	50	100

从表7-2中可以看出，使用乙厂水泥是造成混凝土强度不合格的一个重要因素，应进一步分析水泥质量不合格的原因。

3. 排列图法

排列图又叫帕累托图，是将质量改进项目从最重要到最次要顺序排列而采用的一种图表。排列图由一个横坐标、两个纵坐标、几个按高低顺序（"其他"项例外）排列的矩形和一条累计百分比折线组成，如图7-3所示。

（1）做排列图的步骤

1）选择要进行质量分析的项目。

2）选择用来进行质量分析的度量单位，如出现的次数（频数、件数）、成本、金额或其他。

3）选择进行质量分析的数据的时间间隔。

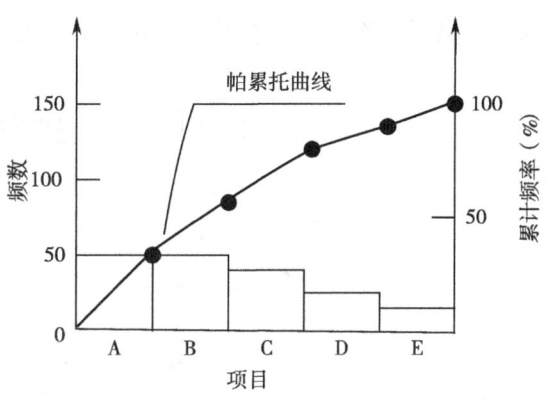

图7-3 排列图格式

4）画横坐标。按度量单位值递减的顺序自左至右在横坐标上列出项目，将量值最小的一个项目或几个项目归并成"其他"项，放在最右端。

5）画纵坐标。在横坐标的两端画两个纵坐标，左边的纵坐标按度量单位标定，其高度必须与所有项目的量值和相等。右边的纵坐标应与左边的纵坐标等高，并从0到100%进行标定。

6）在每个项目上画长方形，它的高度表示该项目度量单位的量值，显示出每个项目的影响大小。

7）由左到右累加每个项目的量值（以%表示），并画出累计频率曲线（帕累托曲线），用来表示各个项目的累计影响。

8）利用排列图确定对质量改进最为重要的项目（关键的少数项目）。

（2）排列图的主要用途

1）按累计频率对各因素进行分类。

① 累计频率在0%~80%为A类。

② 累计频率在80%~90%为B类。

③ 累计频率在 90%～100% 为 C 类。

A 类为主要因素，B 类为次要因素，C 类为一般因素。

2）制定改进措施。如果 A 类因素只有一两个项目，说明已找出主要原因，应针对这些因素制定改进措施。如果 A 类因素有多个项目，说明分类标志有问题，没有找出主要原因，应重新确定标志进行分类排列，直到找出主要原因。

4. 因果分析图法

因果分析图又叫树枝图、特性要因图、鱼刺图等，是表示质量特性波动与其潜在（隐含）原因的关系，即表达和分析因果关系的一种图表。

（1）因果分析图的做法

1）明确要解决的质量问题（如屋面漏水、噪声超标等），用主干线表示。

2）从人（操作者）、工艺（施工程序、方法）、设备、材料（含半成品）、环境（地区、气候、地质等）五个方面分析影响质量的大原因，用大枝表示。

3）开始画图。把"结果"画在右边的矩形框中，然后把各类主要原因放在它的左边，作为"结果"框的输入。

4）寻找所有下一个层次的原因并在相应的枝上继续一层层地展开下去，一张完整的因果图展开层次至少应有两层，如图 7-4 所示。

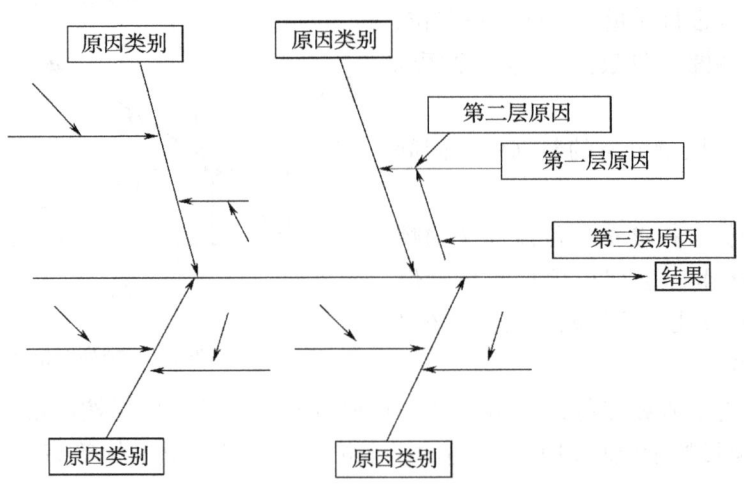

图 7-4　因果层次展开示意图

（2）作因果图应注意的问题

1）只能针对一个问题做一张因果图。

2）与会者充分发表意见，找出可能存在的全部原因。

3）将每人分析的每条原因，按因果关系图用箭线连接，形成原因层级，直到可直接采取对策的具体原因（即末端原因）。

4）对所有末端原因逐个到现场确认。

5）受图形限制，一般只能分析到 3 层或 4 层。

5. 频数直方图法

频数直方图简称为直方图，是用一系列宽度相等、高度不等的长方形表示数据的图。长方形的宽度表示数据范围的间隔，长方形的高度表示在给定间隔内的数据数。常见的几种数据波动形态如图 7-5 所示。

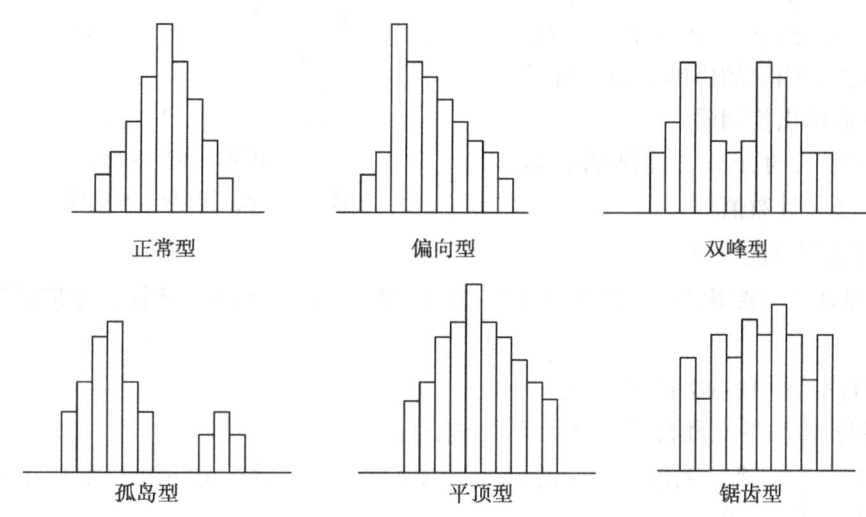

图 7-5　常见的直方图形态

（1）直方图的作用

1）显示质量波动的状态。

2）较直观地传递有关过程质量状况的信息。

3）当人们掌握上述常见的状况后，可确定在什么地方集中力量进行质量改进工作。

（2）直方图形状分析与判断

1）正常型直方图。中部有一顶峰，左右两边逐渐降低，近似对称。说明工序运行正常，处于稳定状态。

2）偏向型直方图。偏向型又分左偏型和右偏型，通常是由于片面理解质量控制的目的，实行单向控制造成的。比如只控制混凝土的最低强度，而不控制最高强度。

3）双峰型直方图。直方图出现两个顶峰，是由于数据来自不同的总体。如两批原材料或两台设备生产的产品混在一起造成。

4）孤岛型直方图。这是因测量工具有误差或原材料一时的变化等造成的。

5）平顶型直方图。这是因生产过程有缓慢因素作用引起的，如操作者疲劳等。

6）锯齿型直方图。这是因直方图分组过多或是测量数据不准等原因造成的。

6. 控制图法

控制图又叫管理图，是动态分析和控制质量分布的一种方法。产品的生产过程是连续不断的，产品质量的波动也是连续不断的，因此应对产品质量的形成过程进行动态监控。

（1）控制图的原理　控制图是依据正态分布原理，合理控制质量特征数据波动的范围和规律，对质量分布进行动态监控。控制图的基本形式如图 7-6 所示。

图 7-6 的横坐标表示抽样时间或样本序号，纵坐标表示质量特性值。坐标内有三条控制线，控制中心线取数据的平均数 μ，上下界限分别取 $\mu \pm 3\sigma$（σ 为标准差）。根据数理统计原理，在正态分布条件下，按 $\mu \pm 3\sigma$ 控制上下限，如果只考虑偶然因素的影响，最多有千分之三的数据跳出控制限。

（2）控制图的分类　控制图分为计量值控制图和计数值控制图。

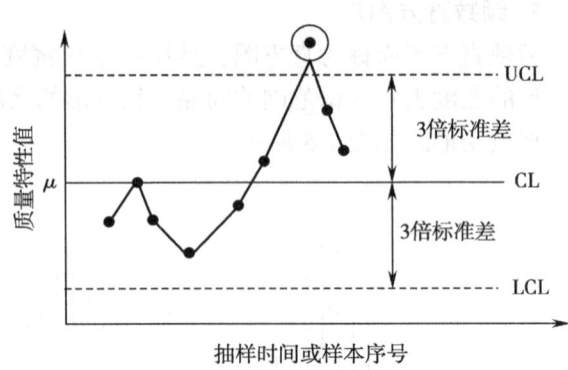

图 7-6　控制图的基本形式

（3）控制图判断规则

1）过程处于受控状态。控制图上的点必须同时满足以下两个条件，才能说明处于受控状态。

① 所有点均没有超出控制界限。

② 控制界限内的点随机排列（无排列缺陷）。

2）过程失控状态。当控制图中的点呈现以下状态之一时，说明过程处于失控状态。

① 点跑出控制界限。

② 控制界限内点排列有下列缺陷。

a. 点链状排列缺陷（连续 9 点落在中心线同一侧，或在上或在下）。

b. 点趋势排列缺陷（连续 6 点上升或下降）。

c. 点频频靠近控制界限（连续 3 点中有 2 点落在中心线一侧）。

d. 连续 5 点中有 4 点落在中心线一侧。

7. 相关图法

相关图法是分析两个变量之间相互关系和相关程度、相关类型的一种方法。相关图分析的两个变量，可以是质量特征和因素，也可以是质量特征和质量特征，或是因素和因素。相关图可以用来发现、显示和确认两组相关数据之间的相关程度，并确定其预期关系，常在质量改进活动中得到应用。

（1）应用相关图的步骤

1）收集成对数据 (X, Y)。从将要对它的关系进行研究的相关数据中，收集成对数据 (X, Y) 至少 30 对。

2）标明 X 轴和 Y 轴。

3）找出 X 和 Y 的最大值和最小值，并用这两个值标定横轴 X 和纵轴 Y。两轴的长度大致相等。

4）描点。当两组数据值相等，即数据点重合时，可围绕数据点画同心圆表示。

5）判断。分析研究画出来的点云的分布状况，确定相关关系的类型。典型的点云形状图见图 7-7。

（2）散布图中数据点的相关性分析判断方法

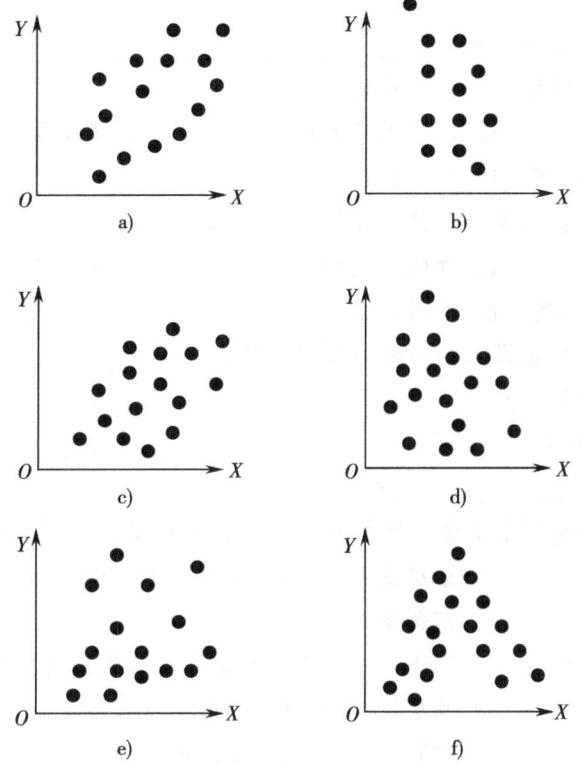

图 7-7 典型的点云形状图

a）强正相关　b）强负相关　c）弱正相关　d）弱负相关　e）不相关　f）非直线相关

1）对照典型图例判断法。
2）象限判断法。
3）相关系数判断法。

练一练

1. 什么是全面质量管理保证体系？
2. 全面质量管理保证体系又称为_____、_____、_____。
3. 全面质量管理的核心是_____。
4. 质量管理的实质是_____。
5. 质量体系的运行方式概括起来就是_____。
6. 全面质量管理的四个环节包括_____、_____、_____和_____。
7. 用图表示 PDCA 循环。
8. 下列属于 PDCA 循环特点的有（　　）。
A. 独立性　　B. 周而复始　　C. 循环上升　　D. 系统性　　E. 单一性
9. 质量体系所涉及的管理工作系统包括以下（　　）方面。
A. 目标管理系统　　B. 质量保证系统　　C. 组织保证系统

D. 信息管理系统　　　　E. 标准化系统

10. 建筑企业质量体系包括_____、_____和_____。
11. 施工过程质量保证的主要内容是（　　）。
   A. 保修　　　　　　B. 加强工艺管理　　　C. 加强施工质量检查和验收
   D. 掌握工程质量动态　E. 及时回访
12. 使用过程的质量保证的主要内容是（　　）。
   A. 保修　　　　　　B. 加强工艺管理　　　C. 加强施工质量检查和验收
   D. 掌握工程质量动态　E. 及时回访
13. 施工准备过程质量保证的内容主要包括什么？
14. 什么是统计分析法？
15. 统计分析法主要包括_____、_____、_____、_____、_____、_____、_____。
16. （　　）是分析两个变量之间相互关系和相关程度、相关类型的一种方法。
   A. 因果分析图法　　　B. 分层法　　　C. 直方图法
   D. 调查表法　　　　　E. 相关图法
17. （　　）又叫管理图，是动态分析和控制质量分布的一种方法。
   A. 因果分析图法　　　B. 分层法　　　C. 直方图法
   D. 调查表法　　　　　E. 控制图法　　　F. 排列图法
18. （　　）是用一系列宽度相等、高度不等的长方形表示数据的图。
   A. 因果分析图法　　　B. 分层法　　　C. 直方图法　　　D. 调查表法
19. （　　）又叫树枝图、特性要因图、鱼刺图等，是表示质量特性波动与其潜在（隐含）原因的关系，即表达和分析因果关系的一种图表。
   A. 因果分析图法　　　B. 分层法　　　C. 直方图法　　　D. 调查表法
20. （　　）按不同的调查目的将收集到的数据进行分类整理，使数据反映的问题明朗化，以利查出影响质量的原因。
   A. 因果分析图法　　　B. 分层法　　　C. 直方图法
   D. 调查表法　　　　　E. 相关图法

7.3　建筑工程施工质量验收简介

7.3.1　基本规定

我国目前实行的《建筑工程施工质量验收统一标准》（GB/T 50300—2013），将有关建筑工程的施工及验收的工程质量检验评定标准合并，组成新的工程质量验收规范体系，统一了建筑工程质量的验收方法、程序和质量目标，并强调"验评分离、强化验收、完善手段、过程控制"的思想。

1. 施工质量控制的基本规定

建筑工程应按下列规定进行施工质量控制。

1）建筑工程采用的主要材料、半成品、成品、建筑构配件、器具和设备应进行现场验收。凡涉及安全、功能的有关产品，应按各专业工程质量验收规范规定进行复验，并应经监理工程师（建设单位技术负责人）检查认可。

2）各工序应按施工技术标准进行质量控制，每道工序完成后，应进行检查。

3）相关各专业工种之间，应进行交接检验，并形成记录。未经监理工程师（建设单位技术负责人）检查认可，不得进行下道工序施工。

2. 施工质量验收要求

建筑工程施工质量应按下列要求进行验收。

1）建筑工程施工质量应符合《建筑工程施工质量验收统一标准》（GB/T 50300—2013）和相关专业验收规范的规定。

2）建筑工程施工应符合工程勘察、设计文件的要求。

3）参加工程施工质量验收的各方人员应具备规定的资格。

4）工程质量的验收均应在施工单位自行检查评定的基础上进行。

5）隐蔽工程在隐蔽前应由施工单位通知有关单位进行验收，并应形成验收文件。

6）涉及结构安全的试块、试件以及有关材料，应按规定进行见证取样检测。

7）检验批的质量应按主控项目和一般项目验收。

8）对涉及结构安全和使用功能的重要分部工程应进行抽样检测。

9）承担见证取样检测及有关结构安全检测的单位应具有相应资质。

10）工程的观感质量应由验收人员通过现场检查，并应共同确认。

上述一般项目，是指除主控项目以外的检验项目，也应该达到条文要求。

7.3.2 建筑工程质量验收的划分

建筑工程应划分为单位（子单位）工程、分部（子分部）工程、分项工程和检验批进行质量验收。

(1) 单位工程的划分

1）具备独立施工条件并能形成独立使用功能的建筑物及构筑物为一个单位工程。

2）建筑规模较大的单位工程，可将其能形成独立使用功能的部分为一个子单位工程。

(2) 分部工程的划分

1）分部工程的划分应按专业性质、建筑部位确定。

2）当分部工程较大或较复杂时，可按材料种类、施工特点、施工程序、专业系统及类别等划分为若干子分部工程。

(3) 分项工程的划分　应按主要工种、材料、施工工艺、设备类别等进行划分，可由一个或若干检验批组成。

(4) 检验批的划分　检验批指按同一生产条件或按规定的方式汇总起来供检验用的，由一定数量样本组成的检验体。在实际操作中，检验批可根据施工及质量控制和专业验收需要按楼层、施工段、变形缝等进行划分。

此外，室外工程可根据专业类别和工程规模划分为单位（子单位）工程。

7.3.3 建筑工程各部分的质量验收规定

1. 检验批质量的验收

分项工程分成一个或若干个检验批来验收。

（1）检验批的抽样方案确定　检验批的质量验收，应根据检验项目的特点，在下列抽样方案中进行选择。

1）计量、计数或计量—计数等抽样方案。

2）一次、二次或多次抽样方案。

3）根据生产连续性和生产控制稳定性情况，尚可采用调整型抽样方案。

4）对重要的检验项目当可采用简易快速的检验方法时，可选用全数检验方案。

5）经实践检验有效的抽样方案。

在实际操作中，相关规范常会对检验批的抽样方案进行具体说明。

（2）判定检验批质量合格的条件　检验批质量合格应符合：主控项目和一般项目的质量抽样检验合格；具有完整的施工操作依据、质量检查记录。

所谓主控项目，是指建筑工程中对安全、卫生、环境保护和公众利益起决定性作用的检验项目，主控项目必须达到要求。主控项目是保证工程安全和使用功能的重要检验项目，确定了该检验批的主要性能。如果主控项目达不到规定的质量指标，降低要求就相当于降低该工程项目的性能指标，会严重影响工程的安全性能；如果提高要求就等于提高性能指标，会增加工程造价。例如，混凝土、砂浆强度等级是保证混凝土结构、砌体工程强度的重要性能，必须全部达到要求。

所谓一般项目，是除主控项目以外的检验项目，也应该达到相关条文的要求。

2. 分项工程质量的验收

分项工程质量的验收合格应符合：分项工程所含的检验批均符合质量合格的规定；分项工程所含检验批的质量验收记录完整。

3. 分部（子分部）工程质量的验收

分部（子分部）工程质量验收合格应符合以下规定。

1）分部（子分部）工程所含分项工程的质量均验收合格。

2）质量控制资料完整。

3）地基与基础、主体结构和设备安装等分部工程有关安全功能的检验和抽样检测结果符合有关规定。

4）观感质量验收符合要求。

4. 单位（子单位）工程质量的验收

单位（子单位）工程质量的验收即竣工验收，在质量验收规范中被确定为强制性条文，目的是在工程交付使用前的最后一道工序中把好关。单位（子单位）工程的验收要求如下。

1)单位(子单位)工程所含分部(子分部)工程的质量均应验收合格。总承包单位应事先进行认真准备,将所有分部、子分部工程质量验收的记录表及时进行收集整理,依序将其装订成册。

2)质量控制资料应完整。总承包单位应将各分部(子分部)工程应有的质量控制资料和图样会审及变更记录进行核查。定位测量放线记录,施工操作依据,原材料、构配件等质量证书,按规定进行检查的检测报告,隐蔽工程验收记录,施工中有关施工验收、测试检验以及抽样检测项目的检测报告等,都要由总监理工程师进行核查确认。以上项目既可按单位工程所有的分部(子分部)工程分别核查,也可综合抽查。

3)单位(子单位)工程所含分部工程有关安全功能的检测资料应完整。

4)主要功能项目的抽查结果应符合相关专业质量验收规范的规定。

5)观感质量验收应符合要求。

5. 质量不符合要求建筑工程的处理

1)经返工重做或更换器具、设备的检验批,应重新进行验收。

2)经有资质的检测单位检测鉴定能够达到设计要求的检验批,应予以验收。

3)经有资质的检测单位检测鉴定达不到要求,但经原设计单位核算认可能够满足结构安全和使用功能的检验批,可予以验收。

4)经返修或加固处理的分项、分部工程,虽然改变外形尺寸但仍能满足安全使用要求,可按技术处理方案和协商文件进行验收。

5)通过返修或加固处理仍不能满足安全使用要求的分部工程、单位(子单位)工程,严禁验收。

7.3.4 建筑工程质量验收程序和组织

(1)检验批及分项工程的验收 应由监理工程师(建设单位项目技术负责人)组织施工单位项目专业质量(技术)负责人等进行验收。

(2)分部工程的验收 应由总监理工程师(建设单位项目负责人)组织施工单位项目负责人和技术、质量负责人等进行验收;地基与基础、主体结构分部工程的勘察、设计单位工程项目负责人和施工单位技术、质量部门负责人也应参加相关分部工程验收。

(3)单位工程的验收

1)单位工程完工后,施工单位应自行组织有关人员进行检查评定,并向建设单位提交工程验收报告。

2)建设单位收到工程验收报告后,应由建设单位(项目)负责人组织施工(含分包单位)、设计、监理等单位(项目)负责人进行单位(子单位)工程验收。

3)单位工程有分包单位施工时,分包单位对所承包的工程项目应按规定的程序检查评定,总包单位应派人员参加。分包工程完成后,应将工程有关资料交总包单位。

4)当参加验收各方对工程质量验收意见不一致时,可请当地建设行政主管部门或工程质量监督机构协调处理。

5）单位工程质量验收合格后，建设单位应在规定时间内将工程竣工验收报告和有关文件，报建设行政管理部门备案。

练一练

1. 建筑工程采用的主要材料、半成品、成品、建筑构配件、器具和设备应进行_____。
2. 建筑工程施工质量应符合_____和相关专业验收规范的规定。
3. 工程质量验收规范体系，强调"_____、_____、_____、_____"的思想。
4. 建筑工程质量验收应划分为_____、_____、_____和_____。
5. 单位工程的划分原则为：（1）具备_____为一个单位工程。（2）建筑规模较大的单位工程，可将其能形成_____的部分为一个子单位工程。
6. 当建筑工程质量不符合要求时，经返工重做或更换器具、设备的检验批，应（　　）。
   A. 不验收　　B. 重新验收　　C. 永不验收　　D. 以上都不对
7. 经返修或加固处理的分项、分部工程，虽然改变外形尺寸但仍能满足安全使用要求，可（　　）。
   A. 按技术处理方案和协商文件进行验收　B. 直接验收　C. 不验收　D. 以上都错
8. 通过返修或加固处理仍不能满足安全使用要求的分部工程、单位（子单位）工程，应（　　）。
   A. 验收　　B. 严禁验收　　C. 以后验收　　D. 以上都错
9. 检验批及分项工程应由_____（建设单位项目技术负责人）组织_____等进行验收。
10. 单位工程质量验收合格后，建设单位应在规定时间内将_____和有关文件，报建设行政管理部门备案。
11. 建设单位收到工程验收报告后，应由建设单位（项目）负责人组织_____、_____、_____（项目）负责人进行单位（子单位）工程验收。

7.4 建筑企业质量成本分析

7.4.1 质量成本分析的含义

质量成本是指企业为了保证和提高产品质量所支付的一切费用，以及未达到产品质量标准而产生的一切损失费用之和。

保证和提高产品质量，常会引起相应费用的变化。例如，提高混凝土强度等级，需增加水泥用量；提高抹灰等级，需增加人工费。即产品的质量和成本之间，存在一定关系。因此，有必要对产品质量的变化进行经济分析，以寻求最低成本的质量水平。质量成本分析就是对质量水平变化引起的成本变化的分析。目的是在保证和提高产品质量的同时，求得最佳的质量成本。也就是寻求既满足用户要求，又使企业获得最佳经济效益的质量水平。

7.4.2 工程质量成本的内容

分析质量成本，首先必须弄清质量成本包括哪些具体内容。根据国际标准（ISO）的规定，质量成本由运行质量成本和外部质量保证成本两部分构成。

1. 运行质量成本

（1）内部故障质量成本　内部故障质量成本是指工程项目竣工之前，由于项目自身缺陷而造成的一些损失，以及为处理缺陷所发生的费用之和（即在施工过程中，没有达到设计、规范及标准要求而重新处理所发生的一切费用），如返修返工的损失费、停工或误工的损失费、成品或半成品造成报废的损失费和大小伤亡事故分析处理费等。

（2）外部故障质量成本　外部故障质量成本是指工程竣工交工后，因工程质量的缺陷不符合规范、设计要求而发生的一切费用，如施工索赔费、回访维修费等。

（3）工程鉴定成本　工程鉴定成本是指为了确保工程质量达到规范、标准及设计要求，对工程质量本身和材料、构件与设备进行质量鉴定所需要的一切费用，如混凝土试验报告费、砂浆试验报告费、材料检验费、工序检验费、设备安装验收检验费和施工过程中的维修费、交（竣）工验收费等。

（4）工程预防成本　工程预防成本是为了确保工程质量而采取预防性措施所付出的费用。也就是为使故障质量成本和鉴定成本减少到最低限度所需要的一切费用，如采用新技术、新材料、新产品等的评审费，创省（市）优质工程、国家鲁班奖工程及质量教育培训费等。

上述成本之间存在一定关系。增加预防成本和鉴定成本有利于加强质量控制，从而降低故障成本。质量管理好的企业往往注意利用必要的预防成本和鉴定成本支出去降低故障成本，一般情况下，预防成本和鉴定成本比故障成本低；另一方面，故障（特别是外部故障）成本不仅是经济上的损失，还会影响企业的形象，失去用户的信任，使企业信誉受损。当然，也不能盲目提高预防成本和鉴定成本，而应该通过预防成本和鉴定成本的提高去有效地降低故障成本。

2. 外部质量保证成本

在合同环境条件下，根据用户提出的要求，为提供客观证据所支付的费用，统称为外部质量保证成本。其项目如下。

1）为提供特殊附加的质量保证措施、程序、数据等所支付的费用；

2）产品的验证试验和评定的费用，例如经认可的独立试验或鉴定机构对特殊的安全性能进行检测所发生的费用；

3）为满足用户要求，进行质量体系认证所发生的费用。

7.4.3 质量成本分析的内容

1）分析质量成本与质量水平的关系，寻求成本最低的质量水平。

预防成本、鉴定成本、故障成本和质量水平（品位）存在一定关系（如图7-8所示）。质量水平（品位）越高，预防鉴定成本越高；质量水平（品位）越低，故障成本越高。预防、鉴定成本与故障成本之和为质量成本。质量成本曲线必然存在极小值，即成本最低的质量水平。分析的目的就是要找到图7-8的A点。

2）分析产品成本、销售收入与质量水平的关系，寻求利润最高的质量水平。

在质量成本和质量水平的分析中，只考虑了最低成本问题，而没有考虑销售收入的变化。一般情况下，提高产品质量水平会带来产品成本的提高，同时售价也会相应提高。但是，售价的增加比例和产品成本的增加比例不会一致。它们的关系如图7-9所示。

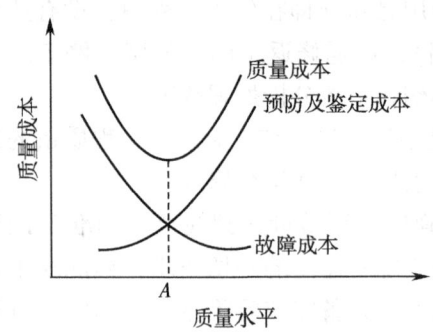

图7-8 质量成本曲线

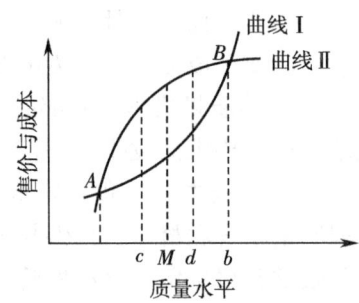

图7-9 产品成本、售价与质量水平的关系

图7-9中横坐标代表产品质量水平，纵坐标表示产品的成本和销售价格。曲线Ⅰ表示产品成本和质量水平的关系曲线，曲线Ⅱ表示销售价格和质量水平的关系。显然，产品成本和售价都随质量水平的提高而增加，但是增加的比例不同。质量水平低于A点、售价低于成本，企业亏损，不可取；质量水平高于B点，售价也低于成本，同样不可取。因此，A、B之间为赢利的质量水平区间。在赢利区间两条直线之间的距离为利润，M点为利润最大的质量水平点。实际工作中，M点很难求得。一般只要求在c、d两点之间，控制质量水平就行了。c、d点之间称为理想赢利区间。

练一练

1. 质量成本是_____。

2. 根据国际标准（ISO）的规定，质量成本由_____和_____两部分构成。

3. 运行质量成本包括_____、_____、_____、_____。

4. 在合同环境条件下，根据用户提出的要求，为提供客观证据所支付的费用，统称为_____。

5. 一般情况下，预防成本和鉴定成本比_____低。

6. 质量水平（品位）越_____，_____越高；质量水平（品位）越低，故障成本越_____。

7.5 2000 版 ISO9000 系列标准简介

国际标准化组织（ISO）于 1987 年正式发布了适用于一切经济实体、组织和机构的第一个国际质量管理标准——ISO9000 质量管理和质量保证系列标准。该标准的发布，使世界各国的质量管理工作走向国际化，逐步统一在国际标准的基础上。ISO 于 1994 年推出第二版，2000 年 12 月推出第三版（常称 2000 版 ISO9000 系列标准），2008 年推出了第四版，即 2008 版 ISO9000 系列标准，2008 版 ISO9000 系列标准与 2000 版 ISO9000 系列标准大致相同，本书重点介绍 2000 版 ISO9000 系列标准。我国 1993 年发布了等同采用 ISO9000 系列标准的国家标准 GB/T 19000—ISO9000（GB 国家标准的代号，T 是推荐性标准的代号），1994 年 7 月 1 日正式出版了 ISO9000 系列标准的第一修订版，2000 年又进行了大改版。这一系列国家标准的实施，标志着我国的质量管理工作开始与国际标准接轨，为企业建立完善的质量管理体系，增强质量意识和质量保证能力，提高综合管理素质和市场经济条件下的竞争能力，起到积极的重要作用。

7.5.1 ISO9000 系列标准的内容

1. 2000 版 ISO9000 系列标准的文件结构

2000 版 ISO9000 系列标准有四个核心标准：

（1）ISO9000：2000 基本原则和术语　ISO9000：2000 标准规定了质量管理体系的术语和基本原则。引言中提出 8 项质量管理原则，作为 2000 版 ISO9000 系列标准制订的指导思想和理论基础。标准中还提出了质量管理体系的基本原理，作为对引言中质量管理 8 项原则的呼应。ISO9000：2000 标准第二部分提出了 10 个部分 87 个术语，在语言上强调采用非技术性语言，使所有潜在用户易于理解。为便于使用，在标准附录中，推荐了以"概念图"方式来描述相关术语的关系。

（2）ISO9001：2000 质量管理体系——要求　ISO9001：2000 质量管理体系要求，采用了"过程方式模型"。为适应不同类型的组织需要，在一定情况下，体系要求允许删减（剪裁）。标准规定的质量管理体系要求包括了产品质量保证和顾客满意两层意义。

（3）ISO9004：2000 质量管理体系——业绩改进指南　ISO9004：2000 标准给出了质量管理的应用指南，描述了质量管理体系应包括的过程，强调通过改进过程，提高组织的业绩。标准还给出了质量改进中的自我评价方法，并以质量管理体系的有效性和效率为评价目标。

（4）ISO9011：2000 质量和环境管理审核指南　ISO9011：2000 标准在术语和内容方面兼容了质量管理体系和环境管理体系两方面特点，并为审核基本原则、审核大纲的管理、环境和质量管理体系的实施以及对环境和质量管理体系评审员资格要求提供了指南。

2. 2000 版 ISO9000 系列标准的适用范围

（1）ISO9000：2000——GB/T 19000—2000　本标准表述了 2000 版 ISO9000 系列标准质量管理体系的基础，并确定了相关的术语，该标准适用于下列范围：

1）通过实施质量管理体系寻求优势的组织。

2）对能满足其产品要求的供方寻求信任的组织。

3）产品的使用者。

4）就质量管理方面所使用的术语需要达成共识的人（如供方、顾客、行政执法机构）。

5）评价组织的质量管理体系或依据 GB/T 19001—2000 的要求审核其符合性的内部或外部人员和机构，如审核员、行政执法机构、认证（注册）机构。

6）对组织质量管理体系提出建议或提供培训的内部或外部人员。

7）制订相关标准的人员。

（2）ISO9001：2000—— GB/T 19001—2000

1）本标准为有下列需求的组织规定了质量管理体系要求。

① 需要证实其有能力稳定地为顾客提供需要的产品和符合法律法规要求的产品。

② 通过体系的有效应用，包括体系持续改进的过程以及保证符合顾客与法律法规要求，旨在增强顾客满意度。

2）应用。本标准规定的所有要求是通用的，旨在适用于各种类型、不同规模和提供不同产品的组织。

当本标准的任何要求因组织及其产品的特点而不适用时，可以考虑对其进行删减。

（3）ISO9004：2000—— GB/T 19004—2000 本标准提供了超出 ISO9001：2000 要求的指南，以便考虑提高质量管理体系的有效性和效率，进而考虑开发改进组织的业绩潜能。与 ISO9001：2000 相比，本标准将顾客满意和产品质量的目标扩展为包括相关方满意和组织的业绩。

本标准适用于组织的各个过程，因此本标准所依据的质量管理原则也可在整个组织内应用。本标准强调持续改进，这可通过顾客和其他相关方的满意程度变化来测量。

7.5.2 建筑企业质量体系的建立和认证

1. 实施 ISO9000 系列标准的意义

（1）有利于保护用户的利益 用户在购买和使用商品时，一般都没有能力在技术上对商品加以鉴别，也不可能直接控制生产过程，使产品质量满足自己的需求。企业建立起满足 ISO9000 系列标准的质量体系后，就使影响产品质量的因素始终处于受控状态，保证了产品质量，从而保护了用户的利益。

（2）有利于企业的市场营销活动 ISO9000 系列标准是一种质量认证标准。企业通过了 ISO9000 系列标准认证，就意味着取得了国内外市场上的通行证，可以销售自己生产的商品和进行服务。这无疑将极大地推动企业的市场营销活动，带来更多的经济效益。

（3）有利于企业提高经营管理水平 在市场经济条件下，企业经营的主要目的在于追求利益的最大化和规模的扩张，这两个目的只能建立在企业的产品有良好的市场前提下才能实现。而产品进入市场的关键在于质量和价格，通过实施 ISO9000 系列标准，可以借助于企业质量体系的建立，全面提高管理水平，提高经营效果。

（4）有利于世界经济的交流和发展　ISO9000是一个国际标准，世界上多数发达国家都发布了等同采用该标准的国家标准，这就为各国经济上的交往和技术上的合作提供了一个质量标准，消除了许多人为的障碍。

2. 建筑企业质量体系的建立

按照ISO9000系列标准建立建筑企业质量体系，应遵照下述程序进行。

（1）领导决策，统一思想　企业领导要有决心走质量效益型的发展道路，有建立质量体系的迫切需要。建立质量体系是要涉及企业内部很多部门参加的一项全面性的工作，企业领导要高度重视、正确决策、全面参与。

（2）组织落实，成立贯标小组　企业领导层决策贯标后，就要制定政策，选择人员组成贯标小组。如果原来质量体系的组织系统比较健全，贯标小组以质量管理机构为主，吸收部分技术、生产部门骨干组成。

（3）学习培训，制订工作计划　贯标必须自上而下进行分层培训，学习研究标准，明确认识，领会实质。应制订工作计划，明确目标，控制进度，突出重点。

（4）制订质量方针，确定质量目标　质量方针是企业领导重视质量的体现，也是企业文化的体现。质量方针不应只是口号，而应体现企业特色，并有深刻内涵。

（5）调查现状，找出薄弱环节　只有充分了解企业现状，认识到存在的问题，才能建立适合企业需要的有效的质量体系。当前存在的问题，就是今后建立质量体系应重点解决的内容。

（6）与系列标准对照，合理裁剪　要将上述的调查结果与系列标准进行逐项的对比分析，从而确定企业所需的质量体系要素。

（7）确定组织机构、职责、权限和资源配置　要落实质量活动，就必须将各项质量活动相应的工作职权分配到各职能部门。资源是质量体系的重要组成部分，企业要根据各项活动需要，进行技术、软件和人员的调配、充实。

（8）编制质量手册　质量手册是质量文件的总纲，它以企业为对象，阐明企业的质量方针，确定企业的质量体系结构，是企业的质量法规。

（9）编制质量体系程序　编制质量体系程序就是要明确各体系要素和活动由谁干，干什么，干到什么程度，怎么干，如何控制，要达到什么要求，需要形成何种记录和报告以及相应的签发手续等。

（10）编制质量计划　质量计划是只针对特定产品、项目或合同，规定专门的质量措施、资源和活动顺序的文件。质量计划要与配套要求、企业生产特点和将要完成活动的复杂性相对应。

（11）编制质量记录　质量记录是指为已完成的活动或达到的结果提供客观证据的文件，它是产品质量和质量活动的客观反映，应如实记录。

（12）质量体系实施教育　要通过人员培训使企业全体职工在思想认识、技术、管理业务上都有所提高，使质量体系有效运行。

（13）组织指挥协调　由主要领导主持，质量管理部门负责，计划部门、施工部门、技术部门、试验部门、检查部门都必须在目标、分工、时间和联系上协调一致，保持体系的有效性。

（14）信息反馈系统　建立一个现代化的信息管理系统，对活动中的每一个质量信息进行分层次、分等级收集、整理、存储、分析、处理和输出，反馈到各部门，提供做出正确判断的依据。

（15）质量体系的审核　审核是实现质量方针中所规定目标的管理手段，以确定质量体系各要素是否有效实施并与实际规定目标相适应，同时提供了预防不合格所需要的客观依据。

（16）检查校核　指质量体系中的检查与校核，以便为完善质量体系提供信息。

3. 质量体系认证

质量体系认证，是指认证机构对企业质量体系进行检查和确认并颁发证书，证明企业质量保证能力符合相应的要求。认证是确定建立的质量体系是否符合 ISO9000 系列标准的关键阶段，质量体系只有通过了认证，才能获得社会的承认。

质量体系认证大致可分为提出申请、受理申请、审核及准备、现场审核、纠正措施提交、审议审核报告、颁证等步骤。

质量体系认证由社会认证机构组织进行。

 练一练

1. 2000 版 ISO9000 系列标准有四个核心标准包括 ＿＿＿＿＿＿、＿＿＿＿＿＿、＿＿＿＿＿＿、＿＿＿＿＿＿。

2. 建筑企业质量体系的建立步骤是什么？

 小知识

中国建筑工程质量最高奖为"鲁班奖"，鲁班奖的全称为"建筑工程鲁班奖"，是1987 年由中国建筑业联合会设立的，1993 年移交中国建筑业协会。主要目的是鼓励建筑施工企业加强管理，搞好工程质量，争创一流工程，推动我国工程质量水平的普遍提高。该奖是行业性荣誉奖，属于民间性质。当时每年数额 20 个，有严格的评选办法和申报、评审程序，并有严格的评审纪律。鲁班奖工程由我国建筑施工企业自愿申报，经省、自治区、直辖市建筑业协会和国务院有关部门建设协会择优推荐后进行评选。评审工作由评审委员会进行。评审委员会由 21 人组成，评审委员必须是具有高级技术职称、熟悉工程专业技术，并担任过一定专业技术职务的专家。1996 年 7 月，根据原建设部（现住房和城乡建设部）的决定，将 1981 年政府设立并组织实施的国家优质工程奖与建筑工程鲁班奖合并，奖名定为"中国建筑工程鲁班奖（国家优质工程）"。每年评选一次，奖励数额为每年 45 个。2000 年 5 月 15 日，中国建筑业协会发布了新的中国建筑工程鲁班奖（国家优质工程）评选办法，每年评选出鲁班奖工程 80 个。该奖是我国建筑行业工程质量方面的最高荣誉奖（国家级工程质量奖），由建设部（现住房和城乡建设部）、中国建筑业协会颁发。建设部（现住房和城乡建设部）、中国建筑业协会对荣获"鲁班奖"的单位，授予"鲁班奖"金像和荣誉证书，对主要参建单位颁发奖状，并通报表彰。获奖企业在获奖工程上镶嵌统一荣誉标志。中国建筑业协会还将编纂专辑,把其载入史册。

本 章 回 顾

本章系统地介绍了建筑企业质量管理的基本概念、基础工作、保证体系,建筑工程施工质量验收,质量成本分析,2000 版 ISO9000 系列标准等内容。

1. 质量管理中的质量包括产品(工程)质量、工序质量和工作质量。质量管理是指确定并通过质量体系中的诸如质量策划、质量控制、质量保证和质量改进等手段来实施质量方针、目标和职责的全部管理职能的所有活动。

2. 质量管理讲究用完善的工作体系去控制产品的形成过程,从而提高产品质量。质量保证体系是全面质量管理的核心。质量管理实质上就是要建立质量保证体系,并使其正常运转。

质量体系的运行按计划、实施、检查、处理四个阶段,即 PDCA 循环推进。PDCA 循环具有周而复始、大环套小环、循环上升等特点。

建筑企业质量保证体系包括:施工准备过程、施工过程和使用过程三个部分的质量保证工作。

3. 本章介绍了建筑工程施工质量验收的基本规定,内容包括施工质量控制、施工质量验收要求和检验批的质量检验。此外,本章还简单介绍了单位(子单位)工程、分部(子分部)工程、分项工程、检验批和室外工程的划分原则或方法,建筑工程各部分质量验收规定,建筑工程质量验收程序和组织。由于篇幅有限,本书未提供建筑工程质量验收的有关文件表格,深入学习时请对照相关表格学习。

4. 质量成本是指企业为了保证和提高产品质量所支付的一切费用,以及未达到产品质量标准而产生的一切损失费用之和。根据国际标准(ISO)的规定,质量成本由运行质量成本和外部质量保证成本两部分构成。其中工程运行质量成本由内部故障质量成本、外部故障质量成本、工程鉴定成本和工程预防成本构成。质量成本分析的目的,一是寻求成本最低的质量水平,二是寻求利润最高的质量水平。

5. 2000 版 ISO9000 系列标准有四个核心标准:ISO9000:2000 基本原则和术语,ISO9001:2000 质量管理体系——要求,ISO9004:2000 质量管理体系——业绩改进指南,ISO9011:2000 质量和环境管理审核指南。

第8章 建筑企业劳动人事管理

 知识储备

一个组织的素质高低，在很大程度上是其所聘用和拥有的人员素质的一种总体反映。不管一个组织是刚建立的还是已经运作多年的，得到并保持能干的员工，是其取得成功的关键所在。因此，任何管理者在组织工作职能中的任务之一，就是选配人员，即将合适的人配备到合适的岗位上。

通过本章的学习，我们应该：

1. 理解劳动人事管理的含义。
2. 了解建筑企业用工制度的内容。
3. 了解建筑企业劳动管理的内容。
4. 理解建筑企业报酬管理的内容。
5. 理解职工能力开发以及职工行为的激励。

 导入案例

某项目团队要使自身成为高效团队，为此进行了团队建设策划，并以采用行为科学理论对人力资源管理为重点。

问题：1) 高效团队应具备哪些特点？
　　　2) 建设高效团队应从哪些方面努力？
　　　3) 进行激励应注意哪些问题？

通过本章的学习，我们将会找到上述问题的答案。

8.1　劳动者管理

劳动者管理也称人事管理，是对劳动者的选聘、任用、考核、激励、晋升、培训等综合性的管理，其目的在于人尽其职、人尽其责、人尽其才、才尽其用，调动劳动者的积极性、主动性和创造性，促进生产力的发展。

8.1.1　劳动人事管理的概念

建筑企业劳动人事管理是以企业职工为对象的人力资源的规划、培养、开发、引进和利用的综合性管理,是有关人事、劳动、报酬、教育培训等方面管理工作的总称。

劳动人事管理的主要内容有:劳动者的管理、劳动活动管理、劳动报酬管理、职工能力开发等。

8.1.2 劳动人事管理的任务

劳动人事管理的核心是合理地组织劳动力和劳动活动,发挥劳动者的积极作用,提高劳动生产率,从而实现企业的经营目标。具体任务如下。

1)协调劳动过程中人与人之间的关系,科学地组织劳动,合理地降低劳动消耗,提高工作效率。

2)不断提高职工的技术水平和业务水平,充分开发劳动者的能力。

3)正确解决劳动者的劳动报酬、社会保障和福利待遇。

4)尽量改善劳动环境,不断改善劳动条件,保障劳动者在生产劳动过程中的安全和健康。

8.1.3 建筑企业用工制度

用工制度是指在生产经营过程中对劳动者(包括体力劳动者、脑力劳动者两方面)的使用制度。根据我国目前有关企业用工制度管理规定,应全面推行全员劳动合同制。

1. 全员劳动合同制的含义

全员劳动合同制,就是指企业的全体职工包括管理人员、技术人员和生产、服务人员等,与企业在平等、自愿、协商一致的基础上,通过签订劳动合同,明确双方责、权、利,以法律形式确定的劳动关系。

2. 全员劳动合同制的具体做法

实行全员劳动合同制后,企业职工可按照劳动力流动的有关规定,在各类所有制企业中自由流动。同时,企业的经理、厂长等管理人员需实行聘任制,受聘什么岗位就享受什么岗位的待遇,解聘或落聘后就不再保留其原聘任期间的待遇。具体做法如下。

(1)管理人员的聘任　根据《中华人民共和国公司法》规定,有限责任公司、国有独资公司、股份有限公司的经理、厂长由董事会聘任或解聘,其他管理人员由经理、厂长聘任。

(2)专业技术人员的聘任　专业技术人员的聘任是指对具有一定专业技术资格的人员,按照不同专业、不同岗位、资质的高低和不同工作的实际需要,由经理、厂长所实施的聘任。

实行全员劳动合同制的企业可以根据企业自身的实际情况和专业技术人员的工作水平,在企业内自主设立技术岗位,自行聘任专业技术人才,对取得国家承认的专业资格的人员,企业可根据自身情况进行聘任、高职低聘、低职高聘或不聘任。这种聘任制度可促使专业人才在企业间合理流动。

(3)生产、服务人员的招聘　有限责任公司、国有独资公司、股份有限公司的生产、服务人员,在考核合格的基础上,都要与所在单位的法人代表或法人代表委托的代理人签订劳动合同后方可上岗。企业其他人员也必须依据劳动法和合同法等有关法律法规签订劳动合同，以保障劳动者与企业的合法权益。

8.1.4 职工的招聘

1. 职工的招聘

（1）招聘原则　职工招聘的原则是：面向社会、公开招收、全面考核、择优录取。

1）面向社会、公开招收。即企业应将招工简章向社会公布，吸引符合报考条件的人员自由报考，并张榜公布经过考核的合格者名单，公开录用。

2）全面考核、择优录取。即企业对符合招工条件的报名者，坚持一视同仁、对内不避嫌、对外不排斥、能力优先的原则，进行全面考核，在全面考核的基础上择优录取。

考核时要根据招聘岗位工作内容的不同，确定重点考核内容。如招收学徒工时，侧重文化知识的考核；招收技术人员时，侧重专业知识和生产技能的考核；招收繁重体力劳动人员时，侧重身体条件方面的考核；对重新就业的人员，侧重实际技能水平的考核。

（2）招聘的一般程序

1）发布招工简章。

2）组织求职者报名。求职者填写登记表、提供相关证件。

3）资格审查。对报名者初次面试，进行报名资格审查；审查登记表，核查有关资料，进行政审。

4）素质考察。进行学识考察，一般是指笔试。不及格者淘汰。

5）体格检查。不符合条件者淘汰。

6）能力面谈及测验。不合格者淘汰。

7）录取。签订劳动合同、办理相关手续。

8）进行岗前教育、试用考察。

9）安置工作。

注：经初次面试、政审后，认为特别满意者，也可以直接录取。

（3）劳动合同的制订　劳动合同是劳动者与用人单位确立劳动关系、明确双方权利和义务关系的协议。企业招聘职工必须与职工签订劳动合同。

用人单位与劳动者签订劳动合同，应当遵循平等自愿、协商一致的原则，不得违反法律和行政法规及有关规定。

劳动合同应当以书面形式订立，其主要内容包括：劳动合同期限、工作内容、劳动保护和劳动条件、劳动报酬、劳动纪律、劳动合同终止的条件、违反劳动合同的责任以及当事人认为需要规定的其他事项。

2. 职工的使用与调配

职工的使用是指按劳动分工的要求合理配备职工。职工的调配是指把在职的职工在不同的部门、不同的地区、不同的单位之间进行平衡调剂。

职工的合理使用和调配工作是企业劳动力管理的一项重要工作，是企业有计划地安排劳动力的必要手段。职工使用与调配的要求如下：

1)坚持"任人唯贤"的原则,坚决反对"任人唯亲""关系网""裙带网"等不正之风。

2)坚持"德才兼备"的原则,保证职工队伍良好的政治素质和技术素质。

3)坚持"量才使用"的原则,力求做到专业对口,尽量发挥劳动者的专长,努力做到人尽其才、人事相当,充分调动每个职工的积极性。

4)坚持"统筹兼顾、全面安排"的原则,根据施工生产和工作任务的需要,保证生产第一线有足够的劳动力,不能任意把劳动力调往二三线或从事非生产性的活动,造成前、后方人员比例失调,影响施工生产效率。

3. 职工的培训、考核与晋升

(1)职工的培训 职工的培训是对包括领导人员在内的全体职工进行思想政治、文化科学、生产技能、经营管理知识的再教育活动。

对各类人员进行培训,应有不同的要求。

1)生产人员的培训。通过培训,让生产人员掌握一般性生产及管理知识,如岗位责任制、质量管理、安全管理、施工安全知识,以及各工种的专业知识和技能。

2)基层管理人员的培训。基层管理人员即施工队长、工长、班组长的培训。通过培训,使基层管理人员具有较全面的生产技术知识和较丰富的实践经验,较好地掌握一门以上的生产技能,并且具有相当的管理知识和较强的组织管理能力。

3)专业技术人员的培训。通过培训,要使专业技术人员精通本专业的基础理论、专业技术和业务,并对本专业的新技术具有消化吸收能力和革新创造能力,同时对现代企业管理知识有全面系统的了解。

4)企业经营管理人员的培训。通过培训,要求他们熟悉现代企业经营管理的基础理论知识;了解企业的生产技术全面知识;精通本职业务,熟悉企业情况及外部环境,既懂政策,又会处理人际关系。

5)企业领导人员的培训。通过培训,要求他们掌握企业经营管理的系统知识,熟悉国家有关政策和法令;能运用经济手段、行政手段、法律手段、教育手段综合治理企业;善于处理人际关系;讲究领导方法和领导艺术,调动全体职工的生产积极性;对内懂得企业的经营管理业务,对外能把握经营环境,预测未来,并善于决策。

(2)职工的考核 职工的考核就是通过科学的方法和客观的标准,对职工的思想素质、工作能力、工作成绩、工作态度、业务水平及身体状况等进行综合评价。

考核在人事管理中居于不可缺少的地位,职工从录用到退休或解聘,每当他(或她)的工作或学习岗位发生变动时,考核都起着重要作用。企业一般通过考核来决定职工的录用、定岗、培训、升迁。

职工考核不是为了检查职工的过失,而是为了帮助提高工作能力,调动职工的积极性、责任心、主动性、进取心和创造性。企业必须通过对职工的考核,奖勤罚懒、奖优罚劣,从而激发职工奋发向上的工作热情,进而推动生产力的发展。

职工日常的人事考核,主要抓住三个重点,即工作成绩、工作态度、工作能力。根据考核对象、内容和要求的不同,考核的形式有很大差别。一般可采取职工自我考核、领导考核、群众评议的综合考核形式。

（3）职工的晋升　职工晋升，指职工工作一定年限后，因成绩优异而提高工作职位。包括干部行政职务、技术职位的晋升和工人技术等级的晋升。如助理工程师晋升工程师、中级工晋升高级工、高级工晋升技师等。

晋升也是一种奖励手段，对职工有较大的激励作用。若运用不当，不仅晋升者对其职位上的工作不能胜任，而且还会影响其他职工的工作积极性，因为这极有可能使应晋升而未能获得晋升的职工产生一种"不公平"感。所以，晋升应严格遵循奖励原则，以考核为依据，建立科学的晋升制度，以便调动广大职工的积极性，激发职工的竞争意识，起到晋升、激励的真正作用。

（4）职工的辞职与辞退　按照国家相关法规的规定，企业有权按程序行使企业合法权利，对职工进行辞退，同时也应正确对待和接受、处理职工的合理、合法、正常的辞职，同时注重维护企业和职工的合法权益。

练一练

1. 劳动人事管理的核心是_____。
2. 劳动人事管理的主要内容包括_____、_____、_____和_____。
3. 劳动合同应以_____形式订立。
4. 职工的培训是对包括领导人员在内的全体职工进行_____、_____、_____、经营管理知识的再教育活动。
5. 职工日常的人事考核主要抓_____、_____、_____三个重点。

8.2　建筑企业劳动管理

建筑企业的劳动管理是企业中有关劳动方面的计划、组织、指挥、协调和控制的总称。对劳动力的合理组织和利用是企业劳动管理的重要内容。

8.2.1　劳动生产率

1. 劳动生产率的含义

劳动生产率是指劳动者在生产中的劳动效果或效率。它可以用劳动者在单位时间内生产合格产品的数量或产值来表示，称为正指标，国家或政府考核企业时多用正指标；也可以用劳动者生产单位合格产品所消耗的劳动时间来表示，称为逆指标，企业制订或安排生产计划时多用逆指标。劳动生产率的正指标和逆指标互为倒数关系。

2. 影响劳动生产率的因素

影响劳动生产率的因素主要有以下方面。

1）劳动的技术装备程度。

2）劳动者的思想、文化程度、知识层次及技术业务能力。

3）劳动组织与生产方式。

4）企业劳动与经营管理水平。

5）劳动的自然条件。

6）企业外部因素，如社会科学技术发展水平、建筑材料供应体制等。

3. 提高劳动生产率的主要途径

提高劳动生产率，可以增加单位时间内完成的工程数量，减少单位工程用工。劳动生产率的高低，对一个企业或项目经理部都是至关重要的问题。企业的活力、项目的经济效益等，在很大程度上取决于劳动生产率的高低。劳动生产率是一个综合性指标，它的水平高低，受生产活动诸多因素的影响。因此，提高劳动生产率的途径是多方面的，主要有以下几点。

1）重视、加强职工培训工作，提高全体职工的素质，特别是职工的政治思想素质、文化水平和技术业务能力，以增强职工的工作能力。

2）积极开展科学研究，不断开发新技术，提高生产技术和装备水平，逐步实现建筑工业化和现代化。

3）提高管理水平，不断改善劳动组织和生产组织，加强劳动纪律，充分发挥劳动者的积极性，保证生产顺利进行。

4）随着机械装备情况和施工工艺的变化，及时调整劳动组织，减少窝工现象。

5）合理布置施工现场，减少材料、构件二次搬运用工。

6）认真组织冬、雨季施工。

7）尽量用钢模代替木模，节约模板制作、搭拆用工。

8）改善劳动条件，加强定额管理，按劳动定额签发工程任务单，考核班组工效，广泛开展劳动竞赛，激发职工的主人翁精神和生产积极性。

8.2.2 劳动定额

1. 劳动定额的概念及表现形式

劳动定额是指在一定的管理水平和生产技术组织条件下，完成单位合格产品（或工作）所规定的必要劳动消耗的数量标准。

建筑企业劳动定额有两种表现形式，即时间定额与产量定额。

1）时间定额。时间定额是指完成单位合格产品所消耗的劳动量。它是某种技术等级的工人班组或个人，在合理的劳动组织与合理使用材料的条件下，完成单位合格产品所消耗的劳动时间。

2）产量定额。产量定额是指单位劳动时间内所完成的合格产品数量。它是某种技术等级的工人班组或个人，在合理的劳动组织与合理使用材料的条件下，在单位时间（工日）内应完成单位合格产品的数量。

3）两种表现形式的关系。时间定额与产量定额互为倒数关系，即完成单位合格产品所需的时间越少，则单位劳动时间内完成的合格产品的数量就越多。

2. 劳动定额的作用

1）劳动定额是企业编制施工计划、劳动工资计划、成本计划、施工作业计划及填写施工任务书的基础和依据。

2）劳动定额是企业组织施工、合理安排施工进度、组织劳动力的依据。

3）劳动定额是考核劳动成果、考核劳动者贡献、计算职工劳动量与工资的尺度，是贯彻、执行、落实按劳分配政策的有效措施。

4）劳动定额是开展劳动竞赛、进行成本核算、控制人工费支出、降低项目成本、缩短工期、提高劳动生产率的基础和重要且有效的手段。

3. 项目经理部在执行劳动定额时应注意的问题

建筑企业施工机械化程度的不断提高，以及新材料、新结构、新工艺的不断发展，施工条件的不断改善，要求我们必须对劳动定额进行必要的调整和补充。因此，在使用劳动定额时，项目经理部应注意以下问题。

1）按劳动定额编制项目施工进度计划、成本计划和作业计划时，只能作为基础，不应机械地套用。应结合项目工程实际，贯彻积极可靠、留有余地的原则。

2）按劳动定额编制计划时，要根据项目计划施工内容的要求适当综合，经过综合分析，可作修正。

3）对劳动定额中未包括的某些新技术项目或特殊施工分目，可以通过试验或估计确定，也可以参考类似分目定额确定。

4）按劳动定额编制施工任务书、承包任务书或施工合同时，应严格执行定额，不得随意改变其水平。

5）在项目施工中要注意总结经验，积累资料，以便为修订、补充定额作参考。

8.2.3 劳动组织

1. 劳动组织的概念

劳动组织是指劳动者在劳动过程中建立在分工与协作基础上的组织形式。它是解决劳动者之间及劳动者与物质技术条件之间的关系，以不断提高劳动生产率，保证企业生产任务的完成的基础。

2. 劳动组织的形式

为了适应发展社会主义市场经济，转换企业经营机制的需要，建筑企业必须采用管理技术层与生产劳务层分离为主的劳动组织形式。所谓管理技术层与生产劳务层分离，就是指企业除保留管理人员和少数技术性强的岗位职工外，不再保留固定建制的施工生产队伍和生产人员。这样就需要在建筑企业内部建立劳动力供需市场，即建立企业内部劳务市场来满足施工生产的需求。

企业内部劳务市场不能按一般商品市场的原则进行交易，它是一种模拟市场，强调的是供需双方的经济关系。企业内部劳务市场由企业劳务开发公司或劳动管理部门统一管理，为项目经理部提供劳务队伍。

（1）企业内部劳务市场劳动力的来源　企业内部劳务市场的劳动力主要来源于企业自

有的合同制工人,以及按照"定点定向、双向选择、专业配套、长期合作"原则建立的建筑劳务基地。

(2) 企业内部劳务市场供需双方的关系

1) 双方的调配关系。按照劳动力的管理和使用分开的原则,企业的全部劳动力由劳务开发公司或劳动管理部门统一管理。当施工项目上需要劳动力时,项目经理部和劳务开发公司或劳动管理部门签订合同,由劳务开发公司或劳动管理部门组织劳动力,任务完成后,解除合同,劳动力退归劳务市场。

2) 双方的经济关系。派到项目上的劳务队伍可以成建制地组成劳务队,承办全部或一部分工程的劳务作业,与项目经理部结算劳务费,劳务队内部实行独立核算,支付工人劳务报酬和进行各项劳务管理;也可以根据施工项目的实际需要,重新组合作业班组,由项目经理统一管理,支付工人劳动报酬,劳动管理部门收取一定的劳务管理费。

8.2.4 劳动纪律

劳动纪律是劳动者在劳动中必须共同遵守的准则。劳动纪律是集体劳动必不可少的条件。其基本内容如下。

(1) 组织纪律 这是指企业劳动组织管理方面的纪律。例如:服从组织分配,服从工作调动和安排;按组织的安排积极主动完成或超额完成生产任务;遵守国家的政策、法令和法规;遵守企业的各项管理制度等。

(2) 生产技术纪律 这是指施工生产和技术方面的纪律。包括岗位责任制、技术操作规程、安全生产规程、交接班制度,以及设备、工具、材料、成品的管理制度等。

(3) 工资时间纪律 这是指上下班及劳动时间方面的纪律。如考勤制度、请销假制度、工作时间内的有关规定等。

8.2.5 劳动保护和劳动安全

1. 劳动保护的概念

劳动保护是为了在生产过程中保护职工的健康和安全而采取的各种技术措施和组织措施的总称。建筑产品的生产多属于露天高空作业,现场条件复杂,劳动条件和生活条件差,不安全因素多,容易危害职工的身心健康和安全。因此,加强劳动保护工作具有十分重要的意义:劳动保护有利于保护职工的健康与安全;有利于保证安全生产,使生产顺利进行;有利于提高职工的劳动积极性和工作效率,促进生产发展。

劳动保护的基本任务是:通过采取各种技术措施和组织措施,不断改善职工的作业条件和生活条件,减小劳动强度,消除不利因素,保护职工的健康与安全,实现安全文明施工。

2. 劳动保护的内容

劳动保护的内容包括以下三个方面。

(1) 安全技术 指在生产过程中,为了保护劳动者,防止和消除伤亡事故而采取的各种技术组织措施。它主要解决如何防止和消除突然事故对职工安全和生产安全的威胁问题。

建筑产品生产的流动性大，经常在露天高空或地下从事小空间内的多工种立体交叉作业，施工对象和作业方式多变。因此，必须结合施工生产中各个生产环节的特点，采取必要的技术措施，以保证生产安全。在施工生产中常需采取的技术措施有：高空作业的安全技术措施、机械设备的安全技术措施、电器设备的安全技术措施等。

（2）工业卫生　工业卫生是指在生产过程中为防止高温、严寒、粉尘、振动、噪声、毒气、污染等对劳动者身体健康的危害所采取的一系列保护或医疗措施。

（3）劳动保护制度　劳动保护制度是指为保护劳动者在生产过程中的安全和健康的有关规程、规定。主要包括生产行政管理制度和生产技术管理制度两方面的内容。

1）生产行政管理制度包括：安全生产责任制、安全生产教育制度；安全生产检查监督制度；伤亡事故的调查报告分析处理制度；劳动保护用品及保健食品发放管理制度；保证实现劳逸结合的各种轮休制度、加班加点审批制度；女工保护制度。

2）生产技术管理制度包括：编制安全技术措施计划制度；设备的维护检修制度；安全技术操作规程等。

3. 劳动安全

在生产过程中，一定要始终贯彻"安全第一"的方针，树立"生产必须安全、安全能促进生产"的意识，注重"人的安全""物的状态的安全""机械设备、劳动工具的安全使用及运行状态的安全"等几个方面的管理。

8.2.6　劳动保险

劳动保险是国家和企业为保护和增进职工的身体健康，在职工暂时或永久丧失劳动能力时，给予社会保障性物质和经济帮助的一种福利制度。

《中华人民共和国劳动保险条例》规定：工人和职员有享受集体劳动保险的权利，职工在疾病、负伤、残疾、年老、死亡和生育等方面有特殊困难时，均按一定的条件和标准，享受补助金、病假工资、医药费、退休金、丧葬费、抚恤金等待遇及疗养、休养等集体福利。由职工供养的直系亲属，也享有一定的劳保待遇。

劳动保险是一种社会保险制度，企业和职工个人必须依法参加社会保险，缴纳社会保险费。它包括：工伤事故保险、医疗保健保险、养老保险和失业保险等。

练一练

1. 劳动生产率是指＿＿＿＿＿＿＿＿＿＿＿＿＿＿＿＿＿＿＿＿。可以用＿＿＿＿＿＿和＿＿＿＿＿＿两种指标来表示，国家或企业常用＿＿＿＿＿＿＿＿＿＿。两种指标之间的关系是互为＿＿＿＿＿＿。

2. 建筑企业劳动定额有两种表现形式，即＿＿＿＿＿＿和＿＿＿＿＿＿，两者互为＿＿＿＿＿＿关系。

3. 劳动组织是指＿＿＿＿＿＿＿＿＿＿＿＿＿＿＿＿＿＿＿＿。

4. 企业内部劳务市场供需双方关系包括＿＿＿＿＿＿＿＿＿＿＿＿＿＿＿＿和＿＿＿＿＿＿＿＿＿＿＿＿＿＿两类。

5. 劳动纪律包括＿＿＿＿＿＿＿＿＿＿＿＿＿＿、＿＿＿＿＿＿＿＿＿＿＿＿＿和

_____。
6. 劳动保护包括_____、_____和_____三个方面。
7. 劳动保护制度主要包括_____和_____两个方面。
8. 在生产过程中，要始终贯彻_____的方针。
9. 劳动保险包括_____、_____、_____和_____等。

8.3 建筑企业劳动报酬管理

建筑企业职工的劳动报酬，主要体现在工资、奖金、津贴和福利几个方面。加强劳动报酬管理，对于吸引人才、留住人才、激励人才，使人才努力地为实现企业的目标而工作有着十分重要的意义。

8.3.1 工资管理的原则

工资是依据劳动者提供的劳动量，支付给劳动者的报酬。工资管理的原则如下。
1）效率优先、兼顾公平的原则。
2）激励机制和约束机制相结合的原则。

8.3.2 工资制度

建筑企业目前采用的工资制度有岗位技能工资制和结构工资制。

1. 岗位技能工资制

（1）岗位（职务）工资　岗位（职务）工资是根据所在岗位或所任职务以及所在职位的劳动责任的轻重、劳动强度的大小和劳动条件的好差，并兼顾劳动技能要求的高低所确定的工资。

生产人员的岗位工资可按照劳动评价中各岗位评价的总分数的高低，并兼顾现行工资关系，划分为几类岗位工资标准，相应设置若干档次。管理人员和专业人员的职务工资按照所任职务、所在职位劳动评价的总分数的高低划分为 3 类，并相应设置若干档次，即从低到高依次为初级管理（专业技术）职务、中级管理（专业技术）职务、高级管理（专业技术）职务工资标准。

（2）技能工资　技能工资是根据不同岗位、职务对劳动技能的要求，同时兼顾职工所具备的劳动技能水平而确定的工资。

技术工人的技能工资可分为初级技工、中级技工、高级技工 3 类工资标准，并相应设置若干档次；非技术工人（普通工、熟练工等）的技能工资视其岗位对劳动技能的要求程度原则上参照初级技工的技能工资档次确定，为鼓励普通工、熟练工钻研、提高技能水平，其技能工资最高可延伸到中级技工的技能工资档次内；管理人员和专业技术人员的技能工资可分为初级管理（专业技术）人员、中级管理（专业技术）人员、高级管理（专业技术）人员 3 类工资标准，并相应设置若干档次。

2. 结构工资制

结构工资又称组合工资，是按照工资的不同作用和决定工资的不同因素，将工资划分为几个部分，通过合理确定这几个部分的数额，构成全部工资的一种制度。结构工资一般分为四部分。

（1）基础工资　基础工资是保障职工基本生活的工资，是维持劳动力再生产所必需的部分。目前，企业一般有两种做法：一种是不管你做什么工作，是干部还是工人，基础工资额均相同；另一种是把本人标准工资的一定比例作为基础工资，这一部分在工资构成中占 30%～40%。

（2）职务（岗位或技术）工资　职务工资主要反映工作的复杂熟练程度或责任的大小。按照各个不同职务（岗位）的业务技术要求、劳动条件、责任大小等因素分成若干等级，并规定各级职务（岗位）工资标准，体现必要的差别。这部分在工资构成中所占的比重大体上为 1/3。

（3）工龄工资　工龄工资又称年功工资，主要反映职工参加工作年限长短在劳动报酬上的差别。这部分在工资构成中所占的比例较小。

（4）活动工资　活动工资由浮动工资、奖金、津贴等组成。其数额根据企业效益及职工个人成绩而定。这部分在工资构成中一般占 20%～30%。

3. 最低工资保障制度

最低工资保障制度是为了保障职工最基本的物质生活水平而建立的一种制度。用人单位支付给职工的工资不得低于当地政府规定的最低工资标准。最低工资的组成部分不得包括加班加点工资，夜班、高温等特殊工作环境下的津贴，国家法律和政策规定的劳动者保险、福利待遇等。

8.3.3　工资形式

工资形式指计算劳动报酬的具体形式。目前建筑企业的工资形式主要有：计时工资、计件工资和包干工资。

1）计时工资是根据劳动者的工作时间和相应的工资标准来支付劳动报酬的一种工资形式。

2）计件工资是按劳动者所生产合格产品的数量和事先规定的计件单价来支付劳动报酬的一种工资形式。

3）包干工资是将单位工程或分部、分项工程的全部施工任务及完成任务所需要的人工费包给作业队（班组）的一种工资形式。它将工资与工期、质量、工效、物资消耗等多项指标挂钩，有利于提高施工生产的综合经济效益。

8.3.4　奖金和津贴

奖金与津贴是职工工资收入的组成部分，是基本工资的补充形式。

1. 奖金

奖金是对职工超额劳动的报酬。企业奖金基本上有两大类：一类是劳动者提供了超额劳动，直接增加了社会财富所给予的奖励，这一类称为生产性或工资性奖励；另一类是劳动者的劳动改变了生产条件，为提高劳动效率、增加社会财富创造了有利条件所给予的奖励，这一类称为创造发明奖或合理化建议奖等。这里只叙述生产性奖金。

建筑企业的生产性奖金一般有综合奖和单项奖两种。综合奖为考核职工完成各项经济技术指标而设置的奖金，它把职工在生产经营活动中的各个方面和奖金挂钩，根据各项指标的完成情况和劳动态度确定奖金的数额。综合奖适用于各类人员。单项奖是企业为突出重点或加强薄弱环节，针对生产经营中某些特定目标而设置的奖金，如质量奖、安全奖、超产奖、节约奖等。

2. 津贴

津贴是基本工资的另外一种补充形式。它是对职工在特殊劳动条件和工作环境下的特殊劳动消耗，以及在特殊条件下对额外生活费用的支出给予合理补偿的一种工资形式。例如补偿劳动消耗的夜班津贴；保护职工健康的高尘、粉尘保健津贴；保证职工生活的副食品补贴、取暖降温津贴等。

练一练

1. 建筑企业目前采用的工资制度包括_____和_____。
2. 技能工资可分为_____、_____和_____三类工资标准。
3. 结构工资一般划分为_____、_____、_____和_____四部分。
4. 最低工资不得包括_____。
5. 建筑企业工资形式主要有_____、_____和_____。
6. 基本工资的补充形式包括_____和_____。
7. 建筑企业的生产性奖金一般包括_____和_____两种。

8.4 能力开发和行为激励

劳动人事管理的主要目的是运用各种手段调动职工的劳动积极性，提高劳动生产率，而职工能力的开发是实现劳动人事管理主要目的的重要手段。

8.4.1 能力开发

1. 职工能力

职工能力是指职工在工作中表现出来的履行职务的能力。职工能力的高低主要通过实际工作业绩体现。

影响职工能力的因素主要有体力、智力、知识、性格、经验、适应能力、工作热情等。职工能力就是这些因素有机结合而形成的一种综合能力，用公式表示如下。

职工能力 = 职工履行职务的能力 = 体力 + 智力 + 知识 + 性格 + 经验 + 适应能力 + 工作

热情

2. 能力开发

能力开发，就是将职工身上的潜在能力开发出来，让其充分发挥作用。大致包括以下三层含义。

1）充分利用现有职工的人力资源，使每个职工都能充分发挥自己的聪明才智，在各自的工作岗位上积极努力工作。

2）不断培养职工的能力。对于职工的能力，不能只顾使用，必须进行"再培养"，以使各类人员不断地获得新的能力。

3）引进人才，形成新的能力。为了持续地促进企业的发展，只依靠和保持现有的职工能力是不够的，还要后继有人。

8.4.2 行为激励

激励是人力资源管理的核心内容，是对人的潜在能力的开发。激励的目的在于充分发挥人的主观能动性，从而提高企业的社会效益，在当今知识经济时代，职工的积极性是直接关系到企业发展的大事。职工行为的奖励，就是利用各种手段来调动广大职工的积极性。

1. 激励的原则

（1）目标结合的原则　当一个人有了明确的目标后，能激发其工作热情和信心。要激励职工，首先要设置明确的目标，使职工了解他们要做的是什么，与个人的目标利益及长远利益有何关系。只有将企业目标与个人目标相结合，使职工认识到个人目标的实现离不开为实现企业目标所做的努力，才能收到良好的激励效果。

（2）因人制宜的原则　不同的人有不同的需要、不同的思想觉悟、不同的价值观和奋斗目标，因此激励手段的选择与运用要因人而异。企业应定期进行职工需求的调查，掌握不同职工在不同时期、不同条件下的最迫切的需要，只有运用能满足职工最迫切需要的措施，其功效才高，其激励强度才大。

（3）把握好激励的时间和力度　激励要把握好时机，在不同的时间，其作用和效果是不一样的。超期的激励，可能导致人们对激励的漠视心理，影响激励的功效；迟到的激励则可能让人觉得多此一举，使激励失去意义。一般来讲，好人好事应及时表扬，下属做了错事，要尽量防止扩大，固然应及时制止，但批评不一定马上进行，以防止矛盾激化。对反复出现的积极行为，不能反复表扬，应把握时机，使人们有所期待，有所进取。

激励要把握好力度，要以职工的业绩为依据，论功行赏。激励作用的大小，很大程度上取决于奖励同贡献的联系程度。过度奖励或过度惩罚都会产生不良后果。

（4）公平公正的原则　激励如果不公正，奖不当奖，罚不当罚，不仅收不到预期的效果，反而会造成许多方面的消极后果。公平不是搞平均主义，而是照章进行奖罚，制度面前全体职工人人平等，当奖则奖，决不吝惜；当罚则罚，决不姑息。

2. 激励的方式

（1）物质奖励与精神鼓励　从激励的内容上进行划分，有物质奖励和精神鼓励两种形式，二者应结合使用。

物质奖励是从满足职工的物质需要出发，对物质利益关系进行调节，从而激发职工的劳动热情。物质奖励有多种形式，如金钱奖励表现为奖金、股份、年终分红、增加工资等；实物奖励如住房、旅游等。

精神鼓励是从满足职工的精神需要出发，通过对职工的心理状态的影响来达到激励的目的。多以授予荣誉称号、颁发奖状、开会表扬、宣传事迹、提升晋职、保送学习等形式出现。

在我国目前经济发展水平条件下，物质奖励仍是重要手段。精神鼓励有时会比物质奖励更有激励成效，因为精神鼓励能满足职工尊重的需要、成就的需要、一展身手的需要，使职工在贡献中体验最高境界的人生乐趣。

（2）正激励与负激励　　激励又可分为正激励和负激励两种。

正激励就是当一个人的行为表现符合企业及社会的需要时，通过奖励的方式来强化这种行为，以达到调动职工工作积极性的目的。

负激励就是当一个人的行为表现不符合企业及社会的需要时，通过制裁、处罚等方式来抑制这种行为，从反方向来实施激励。

正激励和负激励不仅直接作用于个人，而且会间接影响其周围的人，通过树立正面的榜样和反面的典型，造成一种环境压力，从而达到激励先进、鞭策后进的目的。

（3）内激励与外激励　　从激励的形式上进行划分，激励有内激励和外激励两种。

内激励就是通过启发引导的方式，激发人的主动精神，使他们的工作热情建立在高度自觉的基础上，充分发挥出内在的潜力。如通过思想教育工作，使受教育者真正从思想上提高认识，树立起工作信念。

外激励就是运用环境条件来制约人们的动机，以此来强化或削弱某种行为，进而提高工作意愿。外激励多以规范的形式出现，通过建立一些措施和制度，鼓励或限制某些行为的产生，如建立岗位责任制，对失职行为予以限制等。

内激励带有自觉性的特征，外激励却表现出某种程度的强迫性。

 练一练

1. 人力资源管理的核心内容是_____。
2. 激励的原则包括（　　）。
A. 目标结合　　　　B. 因人制宜　　　C. 把握好激励的时间和力度　　　　D. 公平公正
3. 激励方式包括_____、_____和_____。

 案例分析

通过本章的学习，我们不难找到"导入案例"中所提出问题的答案。

答：（1）高效团队应具备的特点如下：明确的目标和共同的价值观；明晰的分工和精诚的协作；融洽的关系和畅达的沟通；高昂的士气和高效的生产力；很强的凝聚力。

（2）建设高效团队：项目管理团队建设的核心目标就是将项目成员有效地组织起来，创造出一种开放、自信、团结、协作的气氛，使项目成员有统一感，强烈希望为实现项目目标做出贡献。

高效团队的建设要做好以下几点：①配备好团队成员；②加强团队成员的培训；③搞好对团队成员的激励；④进行有效的冲突管理；⑤加强团队文化建设；⑥提高凝聚力；⑦提高团队士气。

（3）进行激励应注意的问题：①对于不同的员工，应采取不同的激励手段；②适当拉开实际效价的档次；③注意期望心理的疏导；④注意公平心理的疏导；⑤恰当地树立奖励目标；⑥注意奖励时机和奖励频率。

本 章 回 顾

本章主要对建筑企业的劳动人事管理进行简要介绍，内容包括：

1. 建筑企业劳动人事管理是以企业职工为对象的人力资源的规划、培养、开发、引进和利用的综合性管理，是有关人事、劳动、报酬、教育培训等方面管理工作的总称。

劳动人事管理的主要内容为：劳动者的管理、劳动活动管理、劳动报酬管理、职工能力开发等。

用工制度是指在生产经营过程中对劳动者（包括体力劳动者、脑力劳动者两方面）的使用制度。根据我国目前有关企业用工制度管理规定，应全面推行全员劳动合同制。

职工招聘的原则是：面向社会、公开招收、全面考核、择优录取。

2. 劳动管理是对职工劳动活动的管理，中心任务是提高劳动生产率。其主要内容有：劳动定额、劳动组织、劳动纪律、劳动保护、劳动安全和劳动保险等。

3. 建筑企业目前采用的工资制度有岗位技能工资制和结构工资制。

4. 激励是人力资源管理的核心内容，是对人的潜在能力的开发。激励的方式有：物质奖励与精神鼓励、正激励与负激励、内激励与外激励。

第9章　建筑企业材料管理

 知识储备

建筑材料是生产建筑产品的基本要素，材料管理是建筑施工企业管理的重要内容，材料管理水平的高低直接关系到企业的经济效益。施工企业相对其他行业来说，是一种具有较低附加值的行业，在其成本费用构成中，材料占 70% 甚至于更多。所以，材料管理是施工企业业务管理中的重中之重，加强材料管理，降低材料消耗是控制工程成本最重要的手段，对施工企业的盈亏起着决定性影响。

通过本章的学习，我们应该：

1. 了解材料管理的含义、意义、任务及材料管理体制。
2. 熟悉材料管理的内容、材料管理的特点。
3. 熟悉材料消耗定额及材料储备定额的含义、分类、制定。
4. 掌握经济订购批量和 ABC 管理法的运用。
5. 了解材料计划的种类，理解各种材料计划的编制原理。
6. 熟悉材料采购与运输环节的基本工作，掌握材料采购决策的方法。
7. 了解材料仓库管理。
8. 了解周转材料及工具管理。

 导入案例

某建筑公司水泥年计划工作量为 2 160 万元，采购部门按 10t/万元进行水泥采购，由一个水泥厂供应，该水泥厂可按每次催货要求时间发货。有关部门提出三个方案：B_1 方案每月交货一次；B_2 方案每半月交货一次；B_3 方案每 10 天交货一次。

据历史资料，催货费用 $C=60$ 元/次；水泥运抵收货单位价格 $P=80$ 元/t；仓库年保管费率 $A=0.04$。

问题：1) 材料采购通常应注意哪些问题？

2) 比较 B_1、B_2、B_3 三个方案中，哪种方案最优？

3) 通过科学计算，寻求总费用最省的最优采购批量和供应间隔期。

通过本章的学习，我们将会找到上述问题的答案。

9.1 建筑企业材料管理概述

9.1.1 材料管理的含义

1. 建筑材料

建筑材料是指生产建筑产品所需的各种劳动对象。这是从理论上下的定义,从建筑企业管理实践看,习惯上把属于劳动资料的工具、用具、周转材料等也归为材料管理的范围。所以,建筑企业材料的管理,既包括生产建筑产品的全部劳动对象,又包括工具、用具及周转材料等部分劳动资料。

2. 材料管理

建筑企业材料管理,是指建筑企业对施工生产过程中所需各种材料的计划、采购、储备、保管、使用等一系列相互关联的业务活动进行管理的总称。

3. 材料的分类

材料按物理化学性能分为金属材料和非金属材料两类;按材料在施工生产过程中所起的作用分为主要材料、结构件、机械配件、周转材料、低值易耗品、其他材料等。

9.1.2 材料管理的意义

加强材料管理是改善企业各项技术经济指标和提高经济效益的重要环节。材料管理水平的高低,会通过工作量、劳动生产率、工程质量、成本、流动资金占用的多少和周转速度等各项指标直接影响到企业的经济效果。因此,材料管理工作直接影响到企业的生产、技术、财务、劳动、运输等方面的活动,对企业完成生产任务,满足社会需要和增加利润起着重要作用。

9.1.3 材料管理的任务

材料管理工作的任务,一方面既要保证生产的需要,另一方面又要采取有效措施降低材料的消耗,加速资金的周转,提高经济效果,其目的就是要用少量的资金取得最大的效果。具体要做到以下两方面。

1)保证适时、适地、按质、按量、成套齐备地供应施工生产所需的材料。

2)降低材料消耗,加速资金周转,提高经济效果。一般通过以下途径实现降耗增效。

① 控制储备,加速周转。为了保证材料供应,必须建立一定的储备。但是,过多的储备将占用大量的储备资金,不利于资金周转。为此,一方面,必须严格按计划供料,选择合理货源、运输线路、运输方式,以减少中间周转环节,减少在途材料;另一方面,要科学地测算经济库存量,以最小的储备满足施工生产的需要。

② 监督使用,降低消耗。材料管理部门虽然不直接耗用材料,但应从管理的角度监督材料使用,减少浪费,降低消耗。

③ 精打细算,降低价格。材料价格是影响材料成本的重要因素。材料管理工作要随

时掌握材料市场的变化，尽量以较低的价格购买到符合质量要求的材料；另外，要选择合理的包装、运输和保管方法，减少运杂费。

9.1.4　材料管理的体制

建筑企业材料管理体制，是指完成规定的工程项目及任务，用合同形式明确有关各方材料供应责任，以及企业内部各级组织就材料工作确定管理权限和管理形式的制度。它由材料供应体制、内部材料管理体制及材料组织机构组成。

1. 材料供应体制

材料供应体制主要指在材料供应工作中，有关各方的权限划分及具体的供应方式。

（1）建设单位组织供应　由建设单位按建筑工程施工图预算的材料用量及施工单位有关材料品种、规格、使用时间的计划，将全部材料供应到施工现场。凡由于材料供应问题造成的一切损失由建设单位负责；施工单位在现场验收材料，凡是使用过程中造成的损失，由施工单位负责。

（2）建设单位和施工企业分别供应　建设单位和建筑企业签订工程承包合同时，同时签订材料供应分工协议，明确双方在材料供应中应承担的责任和拥有的权限。施工过程中，双方按协议明确的分工范围，分别组织材料的供应。

（3）建筑企业统一供应　建筑企业统一供应，是指由建筑企业组织全部材料的供应。这种方式，有利于材料统一管理，统一核算，对降低材料成本有积极意义。

（4）物资企业供应　物资企业供应，是将材料供应业务发包给物资供应公司，由其负责全部材料供应。

2. 内部材料管理体制

（1）集中管理　此方式是指全部供应工作集中于公司一级。由公司一级的材料供应部门（或内设材料供应公司）统一计划、订货、调度、储备和管理。

（2）分散管理　此方式是把供应工作分散到企业内部各分公司和项目管理部，根据施工进度要求，由各基层单位负责材料采购、储备和管理。

（3）集中和分散相结合管理　此方式是指：主要物资和短线材料由企业一级材料供应部门或单位订购、储备、管理，供应基层使用；一般材料由基层自己在市场采购供应。

3. 材料组织机构设置

建筑企业材料管理的组织机构应根据企业组织形式和材料供应体制设置。

直线职能制组织机构的企业，公司设材料部，分公司设材料科，施工项目设材料组或专业材料管理员，各班组设兼职领退料员。各级材料管理机构和人员在企业内部承包的范围内，按工作范围、职责和权限，负责材料的组织和供应。

矩阵制组织机构的企业，一般以项目设置材料管理机构，各项目的材料管理一般实行集中管理方式，将供应权集中在项目机构，统一计划、统一采购、统一加工、统一供应。整个项目的材料管理工作，由项目一级的材料部门全面负责。

9.1.5　材料管理的内容

材料管理的主要内容是两个领域、三个方面和八项业务。

1. 两个领域

指在物资流通领域的材料管理和生产领域的材料管理。

1）物资流通领域是指物资从生产领域进入消费领域过程中各种活动的总称。建筑材料在物资流通领域的活动，是在企业材料计划指导下组织货源，进行订货、采购、运输和技术保管，以及企业多余材料向社会提供资源等活动的管理。

2）生产领域的材料管理是指在生产消费领域中，实行定额供料，采取节约措施和奖励办法，鼓励降低材料单耗，实行退料回收和修旧利废活动的管理。建筑企业的项目部一级是材料供、管、用的基层单位，它的材料工作重点是管，工作的好与坏，对材料管理的成效有明显作用。

2. 三个方面

指建筑材料的供、管、用，它们是紧密结合的。

3. 八项业务

指材料计划、市场采购、运输供应、验收保管、加工发料、现场管理、耗料核算、统计分析等。

上述各项业务活动，是相互依存，相互联系的统一体，如图 9-1 所示。

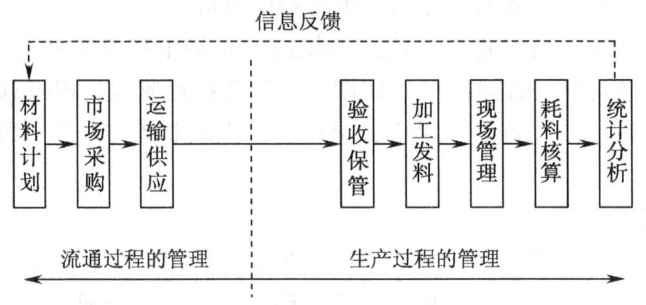

图 9-1　材料管理的内容

9.1.6　建筑企业材料管理的特点

建筑企业生产的技术经济特点，使得建筑企业的材料管理工作具有一定的特殊性和复杂性。建筑企业材料计划的制订，要参考材料消耗定额和储备定额来确定；施工生产的不均衡性，使得材料的采购工作应该具有一定的弹性；材料的品种繁多、价值不等，应区分重点加以分别管理；材料供应的多样性和多变性，材料消耗的不均匀性，带来材料管理的季节性储备和供应问题，并且要考虑运输方式和运输环节的影响与牵制。建筑企业的施工工序以及保管场地受限制的特点，要求必须对建筑材料的采购、保管、领用、场内运输、使用等环节进行合理统筹、科学安排，保证施工生产顺利进行。

练一练

1. ＿＿＿＿＿＿是指生产建筑产品所需的各种劳动对象。

2. 可以通过（　　）途径实现降耗增效。

A. 控制储备，加速周转　　　B. 监督使用，降低消耗

C. 精打细算，降低价格　　D. 改善材料管理体制

3. 建筑企业材料管理体制由_____、_____和_____组成。

4. 材料供应体制包括（　　）。

A. 建设单位组织供应　　B. 建设单位和施工企业分别供应

C. 建筑企业统一供应　　D. 物资企业供应

5. 内部材料管理体制包括_____、_____和_____。

6. 材料管理的主要内容是_____、_____和_____。

9.2　材料定额管理

在材料管理工作中，不论是编制计划、组织供应，还是建立储备，都需要按一定标准确定恰当的数量，即按定额进行管理。材料定额是材料管理的基础工作。

建筑企业的材料定额，分为材料消耗定额与材料储备定额两大类。

9.2.1　材料消耗定额

1. 材料消耗定额的含义

材料消耗定额，是指在一定的生产技术和组织管理条件下，完成单位合格产品或单位工程量所规定的合理消耗材料的数量标准。

所谓一定的生产技术和组织管理条件，是指在既定的工程对象和结构性质情况下，采取先进合理的施工工艺方法和平均先进的工人操作技术水平，以及先进合理的组织管理水平。所有这些条件，对材料消耗定额的高低都有直接影响。

所谓完成单位合格产品或完成单位工程量，是指按照既定的质量标准完成产品生产和工程量。单位产品是指以实物计量单位表示的一件产品，单位工程量是指以实物量指标表示的某项工程量。

所谓合理消耗材料的数量标准，是指在正常施工条件下，通过采取有效的节约措施后，所必须消耗的数量限额，包括构成产品或工程的净用量，也包括劳动过程中的合理损耗，不含人为的浪费和不合理损耗。

2. 材料消耗定额的作用

建筑企业的生产活动，随时都消耗着大量的材料，如何合理、节约地使用材料，降低消耗，提高施工技术水平，搞好材料供应管理工作，都与材料消耗定额有着直接的关系。材料消耗定额的主要作用如下。

（1）编制计划的基础　编制材料需用量计划和供应量计划，是根据要完成的实物工程量和材料消耗定额计算出来的，离开现行的材料消耗定额，计划就变成了主观臆断。

（2）控制材料消耗的标准　材料消耗过程的控制，是材料管理的重要环节。建筑企业控制材料消耗的方法普遍实行限额领料制度。只有根据材料消耗定额确定用料限额，才是最标准的和最先进的，才可以把材料消耗控制在合理的消耗范围内。

（3）推行经济责任制的重要手段　规定任务目标、确定材料用量、明确节奖超罚，是

经济责任制的重要内容。而材料消耗定额是测算材料消耗节超的衡量标准，也是确定材料用量的依据。因此，只有执行材料消耗定额，才能建立和落实经济责任制这一管理制度。

（4）企业实行经济核算和降低成本的基础　材料核算是建筑企业经济核算的主要内容之一，材料核算中必须以材料消耗定额作为基础，分析工程施工实际材料耗用水平，计算出材料成本的节约额或超支额，找到降低成本的途径。

（5）提高生产技术和科学管理水平的重要手段　材料消耗定额是建筑企业经营管理的基础工作之一。通过材料消耗定额的管理，可以使企业有关部门和人员注重研究材料及物资管理工作，改善施工组织方法，改进操作技术，树立典型，形成经验，从而推动企业整体水平的提高。

3. 材料消耗定额的种类

在建筑工程中使用的定额主要有概算定额、预算定额和施工定额三类。材料消耗定额一般不单独编制，而作为这三种定额的组成部分。

（1）材料消耗概算定额　材料消耗概算定额是建筑工程概算定额的组成部分，在不具备技术设计和施工图设计时，它可以用来估算或概略计算主要材料的需用量。

（2）材料消耗预算定额　材料消耗预算定额是建筑工程预算定额的组成部分，是由各地方政府主管部门统一制定用于计算建筑商品价格的定额。它是各地在社会平均生产力水平下材料消耗的数量标准。

材料消耗预算定额一般以分部分项工程为单位来计算和确定，是用来编制工程预算、施工计划、材料需用、采购供应、分析节超和甲乙双方材料款结算的依据，是企业材料管理中使用的主要工具。各单位在使用过程中不得更改，具有相对的稳定性，只有构成材料消耗预算定额的要素发生变化时，才能由颁发单位统一组织修订。

（3）材料消耗施工定额　材料消耗施工定额是建筑工程施工定额的组成部分，是由企业结合施工项目特点、条件和经营管理水平自行制订的材料消耗的数量标准，是控制材料消耗、签发限额领料单、加强对班组材料耗用进行考核的依据。其内容和预算定额相同，但更为细致和具体。主要特点是只适用于本企业内部，定额项目接近操作程序，确定的是材料消耗的实物量，并且其消耗量也必须低于预算定额的数量才能达到制订施工定额的管理目的。

4. 材料消耗定额的构成

材料消耗定额的构成取决于材料消耗的构成。要确定材料消耗定额水平，必须搞清楚建筑工程的材料消耗构成。

（1）材料消耗的构成　建筑工程的材料消耗一般由以下三部分组成。

1）有效消耗。即构成工程实体的净用量。

2）工艺损耗。即由于工艺原因，在施工准备过程和施工过程中发生的损耗，包括操作损耗、余料损耗和废次品损耗。

3）管理损耗。也叫非工艺损耗，是在材料管理过程中发生的损耗，包括运输损耗、保管损耗和事故损耗等。

材料消耗的构成如图9-2所示。

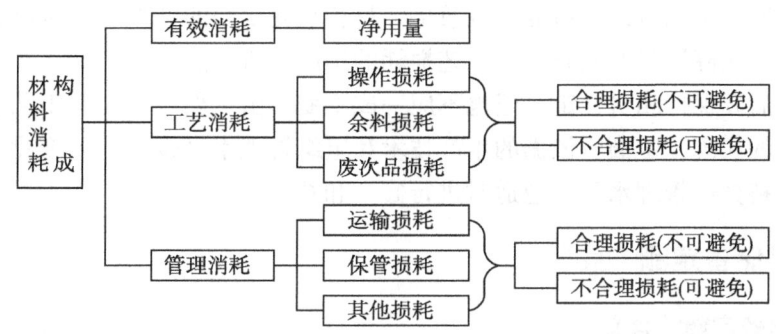

图 9-2　材料消耗构成

（2）材料消耗定额的构成　材料消耗定额的实质，就是材料消耗数量的限额。一般由有效消耗与合理损耗构成，不论是概预算定额还是施工定额，其有效消耗是固定的，差别在于合理损耗部分。

$$材料消耗施工定额 = 有效消耗 + 合理的工艺损耗$$

$$材料消耗预（概）算定额 = 有效消耗 + 合理的工艺损耗 + 合理的管理损耗$$

5. 材料消耗定额的确定

材料消耗定额的确定方法主要有以下几种。

（1）现场技术测定法　主要是编制材料损耗定额，也可以提供编制材料净用量定额的参考数据。主要是通过现场观察、测定，取得产品产量和材料消耗的情况，为编制材料定额提供技术根据。

（2）实验室试验法　主要是编制材料净用量定额。通过试验，能够对材料的结构、化学成分和物理性能以及按强度等级控制的混凝土、砂浆配合比作出科学的结论，给编制材料消耗定额提供有技术根据的、比较精确的计算数据。用于施工生产时，需加以必要的调整后方可作为定额数据。

（3）现场统计法　是通过对现场进料、用料的大量统计资料进行分析计算，获得材料消耗的数据。

（4）理论计算法　即运用一定的数学公式计算材料消耗定额。如砌筑砖墙工程中砖和砂浆用量的计算、铺贴每平方米块料面层中块料用量的计算。

6. 材料消耗定额的管理

材料消耗定额的管理，包括定额的制定、贯彻、考核和修订四个环节。

材料消耗定额是由国家指定的机构制定和颁布的，具有法令性和权威性，不能任意修改，必须严格执行。

定额的贯彻执行是定额管理的重要环节，企业要坚持按材料消耗定额确定材料的需要量，编制材料计划。按材料消耗的施工定额组织内部限额发料，进行材料核算。定额的执行一定要严肃认真，并和改善生产经营管理、改进操作方法、推广先进施工经验等技术组织措施结合起来。

定额考核是企业的一项经常性工作，材料管理人员要做好材料消耗及收、发、库存的原始记录和统计工作，并能深入施工现场，分析执行过程中存在的问题和原因，及时反映实际达到的定额水平和节约材料的经济效果。材料消耗定额的考核和分析可着重于材料的利用率，定额和实际用料的差异，非工艺损耗的构成分析等。

定额制订后要保持相对稳定，但也不应一成不变，由于新技术、新工艺、新材料的使用和节约措施的实现，定额所依据的生产技术和组织管理水平也发生了变化。所以，为了使消耗定额保持先进管理水平，应适时进行修订和补充。

9.2.2 材料储备定额

1. 材料储备定额的含义

材料储备定额，是指在一定的生产技术和组织管理条件下，为保证企业施工生产的正常进行而建立必要的材料储备的数量标准。

由于施工生产连续不断地进行，要求所需材料连续不断地供应，但材料供应和消费之间总有时间的间隔和空间的距离，有的材料使用前还需要加工处理，材料的采购、运输、供应等环节也可能发生某些意外而不能如期供给。因此，建立一定数量的材料储备是必需的。建立材料储备定额，是要找到能保证施工生产正常进行的合理储备量。材料储备过少，自然不能满足施工生产的需要；但储备过多，又会造成资金积压，不利周转。所以，建立储备定额的关键问题，在于寻求既能满足施工生产需要，又不过多占用资金的合理储备数量。

2. 材料储备定额的作用

1）材料储备定额是编制材料供应计划，组织采购和加工订货的重要依据。

2）材料储备定额是掌握材料库存，使企业的库存材料经常保持在管理水平的重要标准。

3）材料储备定额是编制资金使用计划，正确合理地确定储备资金占用量，有效地加快流动资金周转和提高企业经济效益的重要工具。

4）材料储备定额是合理确定仓库规模、保管设备以及仓库定员的重要依据。

3. 材料储备定额的分类

（1）按作用分

1）经常储备定额。指在正常情况下，为保证施工生产需要而建立的储备量。

2）保险储备定额。指在发生意外情况造成供货误期或消耗加快的条件下，为保证施工生产需要而建立的储备量。

3）季节储备定额。指在由季节影响造成停货的情况下，为保证施工需要而建立的储备量。

（2）按计量单位分

1）相对储备定额。以储备天数为计量单位的储备定额。它用储备的材料相对可以使用多少天来表示储备的数量标准。

2）绝对储备定额。以材料的实物量为计量单位的储备定额。它表示了储备材料的绝对实物数量。

（3）按综合程度分

1）品种储备定额。按材料品种核定的储备定额。它主要用于品种少但量大的主要材料的储备，如钢材、木材、水泥等。

2）类别储备定额。按材料目录的类别核定的储备定额。主要用于品种多但每一品种量少的材料储备，如油漆类、五金配件类、化工材料类等。

3）综合储备定额。以各类材料综合价值核定的储备定额。主要用于核定储备资金。

（4）按期限分

1）季度储备定额。以季度为适用期限的储备定额，即每季度核定一次。

2）年度储备定额。以年度为适用期限的储备定额，即每年度核定一次。

4. 材料储备定额的确定

（1）经常储备定额的确定　经常储备（又称周转储备），是指在正常情况下，前后两批材料在进料间隔期间，为保证施工生产正常进行而建立的合理储存数量标准。

正常情况下，每批材料进货时，储备量（库存量）达到最高，此时的储备量叫最高储备量。确定储备定额，就是合理核定此时的最高储备数额。随着材料领用消耗，储备量逐渐降低，到下次进货前夕储备量降为零，此时的储备量叫最低储备。进货（最高）——消耗——进货（最低），周而复始。两次进货的时间间隔叫供应间隔期，最高储备量与最低储备量的平均值叫平均储备量。经常储备量变动如图9-3所示。

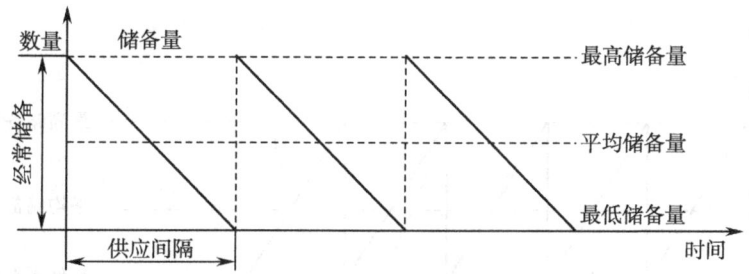

图9-3　经常储备

建筑企业的日常材料经常储备量，只能在最高储备和最低储备之间进行。

经常储备量 = 平均每日材料需用量 × 合理储备天数

式中　平均每日材料需用量 = $\dfrac{\text{计划期材料需用量}}{\text{计划期天数}}$；

合理储备天数 = 供应间隔天数 + 验收入库天数 + 使用前准备天数。

1）计划期天数，当计算全年材料需用量时取360天；当计算季度材料需用量时，取90天。

2）供应间隔天数是指先后两批材料到货的间隔天数，它包括从采购到交货的周期，以及途中运输所需天数。当平均每日需用量不变时，应使数量满足下批材料进料前的施工生产需要。

在供应来源较单一且供需关系较稳定的情况下

$$\text{供应间隔天数} = \dfrac{\text{每批材料进货量}}{\text{平均每日需用量}}$$

当供应来源有几个单位且供应间隔期又不稳定的情况下

$$\text{平均供应间隔天数} = \dfrac{\text{各批(到货的间隔期} \times \text{该批到货数)之和}}{\text{各批到货数之和}}$$

3)验收入库天数,指材料到达本单位仓库后的搬运、整理、质量检验、数量清点和办理入库手续所需天数。

4)使用前准备天数,指某些材料在投入使用前要经过加工、技术处理和生产准备等所需天数。如木材干燥、砂子过筛、石子清洗、石灰淋化等需用天数。

(2)保险储备定额的确定 保险储备是为了预防材料在采购、交货或运输中发生误期或施工生产消耗突然增大,致使经常储备中断,为应急而建立的材料储备。这种储备一般不动用(施工现场完工清场例外),当紧急动用时,即暴露供需之间已发生脱节,应采取补救措施及时补充。保险储备量计算公式为

$$保险储备量 = 平均每日材料需用量 \times 保险储备天数$$

保险储备天数是根据某种材料过去发生的交货、运输等误期情况的统计资料,用加权平均法求得的平均误期天数,即

$$平均误期天数 = \frac{\sum(进货误期天数 \times 误期入库数量)}{误期入库数量总和}$$

保险储备与经常储备的关系如图9-4。

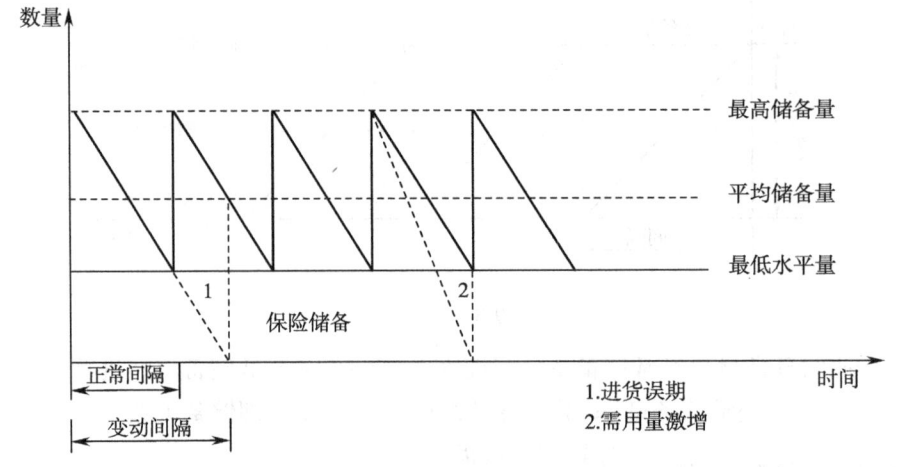

图9-4 保险储备与经常储备的关系

(3)季节性储备定额的确定 季节性储备是指某些材料的资源因受季节性影响,有可能造成生产供应中断而建立的一种材料储备。如砂、石等在洪水季节,供应处于淡季。其计算式为

$$季节性储备量 = 平均每日材料需用量 \times 季节性储备天数$$

季节性储备天数为正常进料中断天数,一般根据历史资料并结合计划期具体情况确定。季节性储备仅限于少数特定材料品种,一般材料不需作季节储备。

(4)材料储备定额的确定

$$材料储备定额 = 材料经常平均储备定额 + 材料保险储备定额$$

材料最高、最低储备定额分别为

$$最高储备定额 = 经常储备量 + 保险储备量$$
$$= 平均每日材料需用量 \times (经常储备天数 + 保险储备天数)$$

最低储备定额 = 平均每日材料需用量 × 保险储备天数

由于企业库存材料的领用，通常是根据工程施工进度的每日耗用量成有规律的递减。在确定经常储备定额时，通常按库存材料的最大值和最小值平均计算，或以（期初+期末）÷2 计算。因此在确定某种材料储备定额时，可按材料经常平均储备量加材料常年保险储备计算。

【例 9-1】 某预制构件厂全年生产混凝土构件需用水泥 7 200t，水泥交货间隔期 30 天，发运 1 天，途中运输 1 天，到站后通知提运 2 天，验收整理 1 天，平均误期为 10 天，求水泥的经常储备定额及最高、最低储备定额是多少？

【解】 水泥平均每日需用量 $= \dfrac{7\,200t}{360\,天} = 20t/天$

经常储备天数 $=(30+1+1+2+1)$ 天 $= 35$ 天

水泥经常储备定额 $= 20t/天 \times 35$ 天 $= 700t$

水泥最高储备定额 $= 20t/天 \times (35+10)$ 天 $= 900t$

水泥最低储备定额 $= 20t/天 \times 10$ 天 $= 200t$

5. 经济订购批量和 ABC 管理法

（1）经济订购批量　经济订购批量，即订购材料的最优经济批量，是某种材料总需要量中每次采购的数量，是使材料采购费用和仓库保管费用之和最低时的订购量，简称经济批量。

在材料采购成本中，包括买价、运杂费、采购保管费等。采购费与采购次数成正比，主要包括采购人员差旅费、采购手续费、检验费等。如果采购总量不变，采购次数随采购批量的加大而减小，故采购费用同采购批量成反比例关系。即减少采购次数，增大采购批量可以节省采购费用。保管费数额由保管数量所决定，主要包括仓库及设施的折旧、维修费、采暖通风照明费、材料保管费、装卸堆码费、库存损耗、库存材料占用资金的利息支出等。保管数量则随采购批量的加大而增加，故保管费同保管数量成正比例关系。因此，保管上要求减少保管数量而增多采购次数。从上述可知，采购费与保管费对采购批量要求是相反的。如何寻求一个恰当的采购批量，使这两种费用的总和为最低，这就是经济批量所要解决的问题。

订购批量与采购费用、仓库保管费、总费用的关系如图 9-5 所示。

设　Q——计划期材料需用量；
　　C_j——每次订购批量；
　　C——每次采购费；
　　P——材料单价；
　　N——订购次数；
　　A——单位价值材料计划期仓库保管费率；

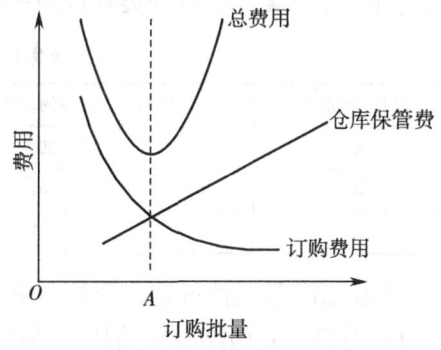

图 9-5　订购批量与费用关系图

则　计划期仓储费 $= \dfrac{1}{2} C_j PA$

计划期采购费 $= NC = \dfrac{Q}{C_j} C$

总费用 $= \dfrac{1}{2} C_j PA + \dfrac{Q}{C_j} C$

经计算求得总费用最小的订购批量 C_j 为

$$C_j = \sqrt{\dfrac{2QC}{PA}}$$

【例9-2】某公司年需要某材料300t，每次采购费为100元，年仓库保管费率为6%，该材料单价为500元，试求经济订购批量。

【解】利用经济订购批量计算式，则

$$经济订购批量 = \sqrt{\dfrac{2 \times 300 \times 100}{500 \times 0.06}} t = 44.72t$$

此时，每年订购次数 N 和平均供应间隔期 T 分别为

$$N = \dfrac{Q}{C_j} = \dfrac{300t}{44.72t} = 6.7 \approx 7$$

$$T = \dfrac{360 \text{ 天}}{7} \approx 51 \text{ 天}$$

应该指出，上述经济订购批量，是在一定条件下使用的。一定条件包括材料需用量均衡稳定，订购量不受市场限制，能按规定日期供货，材料单价、运杂费率固定，仓库条件、材料储存期及资金不受限制等。

(2) ABC管理法　要搞好材料管理，首先要对库存材料进行分类，抓住"关键的少数，次要的多数"，找出重点管理的材料。ABC管理法就是对企业使用的各种材料，从材料的品种和价值两个方面分析材料的重要程度，划分控制重点，把全部材料按一定标准分为A、B、C三类，实行分类管理的一种科学方法。分类标准见表9-1。

表9-1　ABC管理法分类标准

材料类别	品种占总品种的比例（%）	价值占总价值的比例（%）
A	5~20	70~90
B	25~40	10~25
C	50~70	5~15

利用ABC管理法确定库存控制重点的基本程序如下。

1) 计算一定时期材料消耗的品种和价值。

2) 按价值排出材料品种的顺序，并计算各品种材料价值的比例。

3) 按比例依照表9-1的标准划分档次，确定材料的类别。同时检查品种的比例是否在标准规定的范围内。

4) 分类进行控制。

A类：主要材料，为重点管理对象，应严格控制库存量，尽量以经济批量进货，随时检查库存状况。A类材料控制好了，对降低资金占用将起重要作用。

B类：次要材料，为次要管理对象，应按定额控制库存量，以定量订购的批量或定期订购的批量进货，定期检查库存情况。

C类：一般材料，为非重点管理对象，对库存量不严格控制，可以定量订购的批量进货。如有必要，库存数允许适当高于定额。

【例9-3】某工程的基础施工所需材料数量及单价见表9-2的（1）~（4）列。

表9-2 材料消耗量及单价表

材料名称	单位	消耗量	单价/元	合价/元	占总价（%）
（1）	（2）	（3）	（4）	（5）	（6）
32.5水泥	kg	1 740	0.25	435	0.10
42.5水泥	kg	18 102	0.27	4 888	11.30
52.5水泥	kg	8 350	0.30	2 505	5.79
净砂	m³	71	30.00	2 130	4.93
碎石	m³	40	41.20	1 640	3.79
钢模	kg	1 520	3.95	6 004	13.88
木模	m³	4	1 242.62	4 970	11.49
镀锌铁丝	kg	147	5.41	795	1.84
灰土	m³	54	25.24	1 363	3.15
水	m³	43	1.24	53	0.12
电焊条	kg	13	6.67	86	0.02
草袋子	m³	25	0.94	24	0.06
黏土砖	千块	109	100	10 900	25.2
隔离剂	kg	20	2.00	40	0.09
铁钉	kg	61	5.70	348	0.80
10以内钢筋	t	1.1	2 335.45	2 569	5.94
10以上钢筋	t	1.8	2 498.16	4 497	10.40
合计				43 247	100

要求计算出合价及总价，用A、B、C管理法分析出主要材料、次要材料和一般材料，并指出管理重点。

【解】

1）求出每种材料的合价，见表9-2第（5）列。

2）求出总价，本例为43 247元。

3）求出每种材料占总价的比重，见表9-2第（6）列。

4）按比重多少排列并求出累计比重，见表9-3。

表9-3 材料按价格和比重排列表

序号	材料名称	合价	比重（%）	累计比重（%）
1	黏土砖	10 900	25.2	25.2
2	钢模	6 004	13.88	39.08
3	木模	4 970	11.49	50.57
4	42.5水泥	4 888	11.30	61.87
5	10以上钢筋	4 497	10.40	72.27
6	10以内钢筋	2 569	5.94	78.21
7	52.5水泥	2 505	5.79	84.00
8	净砂	2 130	4.93	88.93
9	碎石	1 640	3.79	92.72
10	灰土	1 363	3.15	95.87
11	镀锌铁丝	795	1.84	97.71
12	32.5水泥	435	1.00	98.71
13	铁钉	348	0.80	99.51
14	电焊条	86	0.20	99.71
15	水	53	0.12	99.83
16	隔离剂	40	0.10	99.93
17	草袋子	24	0.07	100.00
18	总计	43 247		

5）判断：累计比重占80%的材料是主要材料，本例为1~6种，该类材料应作为重点管理对象；累计比重为80%~90%的材料是次要材料，本例为七八种，该类材料应作为次要管理对象；其余10种为一般材料，作为非重点管理对象。

练一练

1. 建筑企业的材料定额，分为_____与_____两大类。
2. 在建筑工程中使用的定额主要有_____、_____和_____三类。
3. 建筑工程的材料消耗一般由_____、_____和_____三部分组成。
4. 材料消耗数量一般由_____与_____构成。
5. 材料消耗定额的管理，包括定额的_____、_____、_____和修订四个环节。
6. _____，是指在一定的生产技术和组织管理条件下，为保证企业施工生产的正常进行而建立必要的材料储备的数量标准。
7. 材料储备定额按作用分为（   ）。
   A. 保险储备定额   B. 季节储备定额   C. 经常储备定额
   D. 相对储备定额   E. 绝对储备定额
8. 某厂全年生产构件需要用水泥8 100t，水泥交货间隔期为35天，发运1天，途中运输 2 天，到站后通知提运 3 天，验收整理 1 天，平均误期为 11 天，求水泥的经常储备定额及最高、最低储备定额是多少？

9. 某种材料单价 2 900 元/t，$Q = 2 050$t，订购费 $C = 1 000$ 元/次，单位价值材料年仓库保管费率为 5%，试求经济订购批量。

9.3 材料计划、采购与运输

9.3.1 材料计划

企业的材料计划是材料管理的重要内容，是企业施工技术财务计划的重要组成部分，与施工生产计划、技术措施计划、降低成本计划、财务计划等有着密切的联系。材料计划既为生产计划的顺利执行提供物质保证，又是进行材料导购订货、储存、使用的重要依据，在加强材料管理，改进材料供、管、用的组织工作中起着重要作用。

材料计划是根据施工生产材料供应的要求，以及市场材料供应情况而编制的各类计划的总称。在市场经济条件下，掌握建材市场供求信息，搞好建材市场的预测和分析，是做好材料计划的重要依据，它可以促进组织货源、分配储备、保证供应和挖潜降耗等方面的工作有效地进行。

1. 材料计划的种类

（1）按用途分类

1）需用量计划（也称用料计划）。材料需用量计划，是反映建筑企业生产经营活动所需材料的计划，包括所需材料的数量、品种、规格、时间等。用料计划是编制其他计划的基础。

2）材料供应计划（也称供应计划）。材料供应计划是根据材料需用量计划、库存资源和合理的储备条件，经综合平衡后制订的材料申请、订货、采购等活动的计划。它是组织、指导材料供应与管理业务活动的具体行动计划。

3）材料订货计划（也称订货明细表）。材料订货计划是指导供应单位签订供货合同而编制的计划。在实际工作中，通常以供（订）货合同代替订货明细表。

4）材料采购计划（也称采购计划）。材料采购计划，是为指导采购人员向市场采购材料而编制的计划。

（2）按计划期限分类

1）年度材料计划。年度材料计划是企业为保证年度施工生产任务而编制的全面计划，是全面指导供应工作的主要依据。

2）季度材料计划。季度材料计划是为保证季度施工任务而编制的计划，是年度材料计划的具体化，也是适应情况变化而进行的一种平衡调整计划。

3）月（旬）材料计划。月（旬）材料计划是为保证完成月（旬）施工生产任务而编制的计划，是年（季）材料计划在月（旬）内组织配套供应、安排运输、控制使用、进行管理的行动计划。月（旬）计划要求全面、准确、及时，它由基层用料单位根据施工作业计划，以单位工程为对象，对各个工程的分部分项逐一核算汇总编制。月（旬）计划除工程用料外，还包括工具、劳保用品等。

(3) 按供应渠道分类

1) 物资企业供应材料计划。指由物资企业负责供应材料时施工企业编制的需用量计划，直接向物资企业要求供应。

2) 建设单位供应材料计划。指按签订工程合同的分工，由建设单位供应材料时，由建筑企业根据施工进度，及时编制的需用计划，要求对方按需供应。

3) 建筑企业自行供应材料计划。指按签订合同分工由建筑企业自行供应材料时，由建筑企业按要求分别编制相应需用量、供应、采购等的计划。

2. 材料计划的编制

材料计划的编制大致可分为三个程序，即计算材料需用量，确定材料的期末储存量，经过综合平衡后编制材料的申请供应计划。实质上，就是确定需用量、储备量和申请供应量这三项指标。

(1) 材料需用量计划的编制　可采用直接计算法和间接计算法两种方法。

1) 直接计算法。对工程任务明确，施工图样齐全的，直接按施工图样算出分部、分项工程实物工程量，结合施工实际套用相应定额，逐项分析各种材料需用量，然后汇总编制材料需用计划，再按施工进度计划分期编制各期材料需用计划。

一般计算公式为

$$某种材料计划需用量 = \sum（计划实物工程量 \times 材料消耗定额）$$

上式中，材料消耗定额的选用应根据材料供应渠道和计划的用途具体确定。

材料需用量计划编制程序如图9-6所示。

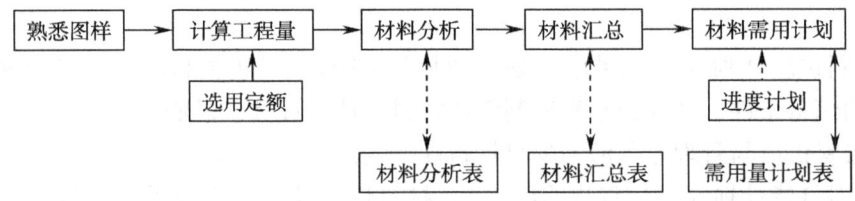

图9-6　材料需用量计划编制程序

材料需用量计划表见表9-4。

表9-4　材料需用量计划表

编制单位：　　　　　　　　　　　　　　　　　　　　　　　　　年　月　日

序号	建设项目	材料计划				各期用量			
		名称	规格	单位	数量				
	××工程								
	××工程								

共　页，第　页

第 9 章 建筑企业材料管理

2）间接计算法。主要是在任务已落实，但设计资料不全而无法进行预算的情况下，为提前备料提供依据而采用的计划方法。主要有以下几种方法。

① 概算定额法。

用万元定额计算公式为

$$\text{某种材料需用量} = \frac{\text{工程项目}}{\text{计划总投资}} \times \frac{\text{同类工程项目万元}}{\text{产值材料消耗定额}} \times \frac{\text{调整}}{\text{系数}}$$

用平方米定额计算公式为

$$\text{某种材料需用量} = \frac{\text{工程项目}}{\text{建筑面积}} \times \frac{\text{类似工程平方米}}{\text{材料消耗定额}} \times \frac{\text{调整}}{\text{系数}}$$

② 动态分析法。此种方法是依据材料消耗统计资料，分析变化规律，根据计划任务量估算材料需用量。

$$\text{某种材料需用量} = \frac{\text{上期该材料}}{\text{消耗量}} \times \frac{\text{计划期任务量}}{\text{上期完成任务量}} \times \frac{\text{调整}}{\text{系数}}$$

③ 类比分析法。在既没有消耗定额，又无统计资料的情况下，可用类似工程的消耗标准推算。

$$\text{某种材料需用量} = \frac{\text{工程项目}}{\text{建筑面积}} \times \frac{\text{同类型工程平方米}}{\text{材料消耗定额}} \times \frac{\text{调整}}{\text{系数}}$$

直接计算法和间接计算法比较，前者确定的需用量准确具体，有利于管理者判断节超情况。后者计算的需用量较粗，为了降低材料消耗，可作为使用过程中的控制和管理。

（2）材料供应量计划的编制 材料供应量计划是在需用量计划的基础上，根据库存资源及储备要求，用平衡原理计算材料实际供应量的计划。企业购买材料必须根据供应量计划进行。

$$\text{材料供应量} = \text{材料需用量} + \text{期末储备量} - \text{期初库存量}$$

式中，材料需用量、期初库存量、期末储备量都会影响供应量，因此核算这几个指标是确定供应量的首要问题。

1）材料需用量即材料需用量总量。

2）期初库存量，即期初仓库实际拥有的储备量。因为一般编制计划在前，期初库存需要估算。估算公式为

期初库存量 = 编制计划时的实际库存 + 至期初的预计到货量 - 至期初的预计消耗量

在估算期初库存量时，一方面应深入调查，了解订货、发货及在途货物的情况，另一方面要根据进度计划估计消耗量。

3）期末库存量是计划期末的材料储备，也是下期计划期的期初库存。可按下式计算。

$$\text{期末库存量} = \text{经常储备} + \text{保险储备} + \text{季节储备}$$

材料供应量计算确定后，还要根据企业实际情况制订具体供应措施，才能构成完整供应计划。

供应措施包括两方面，第一是划分供应渠道，即将所需供应的材料划分为物资企业供料，建筑企业自供料，以及企业内部挖潜、自制、改、代材料。第二是确定供应制度，即

根据施工进度与合理的储备定额,确定进货批量和具体时间。

材料供应量计划表见表9-5。

表9-5 材料供应量计划表

编制单位:　　　　　　　　　　　　　　　　　　　　　　　　　　　年　月　日

材料名称	规格型号	计量单位	期初预计库存	计划需用量					期末储备量	计划供应量					各期供应量		
				合计	其中					合计	其中				小计	其中	
					工程用料	经营维修	周转材料	机械制造			物资企业	市场采购	挖潜改代	加工自制		第一次	第二次

(3) 材料订货、采购计划的编制　材料供应计划编制后,还应按订购方式分别编制订货计划和采购计划。

1) 订货计划。凡需与供货单位签订购销合同购买的,都应编制订货计划。订货计划的具体形式是订货明细表,其内容主要有:材料名称、规格、型号、技术参数、数量、交货时间、交货方式、地点、收货单位地址、账户账号等。需要注意的是,订货材料名称、数量、规格、质量、时间等,必须与材料需用量计划、供应计划相一致。

2) 采购计划。凡可在市场直接采购的材料,均应编制采购计划,这部分材料种类多、数量大、规格杂、产地分散、供应渠道多、价格不稳定,主要通过计划控制采购材料的数量、规格、时间等。

9.3.2　材料采购与运输

1. 材料采购

材料采购是通过各种渠道把工程所需的原材料、燃料和工具采运回来,这是保证材料供应的基础。材料采购工作涉及面很广,要完成采购任务,要做到"知己"、"知彼",内外协调,紧密配合。

(1) 材料采购的原则

1) 遵纪守法的原则。建筑企业材料采购工作,必须严格执行国家的政策,遵守有关物资管理工作的法规、法令和制度,自觉维护国家物资管理秩序。

2) 按需订购的原则。材料采购工作的根本目的,是满足施工生产的需要,保证供应。因此,必须坚持按需订购的原则,避免供需脱钩或库存积压现象的发生。具体做到,按需用计划编制供应计划,按供应计划编制订货、采购计划,按计划组织采购活动。

3) 择优选购的原则。材料采购工作另一个目标,是要在满足施工生产需要的同时,加强材料成本核算,降低采购成本。坚持比质、比价、比供应条件,经综合分析、对比、评价后择优选择供货单位。

4) 恪守信誉的原则。材料采购工作,是企业经营活动的组成部分,体现了企业供应业务和外部环境的经济关系,是显示企业信誉水平的一个窗口。因此,材料采购部门和业务人员必须做到信守合同,恪守诺言,提高企业的信誉。

(2) 材料采购的方式　材料采购一般包括合同订购、自由选购、委托代购、加工订购固定订购五种方式。对于消耗量大,须提前订货的材料一般应签订购销合同。用合同的方式把供需关系固定下来,保证供应。对于市场上随时都能购买到的材料,需方可在市场和生产厂家中自由选购。企业由于采购的力量不足,可以委托生产资料服务公司(物资企业)代购所需材料,并付一定的代购费。物资企业通常开展"四代一调"业务,即代购、代销、代加工、代办运输和调资调剂。如果企业所需材料规格特殊,市场无货源供应,就需加工订购。即委托外单位按要求加工而获得特殊材料的一种订购方式,包括带料加工、成品改制、加工订货等。对于消耗量特别大,需求稳定的材料,可以向生产厂家投资联营,包销部分产品,从而使企业拥有稳定的材料来源,固定的供货单位。

(3) 材料采购决策　为保证供应,采购到质高价低的材料,必须进行科学的采购决策。主要包括:选择供货单位、选择订购时间、选择订购批量等。

1) 选择供应单位。选择供应单位是材料采购决策的一项重要内容,是保证供应,降低采购成本的重要环节。选择供应单位必须在广泛调查研究的基础上进行,最好编制供应单位一览表(见表9-6),以供决策。

表9-6　供应单位一览表

材料名称:

序号	供应单位	供应单位地址	产品质量	产品价格	运费	其他费用	货源数量	信用情况	服务措施

① 选择标准。包括质量、价格、服务三方面的指标。

a. 质量适当。选择供应单位产品的质量,必须运用价值工程的基本观点,结合价格通盘考察。质量达不到要求,价格再低也不能购买,否则会造成工程质量事故,影响企业信誉;质量远远超过设计要求,也不能作为选择对象,因为质高往往价也高,形成多余功能。所以,应当选择材料质量达到要求的供应单位。

b. 价格低。在质量符合要求的前提下,应选择价格低的单位。材料采购成本,不仅是购买价,还包括包装、运输、保管等费用。必须综合分析后选择。

c. 服务质量好。除了质量、价格外,还应注意供应单位的服务质量。服务质量包括信誉程度、交货情况、售后服务等。

② 选择方法。

a. 综合评分法。将各项选择标准,按重要程度规定得分的权数,对各项选择标准打分后进行加权平均,以最后得分作为选择依据。

【例9-4】 某建筑企业对三个供货单位进行评定。选择了质量、价格、合同完成率三项指标为评定标准,评分权数分别为40%、35%、25%。试根据上期三个单位供货情况(见表9-7),选择下一期的供应单位。

表9-7

供应单位	产品质量		单价 /(元/件)	合同完成		备注
	实收数量/件	合格数量/件		应交货/件	实交货/件	
A	2 500	2 400	1.83	2 600	2 500	
B	2 000	1 960	1.86	2 050	2 000	
C	2 300	2 162	1.85	2 450	2 300	

【解】 列表计算各项指标得分。其中,质量以合格率打分,单价以最低价为满分,其他按比例计算,合同按完成率打分,见表9-8。

表9-8

供应单位	产品质量		单价		合同情况	
	合格率	得分	比值	得分	完成率	得分
A	0.96	96	1.00	100	0.96	96
B	0.98	98	0.98	98	0.98	98
C	0.94	94	0.99	99	0.94	94

计算各供应单位的最后得分

A:$96 \times 0.40 + 100 \times 0.35 + 96 \times 0.25 = 97.4$

B:$98 \times 0.40 + 98 \times 0.35 + 98 \times 0.25 = 98.0$

C:$94 \times 0.40 + 99 \times 0.35 + 94 \times 0.25 = 95.8$

由于B单位分值最高,所以应选择B单位作为供应单位。

b. 材料成本比较法。在其他条件相同的情况下,比较材料成本,以最低者为选择对象。材料成本包括原价(买价)、运杂费、采购保管费等,决策时应将各项费用加总比较,不应只看原价的高低。

c. 招标法。当采购数量大、供应单位多时,可采用招标的方法选择供应单位。具体做法是:采购单位提出招标条件(材料品种、规格、数量、质量、供货时间、供货方式等),各供应单位投标,然后由采购单位评标、定标,选中供货单位,签订合同。

d. 协商选择法。采购单位选择几家条件较好的供应单位,分别同他们协商,根据协商的条件,选择一家较优越的作为供货单位。

2)选择订购时间和订购批量。订购时间、订购批量与库存量有直接关系。订购时间早了或订购批量大了,会造成库存积压;订购时间迟了或订购批量小了,则会形成供应中断。材料采购决策的内容之一,就是要选择恰当的订购时间和订购批量。主要有下面两种选择方法。

a. 定量订购法。这是待库存材料消耗到一定量时,就组织订购的方法。采用这种方法,订购批量固定不变;订购时间随仓库材料消耗的快慢而变化,只需要库存降到一定数量就立即组织订购。

组织订购时的库存量称为订购点库存量,简称订购点,如图9-7所示。

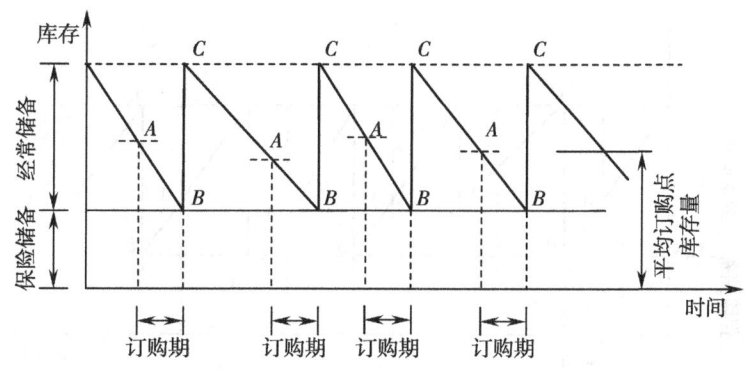

图 9-7 定量订购示意图

图9-7中,随着生产的进行,库存材料逐渐消耗,当达到订购点 A 时,就立即以经常储备为批量组织订货;所购材料在 B 点时到货入库。此时库存又升至最高储备 C 点。以后照此循环。

从图9-7中可以看出,订购点由订购期内的材料消耗量和保险储备量组成,计算公式如下。

$$C_d = T_d H_r + C_b$$

式中 C_d——订购点的库存量;
T_d——订购期;
H_r——平均日耗量;
C_b——保险储备。

其中,平均日耗量(H_r)及保险储备(C_b)已在本章"9.2.2 材料储备定额"中介绍。订购期指提出订货至到货的时间,即临时订货所需时间。包括办理订货手续、运输、加工、验收入库等所需的时间。

【例9-5】某建筑企业水泥年计划需用量为500t,平均误期天数为6天。现设订购期为8天,试确定订购点。

【解】 $C_d = T_d H_r + C_b$

$= 8 \text{天} \times \dfrac{500\text{t}}{360 \text{天}} + 6 \text{天} \times \dfrac{500\text{t}}{360 \text{天}}$

$= 19.44\text{t}$

即当库存达到19.44t时应提出订货。

上述订购点是按平均消耗量（平均速度）计算的，因此存在一定误差，有可能出现提前到货或误期的现象。在实际工作中，应根据材料消耗速度的快慢，对订购点进行修正。消耗速度高于平均速度，应适当提高订购点，反之则降低订购点。当然，订购期也不一定完全一样，同样应根据当时的条件作适当调整。

b. 定期订购法。即固定订购时间和订购周期的方法。采用这种方法，订购时间和周期固定不变，订购批量视实际库存而定，如图9-8所示。

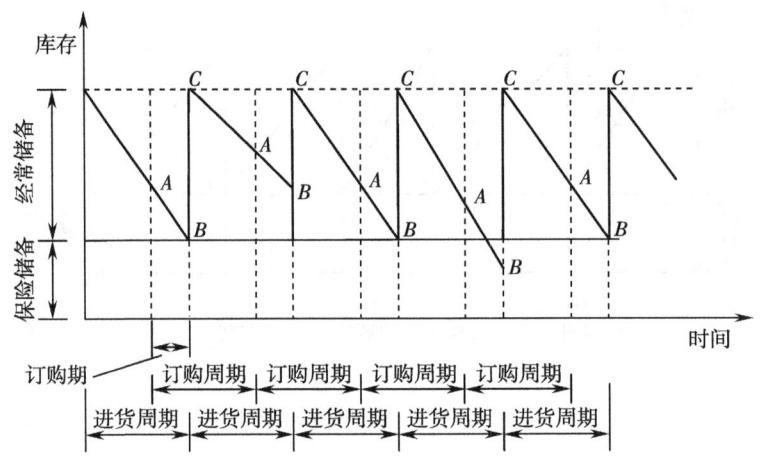

图9-8 定期订购示意图

订购周期取平均供应间隔期（T_g），订购时间在每期进货时间的基础上，向前推一个订购期即可。比如按进货周期每月20日进货，订购期为8天，那么订购时间就应为每月12日。

订购批量随订购时库存的多少而变化。用以下公式计算。

$$C_p = C_j + C_b + T_d H_r - C_s$$

式中　C_p——订购批量；

　　　C_j——经常储备定额；

　　　C_b——保险储备；

　　　T_d——订购期；

　　　H_r——平均日耗量；

　　　C_s——实际库存（实际储备）。

图9-8说明：订购时，库存量为A点；当进货时，库存量消耗至B点，经补充库存又回到最高储备C点。订购批量（C_p）正好是C点和B点的差值。

【例9-6】按例9-5的资料，设经常储备定额$C_j=22t$，订购期$T_d=8$天，平均误期天数为6天，设订购时的实际库存$C_s=5t$，求本次订货的订购批量。

【解】 根据公式计算如下：

$$C_p = 22t + 6\text{天} \times \frac{500t}{360\text{天}} + 8\text{天} \times \frac{500t}{360\text{天}} - 5t$$

$$= 36.44t$$

即本次订购批量为 36.44t。

订购时间及订购批量的选择，不仅是材料采购决策的问题，也是仓库控制库存材料的基本业务。因此，决策时必须和仓库管理结合起来。

2. 材料运输

确定了各种材料的订购量与价格后，应按照交货期的要求，组织材料的运输。材料运输就是选择最适合的运输方式，将采购的材料从发料地经济、安全地运送到仓库地或现场。运输的同时，采购者可派人进行跟踪。

选择运输方式就是确定材料是委托运输公司还是企业自己组织运输。无论是前者还是后者，都要比较各种运输工具，如火车、汽车、航运等的优劣，选择最有利的一种或多种运输工具。在运输方式的选择过程中始终应贯彻运输费用最低的原则，这包括运输工具、运输路线和运输量的最优选择。

保证材料安全地到达目的地，是运输过程中最为重要的工作。所谓安全，主要包括以下的内容。

1）发货时，要检查材料的质量、品种、规格、数量是否与发货单相符合。
2）装卸工具、装卸工作和包装工作都应搞好，避免装卸时和运输中的损坏。
3）运输过程中要防止遗失和损失。
4）加强运输管理，特别是多次转运，要保证材料按期到达目的地。

材料到达目的地时，采购者应与仓库或现场材料管理者共同验收交货，搞好最后交料的工作。

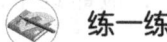 练一练

1. 按用途把材料计划分为（　　　）。
   A. 需用量计划　　B. 材料供应计划　　C. 材料订货计划　　D. 材料采购计划
   E. 年度材料计划　F. 季度材料计划　　G. 月材料计划
2. 按计划期限把材料计划分为（　　　）。
   A. 需用量计划　　B. 材料供应计划　　C. 材料订货计划　　D. 材料采购计划
   E. 年度材料计划　F. 季度材料计划　　G. 月材料计划
3. 材料计划编制的实质就是确定_____、_____和_____。
4. 材料供应量计划是在_____的基础上，根据库存资源及储备要求，用_____原理计算材料实际供应量的计划。
5. 材料供应计划编制后，还应按订购方式分别编制_____和_____。
6. 材料采购的原则包括（　　　）。
   A. 遵纪守法的原则　　　　B. 按需订购的原则
   C. 择优选购的原则　　　　D. 恪守信誉的原则

7. 材料采购的方式包括_____、_____、_____、_____、_____五种。

8. 进行科学的采购决策主要包括_____、_____、_____等。

9. 某企业在计划年度内计划平均每天耗用 A 材料 0.5t，该材料单价 1 600 元/t，平均每次订购费 70 元，年仓库保管费率 4%，试求经济订购批量、订购周期和订购次数。

9.4 材料仓库管理

仓库是储存保管材料的场所，是材料供应部门的后方基地，是保证施工生产不间断进行的必要条件。仓库管理是材料管理中非常重要的环节，对于保证供应、合理储备、加快周转、减少损耗、降低成本等有着重要作用。

9.4.1 仓库分类

1) 按储存材料的种类分为综合性仓库和专业性仓库。
2) 按保管条件分为普通仓库和特殊仓库。
3) 按库房形式分为封闭式仓库、半封闭式仓库和露天仓库等。
4) 按管理权限分为中心仓库、总库、分库等。

9.4.2 仓库规划

1. 仓库位置的选择

现场的用料准备库（分库）应按施工组织设计的施工平面图布置，永久性总库和中心库按以下原则选择地址。

（1）交通方便　交通方便是指仓库周围的道路交通要通畅，便于运输和装卸。根据材料的主要运输方式，选择靠近运输线路的地方。例如，以公路运输为主，应靠近干线公路；以水路运输为主，应靠近码头。

（2）布局合理　建筑企业通常要设多个库房。要求根据企业的生产规模、施工范围以及各库房储存材料品种的分工，合理确定各级各类库房的位置。

（3）地势较好　要求平坦，便于排水、防洪、防风、防潮。

（4）环境适宜　仓库附近没有腐蚀性有害气体、粉尘的侵蚀。特殊库房还应满足特殊环境的要求，如危险品仓库、易燃仓库等要与其他建筑保持一定距离。

2. 仓库面积的确定

1) 仓库有效面积的计算公式如下。

$$F = \frac{P}{V}$$

式中　F——仓库有效面积；
　　　P——仓库最高储备量；
　　　V——仓库堆放定额，见表 9-9。

表 9-9　材料堆放参考定额

材料名称	单位	定额（每 m²）	堆放高度/m	包装类别	储存方法	备注
钢　筋	t	2～3	0.8～1		棚库	
盘条钢	t	1.5～2	0.8～1	捆	棚库	
角　钢	t	1.5～2	0.5～0.8		棚库	
工字钢	t	1～1.5	0.5		露天	
原　木	m³	1.6～2.2	2～2.5		露天	
成　材	m³	1.6～2.2	2～2.5		棚库	
层　板	张	200～300	1.5～2		仓库	
门　扇	扇	12～15	1.5～1.8		棚库	
门　框	樘	12	1.5		棚库	
窗　扇	扇	60～70	1.5～1.8		棚库	
窗　框	樘	12	1.5		棚库	
水　泥	t	2～2.8	1.5～1.6	袋	仓库	
石　灰	t	1.6	1.5	散装	露天	
石棉瓦	张	25	0.8		棚库	
玻　璃	箱	6～10	0.8～1.2	箱	棚库	
油　毡	卷	15～30	1～2		仓库	
沥　青	t	1.2	1.2		露天	
小五金	t	1.2～1.5	1.8～2.0	箱	仓库	
大径铁管	t	0.5～0.8	1～1.2		露天	
小径铁管	t	0.8～1	1～1.2		棚库	
……						

有效面积指堆放材料的实际占地面积，不含通道及材料之间的间隔等。

仓库最高储备量可按下式计算。

$$最高储备量 = 最高经常储备量 + 保险储备量$$

2）仓库总面积的计算公式如下。

$$S = \frac{F}{\alpha}$$

式中　S——仓库总面积；

　　　F——仓库有效面积；

　　　α——仓库面积利用系数（通道、间隔系数），见表 9-10。

表 9-10　仓库面积利用系数

序号	仓库类型	系数 α 值
1	封闭式普通仓库（内设货架）	0.4～0.5
2	罐式密封仓库	0.6～0.9
3	堆置桶装或袋装的封闭式仓库	0.5～0.6
4	堆置木材的露天仓库	0.4～0.5
5	堆置钢材的棚库	0.5～0.6
6	堆置砂石的露天料场	0.6～0.7

9.4.3 仓库的业务工作

1. 材料验收入库

材料经运输到达目的地后，必须经过严格的检查才能入库。检查验收是仓库管理的第一个环节，须做好以下工作。

（1）验收准备　验收准备是材料到达前要做好的工作。包括：准备验收资料，如合同、质量标准等；检验材料的各种工具；安排库内存放位置，准备支垫；准备搬运工具及人员；危险品的防护措施等。

（2）证件核对　证件核对的内容有：入库通知单、合同、质量证明书、说明书、装箱单、磅码单、发货明细表、运单、货运记录、发票等。必须做到证件齐全、准确，否则不予验收。

（3）实物验收　实物验收要从数量是否充足、品种是否齐全、质量是否达到、供货是否及时和手续是否完备等方面进行。包括数量检验和质量检验两个方面，数量检验包括全检和抽检两个方面。

（4）问题处理　验收中可能会发现各种不符合规定的问题，此时应根据问题的性质分别处理。

1）如检查出数量不足，规格型号不符，质量不合格等问题，应拒绝验收。验收人员要做好记录，及时报送业务主管部门处理。验收记录是办理退货、调换、赔偿、追究责任的主要依据，应严肃对待。做好记录的同时，应及时向供方提出书面异议，对于未验收的材料，要妥善保存，不得动用。

2）凡证件不全的到库材料，应作待验收处理，临时保管，并及时与有关部门联系催办，等证件齐全后再验收。

3）凡质量证明书或技术标准与合同规定不符，应报业务主管部门处理。

4）材料运输损耗在规定损耗率以内的，应按数验收入库，损耗部分填报运输损耗单冲销；损耗超过规定损耗率的，应填写运输损耗报告单，经业务主管批准后再办理验收入库手续。

（5）入库建档　验收合格的材料要入库登账，并分门别类建立质量证明档案。

2. 材料保管与保养

（1）材料保管　材料保管是仓库管理的中心任务，库存材料堆放合理、质量完好、库容整洁是仓库管理的基本要求。

1）全面规划。根据材料性能、搬运、装卸、保管要求，吞吐量和流转情况，合理安排材料货位。同类材料应安排在一处；性能上互相影响或灭火方法不同的材料，严禁安排在同一处储存。实行"四号定位"，即库内保管划定库号、架号、层号、位号，库外保管划定区号、点号、排号、位号，对号入座，合理布局。

2）科学管理。必须按类分库、新旧分堆、规格排列、上轻下重、危险专放、上盖下垫、定量保管、五五堆放、标记鲜明、质量分清、过目知数、定期盘点，便于收发保管。

3）整齐清洁。材料码垛要牢固、定量、整齐、方便，料架料垛要成排成行。要经常保持仓库和周围环境的清洁卫生，无尘土、无垃圾、无杂草、无虫害，做到仓库整洁、管理文明。

4）制度严密。要建立健全保管、领发等管理制度，认真执行，使仓库管理井然有序。要做到防火、防潮、防腐、防盗，确保安全。

（2）材料保养　材料受自然界各种因素的影响，其物理性能和化学性质会有不同程度的变化，有一些变化将影响材料的质量。例如钢材生锈、水泥受潮、木材腐烂等。材料保养的任务就是要采取各种措施，保证在库材料不变质或少变质，满足使用要求。

材料保养工作涉及许多技术问题，不同材料有不同的保养方法，应根据材料的特性和使用上的要求采用恰当的保养措施。例如：钢材应防锈除锈，易碎物品应防撞击，易潮材料应注意防湿除湿等。

3. 材料领发

材料领发是库房管理和材料使用的界限，是材料储备的目的所在。材料领发的基本要点是按质、按量、齐全、准时、有计划地发放材料，确保生产一线的需要。严格出库手续，防止不合理的领用，促进材料的节约和合理使用。要做到：凭证发料，推陈出新，点数准确，记录完整。材料领发的具体程序如下。

（1）准备工作　根据用料计划，做好各种发料工作。

（2）核实凭证　材料出库必须依据出库凭证，否则不能发料。主要出库凭证有材料拨料单、限额领料单、内部转库单等。

（3）备料　按出库凭证所列材料的品种、规格、数量准备材料。取料时按先进先出的原则执行。

（4）复核　检查所发材料和凭证所列材料是否吻合，确认无误后再下账、改卡。

（5）点交　当面点交清楚，分清责任。

4. 材料盘点

仓库材料流动性大，为了及时掌握材料的变动情况，避免材料的短缺丢失和超储积压，保持账、卡、物相符，必须认真做好清仓盘点工作。

材料盘点的要求是：检查材料账面数和实际数是否相符，检查材料收发有无差错，检查各种材料有无超储积压、损坏、变质，检查安全设施和库房设备有无损坏，核实库存资金占用量。

材料盘点分经常盘点和定期盘点。经常盘点是由仓库管理人员通过每日的材料发放，随时检查材料的账、卡、物是否相符，并每月对动态材料进行复查和轮换抽查。定期盘点是由材料部门和财务部门共同组织人员成立清仓盘点小组，按制度规定的时间（如年中或年底）对仓库材料进行全面清点。在盘点中发现盘盈、盘亏时，必须进行分析，找出原因，说明情况，及时予以解决，以改善仓库管理。发现超储呆滞的多余材料，必须及时处理，以加速资金周转和增加库容。

5. 加强原始记录和统计分析工作

1）做好仓库验收记录，加强对入库单、供货质量证明书、发货明细表、货运单等的管理，搞好到货情况的统计，积累资料，摸清材料供应规律。

2）做好仓库账、卡管理，及时正确地反映库存情况，对于超储、低储或到达订货点的材料要及时发出信息，控制材料储备水平。

3）做好材料的入库、盘点、发放、退库回收等的记录和凭证管理，作为企业经济核算的重要依据。

4）通过材料发放记录和领料单的分析，探索材料消耗使用规律，加强材料消耗定额的管理。

练一练

1. 仓库位置选择的原则包括（   ）。
   A. 交通方便   B. 布局合理   C. 地势较好   D. 环境适宜
2. _____指堆放材料的实际占地面积，不含通道及材料之间的间隔等。
3. 材料盘点分为_____和_____。
4. 材料领发的基本要点是_____。
5. 仓库管理的中心任务是_____。
6. 材料入库验收应做好（   ）工作。
   A. 验收准备   B. 证件核对   C. 实物验收   D. 问题处理   E. 入库建档

9.5 周转材料及工具用具管理

周转材料及工具用具属于劳动资料，是在使用过程中不直接构成建筑产品实体，在反复使用中逐步磨损而又基本保持其原有形态的特殊材料。因为周转材料及工具用具价值较低，且使用期短，所以通常归材料部门管理，而不列入固定资产。

和一般建筑材料相比较，周转材料及工具用具的价值转移方式不同。一般的建筑材料，其价值是按其消耗一次性全部转移到建筑产品成本中，并从销售收入中得到补偿。而周转材料及工具用具其价值是依据在使用中的磨损程度，逐步转移到产品成本中，并从销售收入中逐步得到补偿的。

9.5.1 周转材料管理

周转材料管理，主要指木模板、组合钢模及脚手架料等的管理。

1. 木模板的管理

木模板的使用，在现阶段还占有一定的比重，通常是由专业承包队负责统一制作、安装、拆除、管理及回收，实行节约有奖、超包受罚的经济包干责任制。有时由班组包制作、包安装、包拆除、包回收，形成制作、安装、拆除相结合的统一管理形式，各道工序互创条件，随拆随修，随修随用，做到合理使用，减少损耗，节约材料。

2. 组合钢模板的管理

组合钢模板的管理一般都实行租赁办法。对于模板及附件，一般应设专人保管与维护,不论在施工现场或仓库,都应按钢模的种类、规格分别堆放整齐或用专用箱、架定量装好储存,便于现场运输和管理。进场、发放、回收都要办理交接手续,清点数字、核对型号,要建立专册登记,尽可能存放在棚库内或室内保管。露天堆放时,要用帆布或塑料布遮盖,以防锈蚀,配件一定装箱保管,加强整理,防止散失。

3. 脚手架料的管理

为了加速周转,减少资金占用,一般脚手架料采用租赁管理的办法,实效很好。现场材料人员应加强对使用过程中的脚手架料管理,要严格进行出场的数量清点及质量检查。交班组使用时,要办清交接手续,并须设置专用台账进行管理,督促班组合理使用,随用随清,严禁挪作他用。拆架要及时,禁止高空抛甩。拆架后要及时回收清点入库,进行维护保养。凡不需继续使用的脚手架料,应及时办理退租手续,防止丢失、损坏、被盗。凡质量不符合使用要求的脚手架料及扣件,必须经检验后报废,不准混堆。

随着施工技术工艺的不断发展,施工质量对周转材料的应用提出了更高的要求,传统非金属有机周转材料(如木材、竹材)的用量逐步减少,取而代之的是新型金属周转材料,如组合型钢模、滑升钢模、钢脚手架、轻型门字金属架等。由于新型金属周转材料单价高,使用时间长,一次性投资大,一些中小型企业经济上很难做到周转材料品种配套齐全,由此带来了周转材料模式的更新,由传统的施工班组管理向社会化、专业化经营者租赁经营发展。一些大型建筑企业也成立了公司内部专业的周转材料施工队伍,向租赁经营方向发展。

9.5.2 工具用具管理

1. 工具用具的分类

(1) 按价值和使用期限划分

1) 固定资产工具。指单位价值达到固定资产的标准,使用年限在一年以上的工具。

2) 低值易耗工具。指单位价值未达到固定资产的标准,使用年限在一年以内的工具。

3) 消耗性工具。指单位价值很低(五元以下)或使用后无法回收作多次使用的工具。

(2) 按使用范围划分

1) 专用工具。根据施工生产特殊需要而专门加工制作的工具。

2) 通用工具。即定型工具。

(3) 按工具的使用方式划分

1) 个人使用工具。指个人随手使用的工具,如瓦工、木工、抹灰工等工种的工人个人使用保管的工具。

2) 班组共用工具。指工人班组共同使用保管的工具。

2. 工具用具的管理方法

各个工种有各自的生产工具,不同的工具有不同的用途,量大、值小、分散是这些工具用具的特点。为方便使用又节约费用,工具用具的管理方法主要有以下几种。

(1) 工具费补贴法 工具费补贴法是指对于个人使用的随手工具,由个人自备,企业按实际作业的工日发给工具磨损费的方法。这种方法,有利于调动使用者的责任心,使他们爱护自己的工具。

(2) 定额包干法　定额包干法是指对于低值易耗工具,根据劳动组织和工具配备标准,在总结过去消耗水平的基础上,核定工具的磨损费定额的方法。核定时可以按班组的作业时间为计算单位,也可按实物工程量为计算单位,采用这种方法,每次领退料都应计算其损耗费,一定时间结算一次,节约有奖,超出受罚。

(3) 临时借用法　对于定额包干以外的工具,可以采用临时借用法,即需要时凭一定的手续借用,用完后归还,丢失或损坏按规定处理。

案例分析

通过本章的学习,我们不难找到"导入案例"中所提出问题的答案。

1. 材料采购通常应注意哪些问题?

材料采购主要应注意以下几点:

(1) 企业应根据施工生产所需的材料编制材料需用计划,再结合库存资源及储备情况编制材料供应计划,由企业采购部门订货或从市场中采购。

(2) 材料采购必须按照企业制订的相关管理体系进行。首先选择企业发布的合格的供应厂家;对于企业合格供方名册以外的厂家,在必须采购其厂家产品时,要严格按照"合格供方选择与评定工作程序"执行,即按企业规定经过对供方审批合格后,方可签订采购合同进行采购,以确保所采购材料的产品质量;对于不需要进行合格供方审批的一般材料,采购金额在一定限额以上的,也必须签订订货合同。

(3) 材料采购要注意采购周期、批量、存量,既满足使用要求,又使采购费和储存费综合最低。

(4) 企业应结合实际情况,选用合理的采购方式。签订购销合同时,考虑周全,谨慎认真。

2. 比较 B_1、B_2、B_3 三个方案中,哪种方案最优?

【解】计算 B_1、B_2、B_3 三个方案的保管费和催货费:

B_1 方案:设 q_1 为 B_1 方案订购批量,则

$$q_1(发货批量) = (2\ 160 \times 10/12)t = 1\ 800t$$

保管费和催货费 F_1 为

$$F_1 = q_1/2 \times P \times A + Q/q_1 \times C = (1\ 800/2 \times 80 \times 0.04 + 12 \times 60)元 = 3\ 600 元$$

B_2 方案:设 q_2 为 B_2 方案的订购批量,则

$$q_2 = (2\ 160 \times 10/24)t = 900t$$

$$F_2 = (900/2 \times 80 \times 0.04 + 24 \times 60)元 = 2\ 880 元$$

B_3 方案:设 q_3 为 B_3 方案的订货批量,则

$$q_3 = (2\ 160 \times 10/36)t = 600t$$

$$F_3 = (600/2 \times 80 \times 0.04 + 36 \times 60)元 = 3\ 120 元$$

从 B_1、B_2、B_3 三个方案比较来看 B_2 方案费用最小,即 B_2 方案为最优方案。

3. 通过科学计算，寻求总费用最省的最优采购批量和供应间隔期。

【解】订货总量 $Q = (2\,160 \times 10)\text{t}/\text{年} = 21\,600\text{t}/\text{年}$

最优采购经济批量

$$C_j = \sqrt{2QC/PA} = \sqrt{(2 \times 21\,600 \times 60)/(80 \times 0.04)}\,\text{t} = \sqrt{810\,000}\,\text{t} = 900\text{t}$$

订购次数 $N = 21\,600\text{t}/900\text{t} = 24$

供应间隔期 $T = 360\,\text{天}/24 = 15\,\text{天}$

根据上述计算 $C_j = 900\text{t}$ 的总费用 F 为

$$F = C_j/2 \times P \times A + Q/C_j \times C$$
$$= (900/2 \times 80 \times 0.04 + 24 \times 60)\,\text{元} = (1440 + 1440)\,\text{元} = 2\,880\,\text{元}$$

故最优采购批量为 900t，供应间隔期为 15 天，此时总费用最低（2 880 元），此方案就是上述 B_2 方案。

本 章 回 顾

本章较全面地介绍了建筑企业材料管理的主要业务工作。

1. 材料管理中所指的材料，既包括生产建筑产品的全部劳动对象，又包括工具、用具及周转材料等部分劳动资料。材料管理就是围绕建筑材料的计划、采购、储备、保管、使用等一系列业务活动开展的管理工作，包括流通过程的管理和生产过程的管理两方面。

2. 定额是材料管理的重要基础工作，分消耗定额和储备定额两大类。消耗定额是建筑工程定额的组成部分。储备定额有经常储备定额、季节储备定额和保险储备定额三种。经常储备是正常条件下建立的储备，季节储备是为季节性停货而建立的储备，保险储备是为防止意外情况建立的储备。三种储备定额有各自的制订方法，应重点掌握。

3. 材料计划是开展各项材料业务工作的依据。建筑企业材料计划的种类繁多，各类计划之间存在密切的联系，主要的材料计划及相互关系是：根据图样、消耗定额、施工进度编制需用计划；根据需用计划、储备定额、实际库存编制供应计划；根据供应计划和市场条件编制订货计划、采购计划、运输计划等。

4. 材料采购是流通过程材料管理的重要工作。材料采购的重点是决策，包括选择供应单位、选择订购时间和批量。采购决策的目的在于购买到质量合乎要求，价格较低的材料，尽量减少采购费用。采购到的材料必须经过运输才能到达企业，因此要认真选择恰当的运输方式和工具。

5. 建筑企业所需材料，相当一部分要经过入库中转。材料仓库管理分为库房布局规划和日常业务工作两大部分。库房布局主要是选址和面积测算问题，日常业务工作包括验收、保管、保养、库存控制、领发、盘点等。

6. 周转材料和工具用具的管理有其自身的特点，反映为实物周转使用，多次发放与回收，价值多次摊销进成本等。

第 10 章 建筑企业机械设备管理

 知识储备

建设项目施工过程中，使用机械设备是提高施工劳动生产率的重要手段。在建筑业日益发展过程中，建筑施工工业化、机械化的水平不断提高，以机械化施工逐渐替代繁重的体力劳动的效果已经日益显著，所使用的机械设备数量、型号、种类、功能、高科技技术含量还在不断增多。这就要求建筑企业在机械设备的更新换代、技术开发、维护保养、生产应用等方面加强管理，提高机械的利用率和完好率，合理科学运营，为企业赢得更高的经济效益。

通过本章的学习，我们应该：

1. 了解机械设备管理的含义、内容及特点。
2. 熟悉机械设备的购置与租赁；掌握机械设备的装备决策。
3. 了解机械设备使用的基本内容。
4. 理解机械设备的损耗和更新。
5. 了解机械设备的保养和修理。

 导入案例

某建设工程公司已投标中标承担某地电厂 10 万 kW 机组的扩建工程施工任务，其锅炉吊装的大型施工机具按施工组织总设计，已选定为一台 60t 塔式起重机。经初步讨论，要满足施工需要并获得该型塔式起重机，有三种方案可供选择，这三种方案是搬迁、购置和租赁。

甲方案：搬迁塔式起重机。该公司已有一台 60t 塔式起重机，正在另一现场施工使用。可利用建筑施工期间存在的间隙搬迁，以满足新工程施工需要，待安装开始时再搬迁回来。这样增加了搬迁费用，同时由此必须采取其他一些相应措施，以弥补另一现场无塔式起重机所引起的损失。经测算，这些措施需要费用 3 万元。

乙方案：购置塔式起重机。某厂已同意加工制造同类型塔式起重机，但因时间紧迫，要求加价 30%。

丙方案：租赁塔式起重机。按日历天数支付 600 元/日的租赁费用。

60t 塔式起重机有关具体数据如下：

一次性投资   150 万元

运输、拆迁、安装一次总费用	10 万元
年使用费	6 万元
塔式起重机残值	20 万元
使用年限	20 年
年复利	8%

现估计该塔式起重机在新工程使用期限为一年。

【问题】该公司应选择哪一种方案为宜？

通过本章的学习，我们将会找到上述问题的答案。

10.1 建筑企业机械设备管理概述

10.1.1 机械设备管理的含义

机械设备的管理，就是对机械设备运行全过程的管理，即包括对机械设备的选择与购置、投入使用、维修保养，直至报废退出企业为止的全过程的管理。

建筑企业的机械设备很多，可分为生产性机械设备和非生产性机械设备两大类。生产性机械设备包括运输机械、施工机械、动力设备、维修加工设备、测量仪器设备、研究试验设备等；非生产性机械设备主要指用于医疗、生活福利、文化教育、宣传等的设备。这里所讲述的机械设备管理，仅针对生产性机械设备而言。

10.1.2 机械设备管理的意义

建筑企业拥有的机械设备中，生产性机械设备是生产力的重要组成要素，是建筑企业从事生产的物质技术基础。机械设备管理是企业经营管理的重要组成部分，所以搞好机械设备管理，对企业全面完成生产任务，减轻工人劳动强度，提高劳动生产率，保证工程质量，降低工程成本，缩短工期都有意义。

10.1.3 机械设备管理的内容和任务

1. 机械设备管理的内容

机械设备管理包括技术性管理和经济性管理。所谓技术性管理，就是根据机械设备的物质运动形态而对机械设备的选购、验收、安装、调试、使用、保养、检修、改造、报废等方面的技术因素进行的管理。所谓经济性管理，是根据机械设备的价值运动形态对机械设备的支出费用、收入费用和价值还原费用等方面的经济因素进行的管理。

机械设备管理的内容可归纳为以下几点。

1）正确选购和合理使用机械设备。
2）及时搞好机械设备的维护、保养和检修。
3）机械设备的日常管理。
4）机械设备的更新与改造。

2. 机械设备管理的任务

机械设备管理的主要任务就是：正确选择施工机械，保证机械设备经常处于良好状态，并提高机械设备的效率，适时地改造和更新机械设备，提高企业的技术装备程度，以达到机械设备的寿命周期费用最低、设备综合效能最高的目标。

10.1.4 建筑企业机械设备管理的特点

建筑施工生产具有不均衡的特点，企业配置的机械设备可能因为工程任务量变化而闲置或短缺，因此造成机械设备的调运频繁。同时，建筑企业生产的流动性大、使用分散、露天作业多、工况差、磨损快以及遭受自然力的影响较为严重等特点，使得企业必须健全设备的管理机构。

练一练

1. 建筑企业的机械设备可分为_____和_____两大类。
2. 机械设备的管理包括_____和经济性管理。
3. 机械设备管理的主要任务是什么？

10.2 机械设备的购置与租赁

建筑机械设备的装备问题有两个范畴，一是建筑企业如何依据经营目标和经营战略计划来选择和配备机械设备的问题；二是如何依据一项工程项目的施工组织设计来合理地选择机械设备的问题。

建筑企业合理装备机械设备的目的是既保证满足施工生产的需要，又能使每台机械设备发挥最大效率，以达到最佳经济效益。装备机械设备的总原则是技术上先进、生产上适用、经济上合理。

建筑企业装备机械设备的形式一般有三种：自己制造、购置和租赁。

10.2.1 机械设备的购置

1. 机械设备的购置原则

1）要符合国家关于建筑机械设备装备的技术政策。
2）要考虑必要性与可能性。应根据企业装备规划有计划、有目的地进行，防止盲目性。
3）要考虑经济效益，发挥现有机械设备的作用，充分挖掘企业的潜力。
4）要考虑成龙配套，合理装备，要大中小结合和土洋结合。
5）要考虑维修的难易程度和维修配件的来源，以保证机械设备的正常维修和安全运转。
6）要考虑机械设备本身的技术性能、经济性能是否先进，充分体现建筑机械化的优越性。

2. 机械设备的选择

机械设备的选择一般应考虑以下一些因素。

（1）生产性　指机械设备的生产率，它是以单位时间内完成的产量来表示的。原则上，设备的生产率越高越好。但具体选择某一种机械设备时，必须使机械的生产率与企业的生产任务相适应。如果选择的机械生产率很高，但企业的任务量很小，则必然使设备的负荷过低，利用率不高，反而造成浪费。

（2）可靠性　指对工程质量（产品质量）的保证程度。就是要求机械能完成高质量的工程和生产高质量的产品。

（3）节能性　指机械设备要节省能源消耗，一般以机械设备单位开动时间的能源消耗量表示，如小时耗电量等，也有以单位产品能源消耗来评价设备的。而汽车以吨百公里耗油量表示。与节能性相近似的，还要考虑到设备对原材料资源的利用性能，如木材加工的出材率等。

（4）安全性　指生产时对安全的保证程度，显然是越安全越好。

（5）成套性　指机械设备要配套。如果设备数量很多，但设备之间不配套，不仅机械性能不能充分发挥，而且经济上可能造成很大浪费。不能认为设备的数量越多，机械化水平越高，就一定会带来好的经济效果，而应使设备在性能、能力等方面相互配套。

（6）环保性　即对环境的影响。指机械设备的噪声或排放的有害物质对环境的污染程度。在选择设备时，要将噪声控制在能保护人体健康的卫生指标范围内。对于某些设备要求附带消声、隔声等技术装置。

（7）灵活性　根据建筑生产的特点，对建筑机械的要求是轻便、灵活、多功能、适用性强，以及要求结构紧凑、质量轻、体积小、拼装性强等。

（8）耐用性　即机械设备的使用寿命要长，这里所说的寿命是指由于设备在使用过程中的物质磨损所造成的自然寿命期，或叫物质寿命期。使用寿命越长，每年分摊的折旧费就越少。

（9）维修性　指维修的难易性。一般来说，设备越高级越精密，维修的难度越大，保养修理的专门知识技术也越高。在选择设备时应尽量选择比较容易维修的设备，如结构简单，零部件组合合理，易拆卸，易检查，零部件通用化、标准化程度高，有互换性等。

（10）经济性　机械设备的购置价格，同时还要考虑使用费用、维修费用的多少，要求做到在整个寿命周期中费用最少，机械设备的利用率和工作效率高。

以上是影响选择机械设备的重要因素。但是必须指出，实际上并没有能兼顾以上各点的十全十美的设备。各方面的因素有时是相互矛盾、相互制约的。因此，在选择设备时，凡是可以用数量表示的，如生产率、能源、原材料节约等，应进行定量分析；不能用数量表示的，如安全性、成套性等，则进行定性分析。最简便的方法是综合评分法，即按每个因素的情况给不同设备评分，最后以累计得分最高的为最优设备。

10.2.2　机械设备的租赁

随着建筑企业经济体制改革的深化，传统的自我封闭的供给型机械管理体制，逐步转化为经营型机械管理体制,开展机械设备的有偿使用,即实行租赁制。租赁可以作为解决施工项目资金不足而又急需机械设备的一项重要措施。

1. 机械设备租赁的优越性

1)不需要一次性支付数额较大的机械设备购置费,不增加固定资金占用额。

2)使有限的固定资金用于最关键的机械设备购置上,更好地发挥投资效益。

3)减少机械设备的积压浪费,减轻企业固定资本负担,有利于提高企业经济效益。

4)更好地结合施工高峰,保持较高的机械利用率和效率。

5)可选租技术先进的机械设备,以获得较高的经济效益。

6)企业不承担无形磨损带来的损失,减少了因机械维修所占用的资金、费用支出及人员配备。

7)租赁费可计入成本,不占用企业自有资金。

2. 机械设备的租赁形式

(1)内部租赁 指由建筑企业所属的机械经营单位与施工单位之间的机械租赁。作为出租方的机械经营单位,承担着提供机械、保证施工生产需要的职责,并按企业规定的租赁办法签订租赁合同,收取租赁费用。

(2)社会租赁 指社会化的租赁企业对建筑企业的机械租赁。社会租赁有以下两种形式。

1)融资租赁。又称财务租赁,是一种融资与融物相结合的租赁方式。它是指租赁公司为解决建筑企业在发展生产中需要添加机械设备而又资金不足的困难,而融通资金、购置企业所选定的机械设备并租赁给建筑企业,建筑企业按租赁合同的规定分期交纳租金,合同期满后,建筑企业留购并办理产权移交手续。融资租赁是现代设备租赁的主要方式。

2)经营租赁。又称营业租赁,是一种传统的设备租赁方式。它是指建筑企业为解决企业在生产过程中对某些大、中型机械设备的短期需要而向租赁公司租赁机械设备。在租赁期间,建筑企业不负责机械设备的维修、操作,建筑企业只是使用机械设备,并按台班、小时或施工实物量支付租赁费,机械设备用完后退还给租赁公司,不存在产权移交的问题。

10.2.3 机械设备装备决策

机械设备装备决策,指按照机械设备装备原则进行机械设备的合理选择。即是在自己制造、购置和租赁方式之间合理地进行选择,作出装备决策。

1. 单目标决策法

就机械设备本身而言,存在多个选择标准。所谓单目标决策,就是在假定其他条件相同的情况下,选择其中一个标准作为决策目标的方法。比如,假定其他条件相同,仅比较生产效率,则以生产效率高为选择对象。在设备购置中,用得最多的是以经济问题为决策目标进行选择。常用的有以下几种方法。

(1)年等值成本法 年等值成本法是以年等值成本为选择机械设备标准的方法。

所谓年等值成本,是指在机械设备的使用期限内,将购入价格(包括按复利计算的利息）减去残值（包括按复利计算的利息）加上平均使用费，均匀摊入每年的成本。

年等值成本的计算公式如下。

$$年等值成本 = （原价 - 残值）\times 资金回收系数 + 残值年利息 + 年使用费 \quad (10\text{-}1)$$

式中：原价指设备购入价格；设备年使用费指设备在使用期限内，每年平均支付的经常性费用，包括安拆、运输、动力、人工及维修费等；残值指使用寿命结束时，设备上残余的价值；资金回收系数及残值年利息分别按下列公式计算。

$$资金回收系数 = \frac{i(1+i)^n}{(1+i)^n - 1} \quad (10\text{-}2)$$

$$残值年利息 = 残值 \times i \quad (10\text{-}3)$$

式中　i——银行年利息率；

　　　n——设备使用年限。

从年等值成本计算式（10-1）可见，这种方法的决策思想是：把设备的购入价格看成是一笔贷款，要求在设备使用期限内均匀偿还本利，每年的偿还金额就是折旧费，折旧费加上年使用费构成年等值成本。比较年等值成本，以较小者为选择对象。

【例 10-1】为完成某大型土石方工程，需在购置设备和租赁设备之间进行决策。有关资料见表 10-1。

表 10-1　购置与租赁设备费用资料　　　　　　　　　（单位：元）

方案	一次投资	年使用费	使用年限	残值	年利率	年租金
购置	200 000	40 000	10	20 000	10%	—
租赁	—	20 000	—	—	—	40 000

【解】①购置设备：

$$年等值成本 = (200\,000 - 20\,000)\text{元} \times \frac{0.1 \times (1+0.1)^{10}}{(1+0.1)^{10} - 1} + 20\,000\text{元} \times 0.1 + 40\,000\text{元}$$

$$= 71\,294\text{元}$$

②租赁设备：

$$年租金及使用费 = 20\,000\text{元} + 40\,000\text{元} = 60\,000\text{元}$$

由于购置与租赁相比较，租赁的年费用较低。所以应选择租赁设备。

（2）单位工程量成本比较法　单位工程量成本比较法是以完成单位工程量的成本支出为选择机械设备标准的方法。

机械设备的成本按其性质可以分为固定费用和变动费用两部分。

固定费用包括：一定时期机械设备应计提的折旧费、大修理费、购买机械设备贷款的利息、固定资产占用费、设备的保管费等。固定费用按一定时期计提，以一定比例摊入工程成本之中，不受机械设备在计提期内操作时间变化的影响。

变动费用包括：机上人工费、燃料动力费、小修理费、按操作时间计算的管理费等。变动费用随机械设备操作时间的增减而变动。

单位工程量成本计算公式如下。

$$C_d = \frac{F + VX}{QX} \tag{10-4}$$

式中　C_d——单位工程量成本；
　　　F——一定时期机械的固定费用；
　　　V——单位时间的变动费用；
　　　X——机械在一定时期内的实际作业（操作）时间；
　　　Q——机械单位作业时间的产量。

从式（10-4）可看出，单位工程量成本比较法虽然是以成本为选择机械设备的标准，但它同时考虑了机械设备的生产效率、利用时间等指标，具有一定的综合评价作用。

【例10-2】有A、B两种设备。A的月固定费用3 820元，每小时变动费用18元，每小时产量10.5m³；B的月固定费用4 100元，每小时变动费用14元，每小时产量10m³。月度平均作业160h，问应选择何种设备？

【解】分别计算两种设备的单位工程量成本。

$$\text{A设备的单位工程量成本} = \frac{3\,820 + 18 \times 160}{160 \times 10.5} \text{元}/\text{m}^3$$
$$= 3.99\,\text{元}/\text{m}^3$$

$$\text{B设备的单位工程量成本} = \frac{4\,100 + 14 \times 160}{160 \times 10} \text{元}/\text{m}^3$$
$$= 3.96\,\text{元}/\text{m}^3$$

计算结果说明应选购B种设备为好，在上述条件下，B种设备和A种设备相比，每完成1m³工程量可节约成本0.03元。

（3）界限时间比较法　界限时间比较法是以机械设备单位工程量成本相等的作业时间为选择标准的方法。

设备单位工程量成本相等的作业时间，称为界限时间。有时候，一部设备看来固定费用比较高，但由于有效作业时间长，分摊到单位工程量的成本反而低；反之如果有效作业时间短，单位工程量成本就会增高。但各种设备的单位工程量成本随操作时间变化的幅度不一样，因此我们可以求出两种设备单位工程量成本相等的界限时间，用界限时间决策应选用何种设备。

界限时间就是两种设备单位工程成本相同的时间，故有

$$\frac{F_a + V_a X}{Q_a X} = \frac{F_b + V_b X}{Q_b X} \tag{10-5}$$

由式（10-5）可以推导出

$$X = \frac{F_b Q_a - F_a Q_b}{V_a Q_b - V_b Q_a} \tag{10-6}$$

式中　X——界限时间；
　　　F_a、F_b——A、B两种设备的固定费用；
　　　V_a、V_b——A、B两种设备的变动费用；
　　　Q_a、Q_b——A、B两种设备的产量定额。

界限时间（X）的意义可用图 10-1 表示。

在式（10-6）中，容易证明下面结论。

① 如果$(F_bQ_a - F_aQ_b) > 0$且$(V_aQ_b - V_bQ_a) > 0$，则使用时间低于 X，应选择 A 设备，反之则应选择 B 设备。

② 如果$(F_bQ_a - F_aQ_b) < 0$且$(V_aQ_b - V_bQ_a) < 0$，则使用时间低于 X，应选择 B 设备，反之则应选择 A 设备。

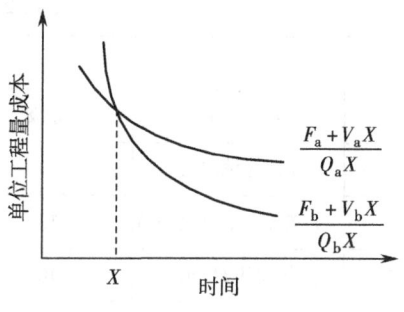

图 10-1　界限时间比较法

在利用界限时间比较法进行决策时，也可用作图法协助选择方案，在计算界限时间后作示意图，在图 10-1 中，使用时间低于 X，应选择 A 设备；使用时间高于 X，应选择 B 设备。

如果 X 计算出来是负数，说明在图 10-1 中两条曲线没有交点，即不存在界限时间。无论作业时间长短，始终有一种设备的单位工程量成本低于另一种设备的单位工程量成本。

【例 10-3】试求例 10-2 中两种设备的使用界限时间。

【解】利用界限时间公式计算，有

$$X = \frac{F_bQ_a - F_aQ_b}{V_aQ_b - V_bQ_a}$$

$$= \frac{4\ 100 \times 10.5 - 3\ 820 \times 10}{18 \times 10 - 14 \times 10.5} \text{h/月}$$

$$= 147 \text{h/月}$$

即每月作业 147h，两种设备的单位工程量成本相等。因为

$$F_bQ_a - F_aQ_b = 4\ 100 \times 10.5 - 3\ 820 \times 10$$
$$= 4\ 850 > 0$$
$$V_aQ_b - V_bQ_a = 18 \times 10 - 14 \times 10.5$$
$$= 33 > 0$$

故每月作业时间如果低于 147h，应选择 A 设备；反之则应选择 B 设备。

2. 多目标决策法

在单目标决策中，虽然有的方法可以综合考虑部分机械设备的性能指标，但是仍不够全面。机械设备的优劣，表现为综合性能的高低，所以决策时应该全面评价各项性能指标，选择多个目标作为决策标准，即进行多目标决策。

多目标决策一般采取综合评分法来全面评价机械设备的综合性能。基本做法是：选出机械设备的主要性能指标作为评价的标准，并根据各项指标对设备综合性能的影响程度分别确定其等级系数；对每项指标进行评分，然后以等级系数为各项指标的权数计算设备的综合得分；以综合分数的高低决策出应购置的设备。

【例 10-4】某建筑企业需购置一台施工机械，有 A、B 两种型号可供选择，其资料数据见表 10-2，试用综合评分法决策应购置何种型号的设备。

表 10-2 机械设备资料及综合评分表

序号	指标项目	等级	A型设备 资料	A型设备 评分	A型设备 得分	B型设备 资料	B型设备 评分	B型设备 得分	备注
1	购入价格/元	13	70 000	10	130	90 000	7.14	92.82	
2	生产效率/（m³/台班）	13	80	6.67	86.71	120	10	130	
3	年使用费/元	10	10 000	7.5	75	8 000	10	100	
4	使用年限/年	9	10	8.33	74.97	12	10	90	
5	工作质量	11	较好	8	88	较好	8	88	
6	安全性能	11	一般	6	66	较好	8	88	
7	节能性能	9	较好	8	72	一般	6	54	
8	维修性能	8	较好	8	64	一般	6	48	
9	灵活性	8	较好	8	64	一般	6	48	
10	利用程度（%）	8	70	10	80	65	9.29	74.32	
	综合得分				800.68			813.14	

【解】 按综合评分法来分析。

（1）第一步：选择购入价格、生产效率等10项指标为评价标准。选择指标时要同时考虑技术指标和经济指标，最好各占50%。

（2）第二步：确定各项指标的等级系数，等级系数越大，说明该项指标对设备综合性能的影响越大。等级系数之和最好为10或100。

（3）第三步：对各项指标评分。评分最好采取10分制。

对于定量指标，以条件最好的为满分，其他按比例计分。

①购入价格：A型设备的购入价70 000元最低，计10分；如果高出A型设备价一倍的计0分，则B型设备购入价90 000元就应得分 $\left(10 - \dfrac{9-7}{7} \times 10\right)$ 分 = 7.14 分。

②生产效率：B型设备的生产效率120m³/台班最高，计10分；A型设备的生产效率80m³/台班，应得分 $\dfrac{8}{12} \times 10$ 分 = 6.67 分

③年使用费：B型设备年使用费8 000元最低，计10分；如果高出8 000元一倍的计0分，则A型设备年使用费10 000元，应得分 $\left(10 - \dfrac{10-8}{8} \times 10\right)$ 分 = 7.5 分。

④使用年限：B型设备使用年限12年最长，计10分；A型设备使用年限10年，应得分 $\dfrac{10}{12} \times 10$ 分 = 8.33 分。

对于定性指标，应按性能定出等级，然后评分。表10-3的等级和评分标准供参考。

表10-3　定性指标评分等级及标准

好	较好	一般	较差	差
10	8	6	4	2

（4）第四步：计算各项指标的得分，公式如下。

$$指标得分 = 指标等级系数 \times 指标评分$$

（5）第五步：计算各型号设备的综合得分，公式如下。

$$设备综合得分 = \sum 各项指标得分$$

（6）第六步：比较各设备的综合得分，以较多者为选择对象。

本例所有计算结果见表10-2。因B型设备综合得分高于A型设备，故应选择购置B型设备。

练一练

1. 建筑企业装备机械设备的形式一般包括_____、_____和_____三种。
2. 机械设备选择一般应考虑_____、_____、_____、_____、_____、_____、环保性、灵活性和耐用性等因素。
3. 机械设备的租赁形式包括_____和_____。
4. 社会租赁主要有_____和_____两种形式。
5. 设有甲、乙两种设备。甲设备的购入价格22 000元，使用寿命10年，年平均使用费1 000元，报废时残值800元；乙设备的购入价格25 000元，使用寿命12年，年平均使用费用800元，报废时残值500元。银行利率9%。试决定应购买何种设备。若只使用1年，年租金2 500元，年使用费1 000元，试决定购买还是租赁。
6. 有甲、乙两种设备。甲设备的月固定成本7 000元，每小时变动成本30元，每小时产量45m³；乙设备的月固定成本8 000元，每小时变动成本25元，每小时产量50m³。月度平均作业200h，问应选择何种设备？
7. 试求上面第6题中两种设备的使用界限时间。

10.3　机械设备的使用

建筑企业装备的机械设备，只有投入使用，才能发挥作用。合理使用机械设备能减轻设备的磨损，延长设备寿命，提高工作效率，节约维修费用，因此合理使用机械设备具有重要意义。

10.3.1　机械设备的选用原则

1. 符合实际需要的原则

选用的机械设备必须符合施工生产的实际需要。建筑产品的种类很多，不同的工程类型有各自的特点和施工方法，因此对施工机械的要求也不一样。选用机械设备时，必须根据工程的特点和不同的施工方法，确定适用的机种、型号和数量，以满足施工生产的需要。如果选用得不恰当，就会使施工生产受到影响，或者造成机械设备的浪费。

2. 配套供应的原则

建筑施工中的许多机械必须配套作业才能发挥出好的效率。如土方施工，除了推土机外，还应根据现场情况恰当地配置挖掘机、铲运机、装载机、汽车等。所以，选用机械要注意配套供应。配套供应机械，不是简单地把几种机械组合在一起，而必须根据各种机械的生产效率计算出它们之间的组合比例，按比例配套供应。否则，就会形成配套失调，造成机械功能的浪费。

3. 实际可能的原则

选用机械设备除了按实际需要配套供应外，还应考虑企业实际拥有机械设备的现状。否则，即使选用的机械设备非常理想，也会因为没有供应能力而成为无米之炊。实际可能的原则要求选用机械设备时，按生产需要和生产能力相平衡的原理，确定出合理的机种、型号和数量。

4. 经济合理的原则

提高经济效益是企业经营管理工作的中心，选用机械设备也要以经济合理为基本原则。因此，选用机械设备时应设计多个在技术上能满足施工生产要求而又有供应能力的可行方案，然后以经济效益为标准加以比较，从中选择出最优的实施方案。

10.3.2 机械设备的正确使用

1. 调动机务职工的积极性

生产力三要素中人是最活跃最积极的因素，在机械化施工中，人的因素也是如此。即使有了先进的机械设备，如果人的因素不起作用，其机械化效果必然无法发挥。因此，首先要对广大机务职工进行技术教育，培养掌握机械设备的过硬本领。其次要贯彻按劳分配的原则，把国家、企业和个人三者的利益结合起来，从而激发广大机务职工的积极性与创造性。

2. 建立健全合理的规章制度

规章制度是保证机械设备正常运转，保证工作质量，提高工作效率的前提。制度的种类主要有以下几种。

（1）定机、定人、定岗位责任的三定制度　三定制度即人机固定的岗位责任制度。企业拥有的所有机械设备，都应固定操作人员（或机组），并明确岗位责任。谁操作哪台设备，不能随意变动。实行三定制度，能够调动操作人员的积极性，增强责任心，有利于设备的保养、维修和正确使用。

（2）操作证制度　凡上岗操作机械设备的人员，必须经过技术培训，经考试合格发给操作证后，方能上机操作，否则按违章处理。实行操作证制度，有利于促进操作人员学习技术，保证机械设备的正确使用。

（3）交接班制度　一台机械设备交班作业时，要执行交接班制。交班作业人员应向接班人员交代设备的运转情况，故障的处理记录等；接班人员应全面检查设备的状况，有疑问要及时提出，以分清责任，保证设备正常运转。

（4）单机（机组）核算制度　岗位责任制必须与经济责任制挂钩。单机（机组）核算就是以设备（机组）为单位，核定生产效率、消耗费用、保修费用的定额，用定额考核单机（机组）的作业效果，并作为考核操作人员工作成绩的依据。

（5）奖惩制度　定期对设备的使用状况进行检查、评比，根据评比结果实施奖惩，以鼓励先进，鞭策后进。奖惩制度可以和三定制度、单机核算制度结合起来，提高奖惩的效果。

3. 严格执行机械设备使用中的技术规定

（1）技术试验的规定　凡是新购置、新制造，或经过大修、改装的机械设备，都必须进行技术试验，确认合格后才能投入使用。技术试验的目的，在于测试机械设备的技术性能、安全性能和工作性能。

（2）走合期的规定　凡是刚投入使用的机械设备，使用初期都必须执行走合期的规定。新购置、新制造，或经过大修、改造的机械设备，在使用初期零件的表面不够光洁，其间的间隙及啮合面尚未达到良好配合，必须经过一段时间走合后才能达到良好的配合状态。因此在使用初期对操作要提出一些特殊的规定（如限载、减速、加强保养等），这些规定称为走合期规定。执行走合期规定，可以增强零件的耐用性，提高机械设备运行的可靠性和经济性，延长大修间隔期和使用寿命。

（3）季节性使用的规定　建筑机械设备大多是露天作业，受气候影响大。在冬季或寒冷时期使用时应采取相应的技术措施，如准备预热保温设备，换用冬季润滑油，采取防冻措施，进行冬季安全施工教育等。

4. 建立机械设备技术档案

机械设备技术档案是机械设备使用过程的历史记录，它反映了机械设备物质运动的变化规律，是使用、维修设备的重要依据。因此，在机械设备使用中必须逐台建立技术档案。

5. 搞好机械设备的施工生产部署

施工组织设计时，要根据工程特点、施工方法和工程规模大小，正确选用机械设备，搞好机械设备的成龙配套工作，为机械化施工创造良好的工作条件，以便合理布置施工工作面和运行路线。同时要给机械设备留有足够的维修保养时间，千万不能过度使用设备。

10.3.3　机械设备的日常管理

机械设备是建筑企业最主要的固定资产，必须加强管理，以保证资产的完整。

1. 机械设备的分类与编号

建筑企业使用的机械设备品种繁多，为便于管理和选用设备，需要对机械设备进行分类和编号。机械设备的编号一般有按企业固定资产编号和按机械设备的型号编号两种。

固定资产编号主要用于设备管理工作，型号编号主要体现设备的技术性能。

2. 设备的登记与建账

为了随时掌握企业拥有机械设备的各种情况，必须进行登记建账。建筑企业机械设备的主要账卡有下面几种。

（1）机械设备总台账　机械设备总台账是登记机械设备总台数的账。主要内容包括：设备编号、名称、厂牌、规格、型号、动力、出厂日期、原值、拥有台数等。机械设备总台账全面反映企业拥有设备的基本情况。

（2）机械设备分户台账　机械设备分户台账是按设备型号单列的台账。主要内容包括设备的增减、分布等。机械设备分户台账反映各种型号设备的使用动态，完整记录设备的调出调入、总功率及分布等。分户台账应和总台账相一致。

（3）机械设备卡片　机械设备卡片是按单机设立的一种使用记录。内容包括设备的各类性能，以及使用过程的各种记录，如原值、净值、折旧、使用日期、注销年限等。它比台账更为详细地记载了某台设备的各种情况。

账、卡是机械设备管理的基础工作，必须予以足够重视。经过一段时间后，应清查盘点，核实账、卡、物反映的设备数量、分布和价值，做到账卡相符、账物相符。

3. 机械设备的调拨与报废

（1）机械设备的调拨　建筑施工生产具有不均衡的特点，原来配置的机械设备可能因为任务的变化而闲置或短缺，这时就需通过调拨来解决余缺，充分发挥机械设备的效能，提高设备利用率。

机械设备的调拨指企业内部所属各单位之间的调拨。内部调拨机械设备的产权仍属企业所有，只是使用单位发生了变化。一般情况下，内部调拨是无偿的，但调拨双方应办理手续，分清责任。实行内部承包责任制的企业，调拨设备时还应分清经济责任。

（2）机械设备的报废　机械设备由于事故、侵蚀等原因致使损坏而无法修复，或者由于技术、经济性能落后而无使用价值，就应报废。机械设备报废是设备固定资产管理的最后一个环节。设备一经报废，就退出固定资产的管理行列，设备的账卡也予以注销。

4. 机械设备人员的业务培训

机械设备使用质量的关键，在于机械设备人员的业务素质。所以，必须加强机械设备人员的业务培训，提高他们的技术水平，满足使用的要求。

机械设备人员的业务培训要分类进行，主要有以下三类。

（1）机械设备管理人员的业务培训　机械设备管理人员包括主管机械设备的各级领导和机械设备部门的管理人员。对他们的培训主要要求掌握机械设备管理的系统知识，包括选购机械设备，贯彻使用过程中的各项制度，机械设备正确使用的一般知识，日常管理工作等。

（2）机械设备技术人员的培训　企业的机械技术人员大多数都接受过工程机械设备知识的系统教育，对他们的培训要抓住知识更新这个环节，帮助他们不断掌握新的知识，开发新技术，推动企业机械设备的技术改造，充分挖掘设备潜力。

（3）机械设备操作维修人员的培训　对于机械设备操作人员的培训要求是：基本技术理论和基本操作技能达到本工种、本等级相应的水平，熟悉操作规程和操作技术，能正确地操作机械设备和排除故障。对于维修人员的培训要求是：基本维修知识和技能达到本工种相应的技术等级水平，熟悉机械设备的构造原理、维修技术和质量标准，能正确维修机械设备。

练一练

1. 建筑企业机械设备选择时应遵循＿＿＿＿＿＿＿＿＿＿、＿＿＿＿＿＿＿＿＿＿、＿＿＿＿＿＿＿＿＿＿和＿＿＿＿＿＿＿＿＿＿的原则。
2. 三定制度是指＿＿＿＿＿＿＿＿＿＿＿＿。
3. 机械设备的编号一般有＿＿＿＿＿＿＿＿和＿＿＿＿＿＿＿＿两种。
4. 设备管理的基础工作是＿＿＿＿＿＿。
5. 引起机械设备报废的原因有＿＿＿＿＿＿＿＿＿＿＿＿和＿＿＿＿＿＿＿＿＿＿两类。

10.4 机械设备的损耗与保养

10.4.1 机械设备的损耗

机械设备在使用过程中不可避免地要发生损耗。这种损耗有两种形式，即有形损耗（物质损耗）和无形损耗（精神损耗）。

1. 有形损耗

有形损耗又称物质损耗，是指设备在使用过程中的磨损和损坏，以及由于自然力的作用导致设备受腐蚀或损失，而使设备丧失精度或工作能力。它又分为使用损耗和自然损耗。

1) 使用损耗是指机械设备在使用、运转过程中，由于零部件相对运动产生摩擦所造成的磨损，从而逐渐改变设备的物理性能和几何形状。磨损到一定程度时，就需要进行修理，这种损耗与设备的使用状况有关。

2) 自然损耗是指机械设备在闲置过程中，由于自然力的作用所造成的损耗，如锈蚀、腐蚀等。这种损耗同设备闲置时的保管状况有关。

2. 无形损耗

无形损耗又称精神损耗，是指由于劳动生产率的提高导致原有设备贬值，或者由于新型设备的出现而使原有设备显得落后而形成的一种损耗。它有两种表现形式。

1) 第一无形损耗。这是由于机械设备制造厂的劳动生产率提高，原材料、燃料、动力减少，使生产成本下降，因而设备价值降低，从而使原有的同类设备发生贬值。这种无形损耗的特点是不影响使用单位对原有设备的使用，只需对原有设备进行重新估价。

2) 第二无形损耗。这是由于新型的、效率更高、性能更好、能源消耗更少的设备出现和推广，使原有设备的经济效益相对降低而发生的损耗。尤其是在科学技术迅速发展的当今世界，现在是技术上先进、经济上合理的设备，过一段时间在技术上就变得落后了，继续使用在经济上就不划算。因此，这种无形损耗的特点会影响使用企业继续使用原有设备。为了消除原有设备和新型设备之间的技术差距，可以对原有设备进行技术革新或技术改造，以提高原有设备的使用效率或经济效益。当开展技术革新或技术改造困难较大时，可以考虑对原有设备提前更新。

机械设备的损耗分类可用图 10-2 表示。

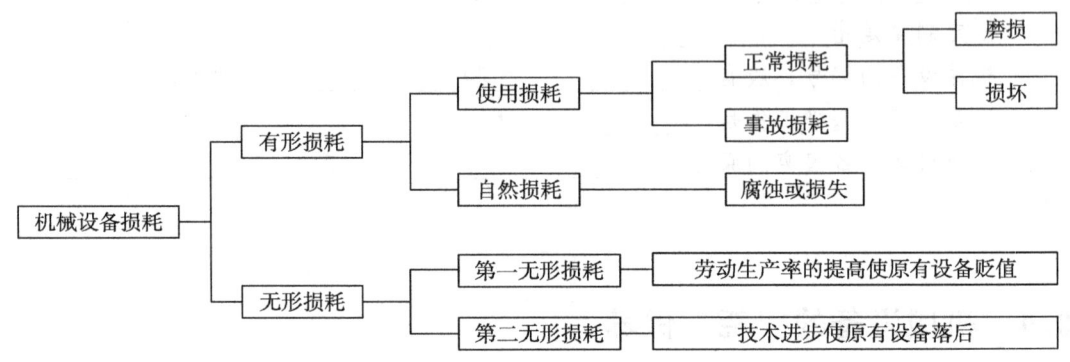

图 10-2　机械设备损耗的分类

10.4.2　机械设备的保养

机械设备的保养，指为了保持机械设备的良好技术状态，对设备进行预防性的技术护理。它是减缓机械设备磨损和延长其使用寿命的有效措施之一。机械设备保养包括清洗、紧固、润滑、调整、防腐及更换已磨损或失效的零件等一系列工作内容。

机械设备的保养分为例行保养和定期保养两种。

1. 例行保养

例行保养是指每班作业前，使用中和停机后的日常保养工作。它不占用机械设备的运转时间，由操作人员负责完成。基本内容是：清洁、润滑、紧固、调整、防腐等。

2. 定期保养

定期保养是指设备运转到一定周期，不管技术状况好坏，按规定停机进行的保养。定期保养的周期根据各类机械设备的磨损规律、作业条件、操作维修水平和经济性四个主要因素确定。定期保养中，一般机械实行三级保养制，大型机械实行四级保养制，小型机械实行二级保养制。

（1）一级保养　一级保养是以操作工为主，维修工为辅，对机械设备进行局部检查和清洗及调整。一级保养除进行例行保养外，还需进行部分检查和调整。包括：检查油面、水面、离合器、制动器、安全装置、操作机构、传动装置等；调整 V 带、链条等传动装置；清洁各种滤清器、油箱、储气筒、火花塞等；排除漏电、漏水等故障。

（2）二级保养　二级保养是以专业维修工为主，操作工积极参与，对机械设备进行部分解体、检查和调整，相当于过去的小维修和部分中修工作。包括：检查发动机的运转情况、各部分的间隙、各系统工作情况，如有异常则应调整；清洗发动机冷却系统、润滑系统、燃料系统，更换润滑油。

（3）三级保养 三级保养是以维修工为主，对机械设备的主体部分进行解体检查和调整，及时更换那些达到规定磨损限度的零件。目前很多企业将三级保养代替中修。包括：检查发动机运转情况、消除内部污垢，更换已磨损的零件；检查各系统的间隙并进行修复调整；检查各系统的磨损情况，更换磨损零件；对整体进行较全面的清洗、检查、整修，排除异常现象，保持机况完好、机容整洁等。

以上是一般设备三级保养制的各级保养内容。各种设备的保养制度和内容不完全相同，要依据具体规定进行保养。

练一练

1. 机械设备的损耗有＿＿＿＿＿＿＿＿＿和＿＿＿＿＿＿＿＿＿两种形式。
2. 有形损耗分为＿＿＿＿＿＿＿＿＿和＿＿＿＿＿＿＿＿＿。
3. 无形损耗包括＿＿＿＿＿＿＿＿＿和＿＿＿＿＿＿＿＿＿两种表现形式。
4. 机械设备的保养分为＿＿＿＿＿＿＿＿＿和＿＿＿＿＿＿＿＿＿两种。

10.5 机械设备的修理与更新

10.5.1 机械设备的修理

1. 机械设备修理的含义

机械设备的修理，是指按照机械设备的磨损规律和故障规律，预防性地、分期分批地把已消耗、磨损、变形、损坏、松动的零部件进行更换和调整，排除机械运行故障，使机械设备整旧如新的一系列作业活动。

2. 机械设备修理的基本内容

机械设备的修理按作业范围可分为日常修理、故障修理、中小修理和大修。

1）日常修理是对保养检查中发现的设备缺陷或劣化症状，在故障发生之前进行的局部修理。

2）故障修理是对无法预料或控制的，在设备使用和运行中突然发生故障时进行的修理。它属于局部修理，亦称小修，没有预先计划，工作量小，不全部拆卸机械。

3）中小修理是以状态检查为基础，对设备磨损接近修理极限前进行的预防性、恢复性修理。一般是更换与修复设备的主要零件和数量较多的其他磨损件，校正机械设备的基准，恢复达到规定的精度、性能和效率。中小修的费用，直接计入企业的生产费用。

4）大修是指机械设备的多数部件即将达到极限磨损的程度，经过技术鉴定需进行一次全面的解体检查修理，更换和修复全部磨损零部件，恢复原有设备的精度、性能和效率，达到良好的技术状态，从而延长使用寿命。大修费用由企业大修基金开支。

3. 机械设备修理的方式

机械设备修理的方式主要有五种，详见表10-4。

表 10-4　机械设备修理的方式

修理方式	内　　容	特　　点
故障修理	指机械发生故障或技术性能下降到不能正常使用时所进行的非计划性修理	较为经济，不浪费，但会给生产造成较大的损失
定期修理	指根据零件使用期内发生故障规律的统计资料，制订修理计划，并按修理计划，在零件使用寿命结束前更换或修理	可预防突发性事故，使设备保持良好状态，但易造成过剩修理，增加维修费用
按需修理	指经过一定的检测手段，检查了解设备的技术状态，有针对性地安排修理计划，进行修理	修理及时，费用低，但不能检测设备远期变化，不便安排修理
综合修理	指按设备的结构、重要程度、运行情况、使用年限等采取不同的修理方式	较为经济，消除过剩修理，减少停机，但管理难度大
预知修理	指利用先进的检测诊断技术，对设备进行不解体检测，进行分析诊断，安排修理项目	切合实际情况，有针对性，节约修理费用，要求检测诊断技术高

10.5.2　机械设备的更新

机械设备的使用时间是有限的，这是由于机械设备在使用过程中发生有形损耗和无形损耗所造成的。用先进的、新型的、高效率的、耗能少的机械设备去替换已经陈旧的、不能继续使用的，或可以使用但不经济的机械设备的活动称为机械设备的更新。

1. 机械设备的使用寿命

机械设备从投入使用开始，直到不能使用而报废为止所经历的时间，称为机械设备的使用寿命。由于损耗原因和性质不同，使用寿命又分为下面几种。

（1）自然寿命　自然寿命又称物质寿命，是有形损耗的原因决定的寿命，即设备从投入使用开始，由于磨损和自然力的腐蚀作用，逐步老化、损坏，直至报废为止所经历的时间。自然寿命可以通过加强对设备的维修保养而延长。

（2）技术寿命　技术寿命是指机械设备在使用过程中，由于精神损耗所造成的，从开始投入使用直到因为技术落后而被淘汰为止所经历的时间。技术寿命可以通过对机械设备的技术改造而延长。

（3）经济寿命　经济寿命是指在机械设备自然寿命的后期，由于有形损耗和无形损耗所造成的机械设备的老化，使用费用大量增加，依靠消耗大量能源费用、维护保养费用和修理费用等来维持设备的自然寿命，使继续使用设备显得不经济，这时就需要对设备进行更新。这种由于使用费用决定的设备使用寿命，就称为经济寿命。经济寿命已到的机械设备，可通过设备更新或技术改造加以解决。

2. 机械设备经济寿命的计算

机械设备在使用期限内的年平均总费用由年平均折旧费和经常使用费组成。年平均总费用最低的年限，就是设备的经济寿命，如图 10-3 所示。

计算机械设备经济寿命的计算公式如下。

$$F = \frac{P}{T} + \frac{\lambda T}{2} \qquad (10\text{-}7)$$

式中　F——设备使用 T 年时年度平均总费用；

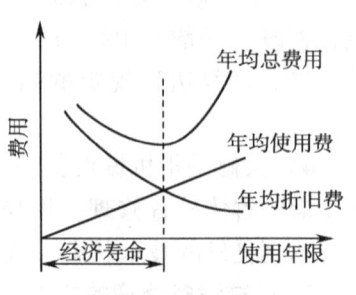

图 10-3　设备年平均费用曲线

P——设备的原始投资;

λ——设备每年递增的使用费;

T——设备的使用年限。

求出式(10-7)中 F 的最小值时,

$$T_0 = \sqrt{\frac{2P}{\lambda}}$$

式中 T_0——设备的经济寿命。

【例 10-5】 某公司购置一台设备,其原始价值 P 为 18 000 元,每年等值增加的维修保养费 λ 为 800 元,该设备的最佳使用期是多少年?

【解】 $T_0 = \sqrt{\dfrac{2P}{\lambda}} = \sqrt{\dfrac{2 \times 18\ 000\ 元}{800\ 元}} \approx 7$

即该设备的最佳使用期为 7 年。若列表计算,其结果见表 10-5。

表 10-5 设备最佳更新期的计算(不考虑利息) (单位:元)

使用年限 T	折旧费 P/T	年维修费 $\lambda T/2$	费用合计 $P/T + \lambda T/2$
1	18 000	400	18 400
2	9 000	800	9 800
3	6 000	1 200	7 200
4	4 500	1 600	6 100
5	3 600	2 000	5 600
6	3 000	2 400	5 400
7	2 571	2 800	5 371
8	2 252	3 200	5 452
9	2 000	3 600	5 600
10	1 800	4 000	5 800

3. 机械设备更新的形式

(1) 原型更新 机械设备的原型更新(又称简单更新),即用结构相同、技术性能相同的新设备更换已经损坏或磨损严重,不能再使用的老设备。这种更新主要解决设备的损坏问题,不存在技术进步的性质。

(2) 技术更新 机械设备的技术更新是用技术上更先进的设备去更换原有的技术性能已落后的老设备。这种更新不仅能保持原有装备的水平,而且还从技术上提高了装备水平,具有技术进步的性质。在科学技术飞速发展的今天,技术更新是企业更新设备的主要形式。

练一练

1. 按作业范围把机械设备修理分为_____、_____、_____和_____四部分。

2. 机械设备修理方式有_____、_____、_____、_____和_____。

3. 机械设备的使用寿命分为＿＿＿＿＿＿、＿＿＿＿＿＿和＿＿＿＿＿＿。
4. 机械设备的更新包括＿＿＿＿＿＿＿＿和＿＿＿＿＿＿＿＿两种形式。

案例分析

通过本章的学习，我们不难找到"导入案例"中所提出问题的答案。

【解】（1）计算各方案费用。

甲方案：需两次运输、拆迁、安装塔式起重机，并支付3万元，以弥补原现场无塔式起重机引起的损失。则甲方案总费用为

$$(150\ 万元 - 20\ 万元) \times \frac{0.08 \times (1 + 0.08)^{20}}{(1 + 0.08)^{20} - 1} + 6\ 万元 +$$

$$2 \times 10\ 万元 + 3\ 万元 + 0.08 \times 20\ 万元$$

$$= 43.84\ 万元$$

乙方案：该公司要支付两台塔式起重机固定费用，机械年使用费原塔式起重机使用甚少，忽略不计。其运输安装费用考虑按拆与装总费用一半计算。则乙方案总费用为

$$[(150 \times 1.30 - 20) + (150 - 20)]\ 万元 \times \frac{0.08 \times (1 + 0.08)^{20}}{(1 + 0.08)^{20} - 1} +$$

$$6\ 万元 + 1/2 \times 10\ 万元 + 2 \times 0.08 \times 20\ 万元$$

$$= 45.27\ 万元$$

丙方案：租用塔式起重机要付租金，塔式起重机运输、装、拆的费用和机械年使用费必须自己开支，另一现场用得很少的塔式起重机固定费用还需支付。则丙方案总费用为

$$365 \times 600/10\ 000\ 万元 + (150 - 20)\ 万元 \times \frac{0.08 \times (1 + 0.08)^{20}}{(1 + 0.08)^{20} - 1} +$$

$$6\ 万元 + 10\ 万元 + 0.08 \times 20\ 万元$$

$$= 52.74\ 万元$$

（2）推荐意见：上述计算结果表明，从整个公司利益出发，三种方案中，甲方案发生的总费用最低，以选择甲方案为好，有利于充分发挥塔式起重机效能，争取主动，并可节约费用。

该公司原现场涉及塔式起重机有关工作应统筹合理安排，尽可能减少因拆迁带来的影响。同时在新工程施工中，一定要按要求，不能拖延工期，否则将影响原工程的安装工作。

本 章 回 顾

本章简略讲述了建筑企业机械设备的购置、租赁、使用、保养、修理、更新等管理工作。

1. 机械设备的管理包括技术性管理和经济性管理。通过对机械设备的合理管理，保证机械设备经常处于良好状态，并适时地进行改造和更新，以使其既满足生产的需要，又达到成本费用最低的要求。

2. 建筑企业必须通过自制、购置、租赁等方式装备机械设备，其核心问题是装备决策。装备决策的方法主要有单目标决策法和多目标决策法两种，常以经济是否合理作为决策目标，或从多项技术经济指标作为决策目标，用综合评分的方法决策。

3. 建筑企业装备的机械设备，必须正确使用才能发挥良好的效率。建筑企业使用机械设备包括选用、使用、日常管理和业务培训等内容。机械设备属于固定资产，除了使用中物质形态的管理外，还有资产管理问题，包括分类、编号、建账、设卡等。

4. 机械设备在使用中要磨损、老化，直至丧失功能。为了延长其使用寿命，保证正常的使用，必须进行保养和修理。保养分例行保养和定期保养；修理分日常修理、故障修理、小修、中修、大修等。

5. 机械设备因为有形损耗和无形损耗，最终要退出使用，被新的设备所代替。设备从投入使用到更新的时间叫使用时间，决定设备使用时间的原因主要有自然、技术和经济，因此设备有三种寿命：自然寿命、技术寿命和经济寿命。到底采取哪一种寿命作为设备的更新周期，不能一概而论，但从经济的角度出发，最好采用经济寿命。

第11章 建筑企业经营评价

 知识储备

随着世界经济全球化,建筑企业不仅有国内同行业的竞争,还有国际同行的竞争。为了适应变化的环境,改善经营管理,建筑企业必须不断地分析诊断本身的经营状况,研究相应的对策,提高经营管理水平。企业经营评价,也就是对企业进行诊断,掌握经营状况和经营效果。

通过本章的学习,我们应该:

1. 了解经营评价的含义、意义。
2. 熟悉经营评价的内容和相关评价指标的计算。
3. 熟悉常用的经营评价方法。

 导入案例

宏昌建筑公司为制订2007年发展计划,需要对企业的经营状况进行必要的分析和评价。请你利用该企业的资产负债表(见表11-1)、利润表(见表11-2)中的有关数据,计算资本收益率、成本利润率、销售利润率、资产负债率、流动比率、速动比率、权益比率、资产周转率、销售收入增长率、利润增长率,并对该企业的经营状况进行简要的评价。

表11-1 资产负债表

编制单位:宏昌建筑公司　　　　2006年12月31日　　　　　　　　　单位:万元

项　目	上年	本年	项　目	上年	本年
流动资产:			流动负债:		
货币资产	310	230	短期借款	6 160	6 850
应收票据	10	25	应收账款	1 210	1 655
应收账款(净额)	3 850	3 580	预收账款	150	155
预付账款	1 160	1 350	流动负债合计	7 520	8 615
存货	3 795	4 700	长期负债	875	1 065
流动资产合计	9 125	9 885	所有者权益:		
长期投资	1 265	1 480	实收资本	3 750	3 725
固定资产(净值)	2 755	3 130	资本公积	750	855
无形资产	400	500	盈余公积	725	825
递延资产	50	90	所有者权益合计	5 200	5 405
资产合计	13 595	15 085	负债及所有者权益合计	13 595	15 085

表 11-2　利润表

编制单位：宏昌建筑公司　　　　　2006 年度　　　　　　　　　　单位：万元

项　　目	上　　年	本　　年
工程结算收入	11 450	12 440
减：工程结算成本	8 200	8 600
工程结算税金及附加	280	260
工程结算利润	2 970	3 580
加：其他业务利润	270	255
减：管理费用	265	320
财务费用	360	410
营业利润	2 615	3 105
加：投资收益	300	280
营业外收入	160	180
减：营业外支出	120	150
利润总额	2 955	3 415
减：应交所得税	950	1 100
净利润	2 005	2 315

通过本章的学习，我们将会找到上述问题的答案。

11.1　建筑企业经营评价的内容

11.1.1　经营评价的含义

经营评价，是指由经营管理专家按照企业的要求，根据企业生产经营活动的有关资料，运用科学的方法，对企业经营活动的实际情况进行调查、比较分析，判断企业经营状况，找出差距，采取改进措施，不断提高企业的经营管理水平。企业经营评价主要依靠对历史实际资料的分析比较，评价企业经营状况，又称为经营分析或企业诊断。经营评价，实质上是对企业进行全面检查、诊断，判断企业的经营状况。

11.1.2　经营评价的意义

通过对企业的经营评价，综合分析企业经营管理工作，帮助企业找到症结所在，对于提高企业经营管理水平，具有十分重要的意义。具体表现在以下几个方面。

1) 全面掌握企业经营状况，提高企业管理水平。提高企业经营管理水平的一个关键点是要发现存在的问题，以便对症下药。仅有几个简单的数据是不可能全面反映企业经营状况的，必须进行全面的、科学的分析评价。通过分析评价企业经营状况，发现存在的问题，进而改进经营管理方法，为提高企业经营管理水平提供依据。

2) 弥补企业信息不足，避免引起信息误导，为经营决策提供正确可靠的依据。企业正确的经营决策,必须依赖于大量的信息,经过科学的筛选处理,才能为决策提供可靠依据,进而得出正确决策结论。通过经营评价,专家为企业正确地经营决策提供丰富的信息资料,并经过科学方法去伪存真、去粗取精,帮助企业作出正确决策。

3）全面客观掌握企业的经营状况,避免组织惯性的约束。外聘专家可以对企业经营状况作出全面、客观、公正的分析,为改进企业经营管理方法,提高经营管理水平提供依据。因此,企业经营评价是避免组织惯性约束,全面客观掌握企业经营状况的有效途径。

4）提供科学的管理知识和方法,迅速提高企业管理者的管理水平。参与企业经营评价的人员,是具有良好素质的专家学者。通过经营评价,为企业提供大量的专门知识、管理技术和方法以及解决企业问题的诀窍,帮助培训企业管理人员,为迅速全面提高企业管理者水平提供了一条途径。

5）合理调配资源,促使企业充分挖潜节约,提高企业经济效益。市场经济条件下,建筑企业要适应市场经济条件下的资源配置方式,需要在现有资源条件下,通过充分调动职工积极性,挖掘企业生产潜力,促进增产节约,利用有限资源创造更多的财富。

总之,企业经营评价的目的是帮助建筑企业运用科学的管理方法和手段管理企业,实现企业管理科学化。

11.1.3　建筑企业经营评价的内容

建筑企业经营管理的各项工作,既相互独立、各具特点,又相互依赖、密切联系。为此,评价整个企业经营状况的优劣,必须以全局的观点从整体上作出分析。

1. 建筑企业经营评价的种类

建筑企业经营评价可从不同的角度分为不同类别,具体分类方法有：从评价人员的来源分为自我评价和专家评价；从评价时间上分为定期评价和不定期评价；从评价的范围上分为个体评价和整体评价；从评价对象的发展过程分为事前评价、事中评价和事后评价；从评价对象的选择上分为例行评价和特定评价；从评价的深入程度上分为初步评价、基本评价和综合评价。

2. 建筑企业经营状况评价

建筑企业经营状况评价包括企业经营概貌评价、领导班子评价、经营规模评价、经营能力评价、质量安全评价、管理体系评价等内容。

3. 建筑企业经营效果评价

经营效果（经济效益）评价是企业经营评价的核心。建筑企业经营效果评价指标体系可以划分为：收益性指标、安全性指标、流动性指标、生产性指标和成长性指标。

（1）收益性指标　收益性指标是衡量企业收益或盈利能力的指标,通过对其分析,可以评价企业的盈利水平。

1）资本收益率。

$$资本收益率 = \frac{净利润}{实收资本} \times 100\%$$

资本收益率反映企业运用投资者投入的资本在一定时期获得收益的能力。资本收益率高,说明企业对资本的经营效果好。

2)净资产收益率。

$$净资产收益率 = \frac{净利润}{平均净资产} \times 100\%$$

净资产收益率反映了投资人投入企业的资本获取净收益的能力。净资产收益率表明了投资与报酬的关系,是评价资本经营效益的核心指标。

3)总资产报酬率。

$$总资产报酬率 = \frac{利润总额 + 利息支出}{平均资产总额} \times 100\%$$

式中

$$平均资产总额 = \frac{期初资产总额 + 期末资产总额}{2}$$

总资产报酬率用于衡量企业运用全部资产获利的能力,反映企业资产经营的效果。总资产报酬率高,说明企业运用资产获利能力强。

4)成本利润率。

$$成本利润率 = \frac{利润总额}{产品成本总额} \times 100\%$$

成本利润率是反映利润与成本之间的对比关系,它体现在企业利润的增加上,是降低成本的结果。成本利润率越高越好。

5)销售利润率。

$$销售利润率 = \frac{利润总额}{销售净收入} \times 100\%$$

销售利润率是反映企业销售收入的获利水平指标,该指标越高,表明每元销售收入贡献越大。

(2)安全性指标 安全性是衡量企业经营风险程度的指标。

1)资产负债率。

$$资产负债率 = \frac{负债总额}{全部资产总额} \times 100\%$$

资产负债率是反映企业运用债权人资金进行经营活动的能力,也反映了企业举债的安全性。资产负债率越高,表明安全性越低。

2)流动比率。

$$流动比率 = \frac{流动资产}{流动负债} \times 100\%$$

流动比率是反映企业在短期内偿还债务能力的指标。流动比率越高,说明企业用流动资产偿还负债的能力越强,一般要求流动资产在流动负债两倍以上。

3)速动比率。

$$速动比率 = \frac{速动资产}{流动负债} \times 100\%$$

式中,速动资产指能立即变现的流动资产,如现金、银行存款等。一般用流动资产减去存货确定。

速动比率是衡量企业在短期内迅速偿还流动负债能力的指标,一般要求在100%以上。

4)权益比率。

$$权益比率 = \frac{所有者权益}{资产总额} \times 100\%$$

权益比率是反映企业运用债权人资金进行经营活动能力的指标,也反映了债权人在企业的资产的安全程度。

(3)流动性指标　流动性指标是资金运用效率分析指标,反映企业资金流进流出的速度。周转速度快,说明企业营运能力强。

1)资产周转率。

$$资产周转率 = \frac{销售收入}{资产总额} \times 100\%$$

资产周转率反映企业总资产的周转速度,表明企业对资产的利用效果。

2)应收账款周转率。

$$应收账款周转率 = \frac{赊销收入净额}{平均应收账款余额} \times 100\%$$

式中　赊销收入净额 = 销售收入 - 现销收入 - 销售退回(折扣、折让);

平均应收账款余额 = (期初应收账款 + 期末应收账款)/2。

应收账款周转率是反映企业应收账款的流动速度的指标。

3)存货周转率。

$$存货周转率 = \frac{销售成本}{平均存货} \times 100\%$$

式中　平均存货 = (期初存货 + 期末存货)/2。

存货周转率是反映企业存货的流动速度和存货的管理效率的指标。

(4)生产性指标　生产性指标是衡量企业生产要素利用效果的指标。

1)人均利润率。

$$人均利润率 = \frac{利润总额}{平均职工人数} \times 100\%$$

人均利润率是反映企业人均创造利润能力的指标。

2)劳动生产率增长率。

$$劳动生产率增长率 = \frac{增加值}{前期劳动生产率} \times 100\%$$

式中　增加值 = 本期劳动生产率 - 前期劳动生产率。

劳动生产率增长率是反映企业提高劳动效率能力的指标。

3)劳动装备率。

$$劳动装备率 = \frac{固定资产原值总额}{平均职工人数} \times 100\%$$

劳动装备率是反映企业机械化程度的指标。

4）固定资产投资效率。

$$固定资产投资效率 = \frac{增加值}{固定资产总值} \times 100\%$$

固定资产投资效率是反映固定资产创造社会财富效率的指标。

（5）成长性指标 成长性指标是从量上反映企业发展潜力的指标。

1）销售收入增长率。

$$销售收入增长率 = \left(\frac{报告期销售收入}{基期销售收入} - 1\right) \times 100\%$$

销售收入增长率是反映销售收入增长速度的指标，比率越高越好。

2）利润增长率。

$$利润增长率 = \left(\frac{报告期利润总额}{基期利润总额} - 1\right) \times 100\%$$

利润增长率是反映企业创利能力增长水平的指标。利润增长率越高表明效益越好。

3）资产增长率。

$$资产增长率 = \left(\frac{报告期末资产总值}{基期末资产原值} - 1\right) \times 100\%$$

资产增长率是反映企业资产增长速度的指标。资产增长率越高，表明企业后劲越足。

4）增加值增长率。

$$增加值增长率 = \left(\frac{报告期增加值总额}{基期增加值总额} - 1\right) \times 100\%$$

增加值增长率是反映增加值增长速度的指标，反映企业为社会提供物质财富的情况。增加值增长率越高越好。

5）资本金增长率。

$$资本金增长率 = \left(\frac{报告期资本金总额}{基期资本金总额} - 1\right) \times 100\%$$

资本金增长率是反映企业资本金增加速度的指标，资本金增长率越高，说明企业资本金越充足。

11.2 建筑企业经营评价的方法

建筑企业进行经营评价，一般常用的技术方法有以下几种。

11.2.1 比较法

比较法，又称指标对比法，就是通过与有可比性的经济指标的对比，找出差异，然后从中分析产生差异的原因。这种方法具有通俗易懂，简便易行，便于掌握的特点，因而得到了较为广泛的应用。但在应用时，必须注意各技术经济指标的可比性。

比较法的应用，通常有以下形式。

1. 实际与计划比较

通过实际完成的指标数和计划指标数比较，检查计划的完成情况，分析完成计划的积极因素和影响计划完成的原因，以便及时采取措施，保证计划目标的实现。在进行实际与计划对比时，还应注意计划本身的质量。

建筑企业通常分析比较的主要技术经济指标有：实物进度、主要工程量、质量、劳动工效、工程成本、机械设备利用情况、流动资金等指标。

2. 本期与上期比较

本年度的实际指标同上年度同期或历史最好水平指标比较，可以研究各项经济指标的动态情况，反映管理水平的提高程度。例如，将本期资金周转率同上年同期或历史上最好水平的资金周转率进行比较，就可以明显地反映出资金周转率升降的趋势，从中发现规律性的问题，以进一步研究采取何种措施，改善企业经营管理工作。

3. 本企业与同行业比较

本企业与国内同行业先进水平比较，可以学习先进经验，检查改进工作，促进企业赶超先进水平。与国外同行先进水平比较，可以看到存在的差距，进而采取措施，提高企业的经营管理水平。

11.2.2 比率法

比率法是指通过计算各对比指标的比率，评价企业经营状况和效果的方法。其分析方法是首先把对比分析的数值变为相对数，再观察其相互之间的关系。

常用的比率法有以下几种。

1. 相关比率法

相关比率法是将两个性质不同而又相关的指标加以对比，通过分析它们之间的比率，观察相互关系，以此来考察企业经营成果好坏的一种方法。如产值和工资本是两个不同的概念，但它们的关系又是投入与产出的关系。一般情况下，都希望以最少的人工费支出完成最多的产值。因此，用产值工资率指标来考核人工费的支出水平，就很能说明问题。

2. 构成比率法

构成比率法，又称比重分析法或结构对比法，是计算某项指标的各个组成部分占总体的比重，由此观察、评价构成内容变化的一种方法。通过构成比率分析，可以考察某一指标的变化趋势，从而找到解决问题的途径。

3. 动态比率法

动态比率法，就是将不同时期同类指标的数值进行对比，求出比率，分析该项指标的发展方向和发展速度。

由于动态比率法研究不同时期的变化，所以实际上反映了事物的发展速度，通常采用定基指数和环比指数两种方法计算。所谓定基指数，是指确定一个基期数据为基准，将其他各期数据和基期数据相比较；所谓环比指数，是指依次将相邻两期数据进行比较。

11.2.3 因素分析法

因素分析法，是指通过指标组成各因素的变化，对指标本身影响进行分析，以观察变

第11章 建筑企业经营评价

化规律和原因的一种技术分析方法。因为企业生产经营活动的各个指标，都在不同程度上受到相关因素的制约，这些因素的变化会引起各项指标的变化。通过因素分析，能更深入地测定指标变化的原因，找到问题的根源。

在用因素分析法进行分析时，常用其中的连环替代法。它首先假定众多因素中的一个因素发生了变化，而其他因素不变，然后逐个替换，并将代替之后所得的值与代替之前的值比较，以确定各个因素变化的影响程度和方向。

连环替代法的分析步骤如下。

1）确定分析对象（即所分析的技术经济指标），并计算出实际与计划数的差异额。
2）确定所分析指标是由哪些因素构成的，并按其相互关系进行排序。
3）以计划数为基础，将各因素的计划数相乘，作为分析替代的基数。
4）将各个因素的实际数按照上面的排列顺序进行替换计算，并保留计算结果。
5）将每次替换计算值与前一次的计算值相比较，两者的差异即为该因素的影响程度。
6）各个因素的影响程度之和，应与分析对象的总差异一致。

【例 11-1】 某工程浇捣一层结构商品混凝土的成本支出额情况见表 11-3，现已知成本超支 19 760 元。试用连环替代法进行分析。

表 11-3 商品混凝土计划成本与实际成本对比表

指标	单位	计划	实际	差额
成本支出额	元	364 000	383 760	+19 760
产量	m³	500	520	+20
单价	元	700	720	+20
损耗率	%	4	2.5	-1.5

【解】 用连环替代法分析：

$$产品成本 = 产品产量 \times 单价 \times 损耗率$$

成本支出额的计划数为

$$(500 \times 700 \times 1.04) 元 = 364\ 000 元$$

第一次替换，分析产量变动影响

$$(520 \times 700 \times 1.04) 元 = 378\ 560 元$$
$$(378\ 560 - 364\ 000) 元 = 14\ 560 元$$

由于产量增加 20m³，导致成本增加 14 560 元。

第二次替换，分析单价变动的影响

$$(520 \times 720 \times 1.04) 元 = 389\ 376 元$$
$$(389\ 376 - 378\ 560) 元 = 10\ 816 元$$

由于单价提高 20 元，导致成本增加 10 816 元。

第三次替换，分析损耗率变动的影响

$$520 \times 720 \times 1.025 元 = 383\ 760 元$$
$$(383\ 760 - 389\ 376) 元 = -5\ 616 元$$

由于损耗率下降 1.5%，导致成本减少 5 616 元。

分析结果： （14 560 + 10 816 − 5 616）元 = 19 760 元

通过替代分析可知，成本超支的主要原因是商品混凝土采购价格的提高，而企业自身是努力的。产量超过计划，产品损耗率降低，既增产又节约。企业成本超支 19 760 元，是由于混凝土价格提高的客观原因造成的。

需要说明的是，在运用连环替代法时，各个因素的排列顺序是固定不变的，否则就会得出不同的结果，也就会产生不同的结论。

以上各种技术方法，只能从数值上反映各种指标的变化程度，粗略地指出问题的重点和进一步分析的方向。而经营评价更重要的是透过现象，看到本质。也就是说，要通过分析评价找到差异因素，从而针对原因，采取对策，解决问题，改善建筑企业的经营管理。

案例分析

通过本章的学习，我们不难找到"导入案例"中所提出问题的答案。

【解】（1）结合给定的财务报表，计算相关的评价指标如下

① 资本收益率 $= \dfrac{2\ 315\ \text{万元}}{3\ 725\ \text{万元}} \times 100\% = 62.15\%$

② 成本利润率 $= \dfrac{3\ 415\ \text{万元}}{8\ 600\ \text{万元}} \times 100\% = 39.71\%$

③ 销售利润率 $= \dfrac{3\ 415\ \text{万元}}{12\ 440\ \text{万元}} \times 100\% = 27.45\%$

④ 资产负债率 $= \dfrac{8\ 615\ \text{万元} + 1\ 065\ \text{万元}}{15\ 085\ \text{万元}} \times 100\% = 64.17\%$

⑤ 流动比率 $= \dfrac{9\ 885\ \text{万元}}{8\ 615\ \text{万元}} \times 100\% = 114.74\%$

⑥ 速动比率 $= \dfrac{9\ 885\ \text{万元} - 4\ 700\ \text{万元}}{8\ 615\ \text{万元}} \times 100\% = 60.19\%$

⑦ 权益比率 $= \dfrac{5\ 405\ \text{万元}}{15\ 085\ \text{万元}} \times 100\% = 35.83\%$

⑧ 资产周转率 $= \dfrac{12\ 440\ \text{万元}}{15\ 085\ \text{万元}} \times 100\% = 82.47\%$

⑨ 销售收入增长率 $= \left(\dfrac{12\ 440\ \text{万元}}{11\ 450\ \text{万元}} - 1 \right) \times 100\% = 8.65\%$

⑩ 利润增长率 $= \left(\dfrac{3\ 415\ \text{万元}}{2\ 955\ \text{万元}} - 1 \right) \times 100\% = 15.57\%$

（2）简要评价 从上述评价指标的计算中可以看出，宏昌建筑公司在当年的收益水平较高，获取利润的能力较强。该企业的销售收入和利润比去年都有所增长，利润的增长幅度高于销售收入的增长幅度，说明该企业一方面积极创收，增加工程收入；另一方面也不断从企业内部挖掘潜力，努力降低工程成本，节约费用开支。同时根据指标值可以看出，该企业的举债程度偏高，流动比率和速动比率指标均较低，说明企业经营安全性水平较差。

本 章 回 顾

建筑企业经营状况如何,必须经过经营评价才能掌握。经营评价是分析判断企业经营状况和经营效果的有效手段。

1. 经营评价的任务,在于全面掌握企业的经营状况,判断企业的经营效果,为经营决策、改善管理提供依据。

2. 经营评价的内容包括经营状况评价和经营效果评价。经营状况评价是一般性的分析,主要了解企业经营的基本情况;经营效果评价是整个评价的核心,要发现问题,判断优劣,包括企业经营的收益性、安全性、流动性、生产性、成长性的评价。

3. 经营评价常用的技术方法有:比较法、比率法、因素分析法等。

参 考 文 献

[1] 吴富民,田恒久. 建筑企业经营管理[M]. 北京:高等教育出版社,2002.
[2] 唐健人,陈茂明. 建筑企业经营管理[M]. 北京:机械工业出版社,2004.
[3] 单凤儒. 企业管理[M]. 北京:高等教育出版社,2004.
[4] 张文祥. 建筑企业管理[M]. 武汉:武汉工业大学出版社,1998.
[5] 武育秦,赵彬. 建筑工程经济与管理[M]. 2版. 武汉:武汉理工大学出版社,2002.
[6] 卢谦. 建设工程招投标与合同管理[M]. 2版. 北京:中国水利水电出版社;知识产权出版社,2005.
[7] 陈茂明. 建筑企业经营管理[M]. 北京:中国建筑工业出版社,2003.
[8] 王孟钧. 现代建筑企业管理理论与实践[M]. 北京:中国建材工业出版社,2003.
[9] 徐艳梅. 管理学原理[M]. 北京:北京工业大学出版社,2000.
[10] 戴庚先. 现代企业管理[M]. 北京:电子工业出版社,2002.

建筑企业经营管理
综合练习册及参考答案

学号：_____

姓名：_____

班级：_____

第一部分 综合练习

第1章 建筑企业经营管理基础知识
综合练习

1-1 填空题

1. 企业管理是指企业为实现经营目标，对生产经营活动及人、财、物、信息等资源所进行的_____与_____、_____与_____、_____与_____、教育与激励等一系列活动的总称。

2. 企业经营管理的基础工作，是指为实现企业经营目标和有效地开展各项生产经营活动，而提供_____、_____和_____的各项工作。

3. 责任制是企业对各_____、各_____、各岗位和职工个人规定其_____的一种管理制度。

1-2 选择题(不定项)

1. 企业经营管理具有二重性质，即具有同（　　）相联系的自然属性，具有同（　　）相联系的社会属性。

   A. 生产力　　　　B. 生产关系　　　C. 社会形态　　　D. 社会制度

   E. 社会化大生产

2. 建筑企业信息工作的主要内容有（　　）等几个方面。

   A. 原始记录和凭证　　　　　　　B. 统计分析

   C. 统计工作　　　　　　　　　　D. 经济技术信息

   E. 科技档案

3. 建筑企业经营管理具有（　　）等特点。

   A. 产品类型多样　　　　　　　　B. 生产流动性

   C. 经营业务不稳定　　　　　　　D. 经营环境多变

   E. 机构变动大

1-3 名词解释

1. 企业管理　　2. 经营管理　　3. 规章制度　　4. 经营管理标准

1-4 简答题

1. 什么是企业管理？什么是经营管理？二者之间有什么关系？

2. 企业经营管理有哪些主要职能?
3. 建筑企业经营管理有哪些基础工作?
4. 建筑企业的规章制度有哪些?
5. 建筑企业经营管理的特点是什么?

1-5 论述题
1. 试述你对企业经营管理的理解。
2. 论述建筑企业经营管理体系的组成。

 社会调查

利用假期社会调查的机会,或者结合实习深入调查当地某个建筑企业的管理现状,了解企业管理基础工作,分析企业管理模式,评价企业管理水平。写出不少于3 000字的调查报告。

第 2 章 建筑市场经营
综合练习

2-1 填空题

1. 建筑市场是进行_____及_____交换的市场。
2. 建筑市场主体由_____、_____和为工程建设服务的_____组成。
3. 建筑市场经营观念，是指建筑企业在从事生产和经营活动时所依据的_____和_____。从事建筑市场经营活动，必须树立_____，_____，_____的现代经营观念。
4. 建筑企业有两种主要的经营方式：一种是_____，是建筑企业通过承包工程向业主（建设单位）提供建筑商品；另一种是开发性经营方式，是建筑企业将建筑工程（建筑商品）建成后_____给用户。
5. 预测是人们对事物的未来发展趋势进行的_____和_____。
6. 经营决策按决策的状态分为_____、_____和_____。

2-2 选择题（不定项）

1. 市场由（　　）和市场机制等要素构成。
   A. 市场主体　　B. 市场客体　　C. 市场规则　　D. 市场价格
   E. 市场信息
2. 建筑市场体系包括（　　），以及为建筑产品市场服务的（　　）和对建筑产品市场提供支持的（　　）。
   A. 建筑产品市场　　B. 法律体系　　C. 生产要素市场　　D. 监督体系
   E. 社会保障体系
3. 承包经营方式，按承包的关系分为（　　），按承包的范围分为（　　）。
   A. 总—分包经营方式　　　　　　B. 设计—施工承包经营方式
   C. 直接承包经营方式　　　　　　D. 联合承包经营方式
   E. 全过程承包经营方式　　　　　F. 施工承包经营方式
4. 定性预测法主要包括（　　）等。
   A. 会议讨论法　　B. 个人判断法　　C. 时间序列法　　D. 专家调查法
   E．经济寿命周期分析法
5. 定量预测法中时间序列法包括（　　）等。
   A. 算术平均数法　　　　　　　　B. 加权平均数法
   C. 算术移动平均数法　　　　　　D. 加权移动平均数法
   E. 线性回归法
6. 以下属于肯定型决策方法的是（　　），属于风险型决策方法的是（　　），属于非肯定型决策方法的是（　　）。

　　A. 盈亏平衡分析　　B. 期望值法　　C. 决策树法　　D. 小中取大法
　　E. 大中取大法　　　F. 后悔值法

2-3　名词解释

1. 市场　　2. 建筑市场　　3. 建筑市场经营　　4. 建筑企业市场经营方式
5. 市场调查　　6. 预测　　7. 经营预测

2-4　简答题

1. 建筑市场有哪些特点？
2. 建筑市场经营有哪些主要内容？
3. 建筑市场调查的内容有哪些？
4. 建筑企业经营预测有哪些主要内容？
5. 决策的组织系统如何构成？
6. 什么是决策树法？用图示之。

2-5　论述题

1. 建筑市场经营应树立什么样的观念？
2. 试述建筑市场调查、建筑市场经营、经营预测、经营决策等之间的关系。

2-6　计算题

1. 某企业某年1～11月商品房的销售量资料见表2-1。试用算术平均数法和加权平均数法分别预测该年12月的销售量，用算术移动平均数法和加权移动平均数法预测该年12月和次年1月份的销售量（取 $n=3$）。（注：计算中所需各参数自行假定）

表2-1　商品房销售量资料　　（单位：万 m^2）

月份	1	2	3	4	5	6	7	8	9	10	11
销售量	20	22	24	22	23	21	24	22	26	25	27

2. 某公司2004～2013年的施工产值和利润见表2-2。如果该公司2014年有望完成施工产值8 000万元，试根据施工产值和利润的关系预测该公司2014年的利润额。

表2-2　施工产值和利润统计表　　（单位：万元）

年份	2004	2005	2006	2007	2008	2009	2010	2011	2012	2013
施工产值	5 600	5 500	6 000	7 000	6 800	6 500	6 600	6 700	6 900	7 200
利润	550	530	590	690	670	640	660	650	670	700

3. 某公司年固定成本600万元，单位产品变动成本1 000元，单位产品销售价格1 500元。问该公司年保本销售量为多少件商品？

4. 某公司拟投资一个项目，投资方案及有关参数见表2-3。试用期望值法和决策树法决策方案。

表 2-3 决策参数表

自然状态	概 率	收益/（万元/年）		
		投资 1 200	投资 800	投资 600
销路好	0.45	500	320	180
销路一般	0.25	180	250	200
销路差	0.30	−120	100	160

5. 第 4 题中，如果销路好、销路一般、销路差状态出现的概率无法确定，试用小中取大法、大中取大法和后悔值法分别决策投资方案。

第3章 建设工程招投标
综合练习

3-1 填空题

1. 工程招标投标是在国家的_____下法人之间的经济活动，是在_____上的一种交易行为。
2. 建设工程采用招标投标方式可分为_____和_____两种。
3. 工程量清单通常以_____或_____为对象，按分部分项工程列出工程数量。工程量清单由封面、内容目录和工程量表三部分组成。
4. 根据《招标投标法》规定，招标单位对已发出的招标文件进行必要的澄清或必要的修改时，应在_____之前至少15日以书面形式发送给所有投标人，以便于投标单位修改标书。
5. 报价是关系投标成败的关键性工作，是综合考虑_____、_____、_____等多种因素后所作出的决策。
6. 中标单位在接到中标通知书后30日内应与建设单位_____，交有关部门鉴证。
7. 投标策略包括两个主要方面：一是基于_____，为实现企业经营目标，对投标工程的选择；二是工程项目的_____，如标价、工期等。前者是就企业的角度考虑，后者是就某一工程而言。
8. 建筑工程投标竞争，报价是关键。报价过低，无利可图，甚至中标后会导致_____；报价过高，_____就会降低，失去竞争性。因此，能否准确计算和合理确定报价，是力争夺标的重要前提。
9. 投标报价策略作为投标取胜的_____，贯穿于投标竞争的始终，内容十分丰富，但主要体现在_____上。
10. 进行招投标活动，依照《招标投标法》规定，必须要_____公开，_____公开，_____公开，_____公开。

3-2 选择题(单选)

1. 施工招标可针对（　　）进行招标。
   A. 桩基础工程　　B. 地下室工程　　C. 砖石工程　　D. 抹灰工程
2. 招标文件中的工程量清单是（　　）。
   A. 投标单位计算标价的依据　　B. 竣工结算的依据
   C. 准确的工程量　　D. 总价承包时的工程量
3. 工程量清单是投标单位（　　）的依据。
   A. 实施工程施工　　B. 计算标价
   C. 与招标单位订立合同　　D. 合理确定标书

4. 决定投标人能否中标的关键因素是（   ）。
A. 招标公告　　　B. 招标邀请书　　　C. 投标书　　　D. 评标条件
5. 工程标底是工程项目的（   ）。
A. 中标合同价格　　B. 招标预期价格　　C. 施工结算价格　　D. 工程概算总价格
6. 工程项目施工邀请招标时，按规定被邀请的投标者应当是（   ）。
A. 2个　　　　　　　　　　　　　　B. 1个
C. 3个以上（含3个）　　　　　　　D. 任意
7. 《招标投标法》规定，应由（   ）监督招标活动是否依法进行。
A. 招标人的董事会　　　　　　　　B. 招标代理机构
C. 仲裁机构　　　　　　　　　　　D. 建设行政主管部门
8. 建设行政主管部门派出监督招标投标活动的人员可以（   ）。
A. 参加开标会　　B. 作为评标委员　　C. 决定中标人　　D. 参加定标投票
9. 采用评标价法评标时应以（   ）为最优投标书。
A. 投标价最低　　B. 评标价最低　　C. 评标价最高　　D. 评标得分最低
10. "评标价"是指（   ）。
A. 标底价格　　　B. 中标的合同价格　　C. 投标书中标明的报价
D. 以价格为单位对各投标书优劣进行比较的量化值

3-3　名词解释
1. 工程招标　　2. 工程投标　　3. 公开招标　　4. 邀请招标　　5. 投标策略

3-4　简答题
1. 建筑工程招标有哪几种基本方式？它们各有何特点？
2. 建筑工程招标与投标的基本程序及相互关系如何？
3. 建筑工程施工招标要求建设工程项目必须具备的基本条件是什么？
4. 建筑工程招标文件的主要内容有哪些？招标单位必须具备什么具体条件？
5. 招标公告一般应包括哪些内容？
6. 招标单位如何对投标单位进行资格审查？投标单位应具备什么条件？
7. 评标工作由谁组织？如何进行定标工作？
8. 工程项目施工投标报价策略有哪几种？

社会调查
选择一个建筑企业，调查其施工投标时常用的策略。

第4章 建设工程合同管理
综合练习

4-1 填空题

1. 合同又称契约，它是_____的自然人、法人、其他组织之间设立、变更、终止民事权利义务关系的协议。
2. 无效合同是指不具备_____而且不能补救，对当事人自始即不具有法律约束力的合同，应当由国家予以取缔的合同。
3. 当事人恶意串通，损害国家、集体或者第三人利益的，因此取得的财产收归_____或者返还集体、第三人。
4. 施工合同是工程建设的_____，是施工单位进行工程建设、_____、_____、_____的主要依据之一。
5. 承包人应是具备与工程相应资质和法人资格的、并被发包人接受的_____及其_____。
6. 合同的内容应当是_____，不能损害一方的利益，对于_____的施工合同，当事人有权申请仲裁机构或人民法院予以变更或者撤销。
7. 一般情况下，施工合同的订立方式有两种：_____和_____。如果没有特殊情况，工程建设的施工都应通过招标投标确定施工企业。
8. 《招标投标法》规定，中标通知书发出_____天内，中标单位应与建设单位依据招标文件、投标书等签订施工合同。
9. 《施工合同示范文本》是由_____、_____、_____三部分组成的，并有三个附件：附件一是《承包方承揽工程项目一览表》；附件二是《发包方供应设备一览表》；附件三是《房屋建筑工程质量保修书》。

4-2 选择题(单选)

1. 发包人在接到承包人送达的竣工验收报告后（　　）内无正当理由不组织验收，可以视为竣工验收报告已被批准。
   A. 20天　　　　B. 30天　　　　C. 14天　　　　D. 28天
2. 某工程施工中需要设置护坡桩，此护坡桩的设计任务应由（　　）承担。
   A. 承包人　　　　　　　　　　B. 发包人委托设计单位
   C. 监理人　　　　　　　　　　D. 发包人
3. （　　）内容不属于工程师对施工合同管理的主要工作内容。
   A. 工期管理　　B. 审查项目概预算　　C. 质量管理　　D. 结算管理
4. 我国《合同法》规定，由于发包人违反有关规定和约定，不支付工程结算价款，乙方享有（　　）。
   A. 占有权　　　　B. 使用权　　　　C. 抵押权　　　　D. 留置权

5. 发包人在（　　）合同中承担了项目的全部风险。
   A. 单价　　　　　B. 总价可调　　　C. 总价不可调　　　D. 成本加酬金
6. 当工程变更中减少了工程量或工作内容时，实际完工所需天数也相应缩短，则（　　）合同工期。
   A. 不能缩短　　　B. 应缩短　　　　C. 延展　　　　　D. 重新签订
7. 下列不属于建设工程施工合同文件的组成内容的是（　　）。
   A. 建设工程施工合同条件　　　　　B. 投标书
   C. 协议书　　　　　　　　　　　　D. 建设项目可行性研究报告
8. 在建设工程施工合同法律关系中，客体就是（　　）。
   A. 建筑安装工程项目　　　　　　　B. 物
   C. 财　　　　　　　　　　　　　　D. 行为（劳务或完成的工作）
9. 施工合同示范文本规定，因发包人原因不能按协议书约定的开工日期开工，（　　）后可推迟开工日期。
   A. 承包人以书面形式通知工程师　　B. 工程师以书面形式通知承包人
   C. 承包人征得工程师同意　　　　　D. 工程师征得承包人同意
10. 建设工程施工合同的标的是（　　）。
    A. 材料和设备　　　B. 劳务　　　　C. 完成工作　　　D. 货币

4-3　名词解释
1. 合同　　　　2. 合同生效　　　3. 无效合同　　　4. 施工合同
5. 发包人　　　6. 承包人

4-4　简答题
1. 合同有哪几种形式？施工合同的内容包括哪些？
2. 合同生效应具备哪些条件？
3. 施工合同有哪些特点？施工合同的内容包括哪些？

社会调查
选择一个建筑企业和已中标工程作为调查对象，要求获取工程承包合同的样本并了解签订合同的过程。

第5章 建筑企业计划管理
综合练习

5-1 填空题

1. 计划管理一般分为三个阶段：一是计划的_____，包括确定目标和拟定实施计划的方法、措施等；二是计划的_____，包括执行计划和执行过程中的组织工作等；三是计划的_____，包括执行过程中和执行完毕后的检查分析。

2. 目标管理强调_____，即把管理的重点从对工程实施过程的管理转移到对目标的管理。用目标把企业全体职工的积极性调动起来，为达到一定成果而努力工作。

3. 目标管理和企业一般管理相比较，有如下特点：_____、_____、_____。

4. 企业在编制生产经营计划时，首先根据_____和_____制定出切实可行的经营目标，然后分析企业实现经营目标存在的问题和差距。在此基础上制订对策和措施，用_____编制出计划。

5. 经营目标分解与展开就是把企业的_____，自上而下层层分解为_____，根据_____制定对策、措施，并落实到具体的执行部门和执行人。

6. 计划指标是用来表示一定时期内，在具体的经济条件下，企业生产经营活动所应达到的_____。它是企业生产经营目标的具体化和数量化。

7. 建筑企业内部考核的计划指标，是在_____的基础上，结合_____的需要而制订的。

8. 在现代管理中，常用_____的方法处理中长期计划的变动和修正。

9. 月度作业计划是_____的具体执行计划，它是基层施工单位和生产人员进行施工的直接依据。

10. 计划控制的方法主要指控制过程中_____和_____的方法。

5-2 名词解释

1. 计划　　2. 计划管理　　3. 目标管理　　4. 计划指标
5. 计划指标体系　6. 数量指标　7. 质量指标　8. 货币量指标
9. 实物量指标

5-3 简答题

1. 计划的含义是什么？
2. 计划管理包括哪几个阶段？
3. 计划指标是如何分类的？
4. 中长期经营计划的编制方法是什么？
5. 月度作业计划的内容有哪些？
6. 简述月度作业计划的编制方法和各具体计划内容的相互关系。

社会调查

选择一个建筑企业某一在建工程作为调查对象,参与月作业计划的制订,并调查年度计划体系的构成。

第6章 施工技术管理
综合练习

6-1 填空题

1. 现场施工管理的主要内容应包括两个问题：一是如何按计划组织综合施工；二是_____。
2. 技术交底的内容包括_____、施工组织设计交底、设计变更情况交底、_____。
3. 技术开发的途径包括独创型、_____、综合与延伸型、_____。

6-2 名词解释

1. 图样会审　2. 技术复核　3. 技术核定　4. 工程竣工验收　5. 技术开发

6-3 简答题

1. 施工管理的主要任务是什么？
2. 现场施工管理有哪些内容？
3. 技术管理有哪些工作内容？
4. 施工准备阶段应做好哪些工作？

社会调查

选择一个建筑企业的某一在建项目为调查对象，调查以下内容，并写出调查报告。

1. 施工组织设计。
2. 施工平面管理。
3. 安全制度和措施。

第7章 建筑企业质量管理
综合练习

7-1 填空题

1. 质量管理中的质量包括_____、_____和_____。

2. 质量管理的基础工作包括：_____、_____、_____、_____、质量教育工作等。

3. _____是全面质量管理的核心。

4. PDCA 循环具有_____、_____、_____等特点。

5. 建筑企业质量体系包括_____、_____和_____三个部分的质量保证工作。

6. _____分成一个或若干个检验批来验收。检验批合格质量应符合_____和_____的质量经抽样检验合格；具有完整的施工操作依据、质量检查记录。

7. 单位工程质量验收合格后，建设单位应在规定时间内将_____和有关文件，报_____备案。

8. 根据国际标准（ISO）的规定，质量成本由_____和_____两部分构成。

9. 公司制企业的组织机构质量成本分析的目的，一是_____，二是_____。

10. 实施 ISO9000 系列标准，有利于保护用户的利益，有利于_____，有利于_____，有利于_____。

7-2 选择题(不定项)

1. 质量管理发展的三个阶段依次是（　　）。
A. 全面质量管理阶段　　B. 质量检验阶段　　C. QC 小组阶段
D. ISO 阶段　　E. 统计质量管理阶段

2. 全面管理的"三全"管理是指实行（　　）管理。
A. 全过程　　B. 全企业　　C. 全员　　D. 全部　　E. 全方位

3. （　　）是质量管理的动态分析法。
A. 直方图法　　B. 因果分析法　　C. 排列图法　　D. 控制图法

4. 使用因果分析图法，首先画出因果分析图，逐层深入排查可能原因，然后确定其中（　　），进行有的放矢的处置和管理。
A. 直接原因　　B. 次要原因　　C. 所有原因　　D. 最主要原因

5. 因果分析图的基本原理是对每一个质量特性或问题逐层深入排查可能出现的原因，每一张分析图都应对（　　）进行分析。

A. 多个质量特性　　B. 几个主要质量特性　　C. 一个质量特性　　D. 所有质量特性

6. 在质量管理过程，通过抽样检查或检验试验所得到的质量问题、偏差、缺陷、不合格等统计数据，以及造成质量问题的原因分析统计数据，均可采用（　　）进行状况描述。

A. 鱼刺图　　　　　B. 分层法　　　　　C. 因果分析图法　　D. 排列图法

7. 对于发生的质量问题，累计频率0%~80%定为A类问题，即主要问题，进行重点管理；将累计频率在80%~90%区间的问题定为B类问题，即次要问题，作为次重点管理；将其余累计频率在90%~100%区间的问题定为C类问题，即一般问题，按照常规适当加强管理。以上方法称为（　　）。

A. 直方图法　　　　B. 因果分析法　　　C. 排列图法　　　　D. 控制图法

8. 制作好直方图之后，进行观察分析是根据（　　）判断生产过程的质量状况和能力。

A. 贝叶斯分布　　　B. 三角形分布　　　C. 泊松分布　　　　D. 正态分布

9. 全面质量管理的基本观念是（　　）。

A. 全面管理　　B. 为用户服务　　C. 用数据说话　　D. 预防为主　　E. 不断改进

10. 商品混凝土搅拌厂，最近专供某工程的混凝土，为分析质量不稳定情况的原因，宜按（　　）分层方法取得原始质量数据。

A. 时间　　　　B. 地点　　　C. 作业　　　D. 工程　　　E. 合同

11. 常见的工程质量统计分析中，调查分析的层次划分可以采用（　　）等划分方法。

A. 按企业隶属关系划分　　　　B. 按时间划分　　　　C. 按施工企业所有制划分
D. 按工程划分　　　　　　　　E. 按合同划分

12. 使用因果分析图法时，应注意的事项是（　　）。

A. 所有质量特性或质量问题使用一张图分析

B. 通常采用QC小组活动的方式进行

C. 必要时可以邀请小组以外的有关人员参与，广泛听取意见

D. 分析时要充分发表意见，层层深入，列出所有可能的原因

E. 在充分分析的基础上，从中选择达成共识的最主要原因

13. 混凝土强度不合格，用因果分析图法分析，可以从（　　）等方面出发逐层分析。

A. 人工、施工方法　　B. 机械设备　　C. 材料　　D. 施工环境　　E. 温度、气候

14. 运用排列图法进行质量管理时，做法正确的是（　　）。

A. 进行质量抽样检查

B. 得到质量特性不合格点统计数据

C. 按照质量特性不合格点数从大到小的顺序，整理并做排列表

D. 画出因果分析图

E. 分别计算不合格质量特性的累计频数和累计频率

15. 直方图的主要用途是（　　）。
A. 了解统计数据的分布特征，即数据分布的集中或离散状况，从中掌握质量能力状态
B. 可以分清主次偏差
C. 可以分门别类地找到质量原因
D. 观察分析生产过程质量是否处于正常、稳定和受控状态以及质量水平是否保持在公差允许的范围内
E. 对频数最大的问题，认定为关键问题
16. 常见的工程质量统计分析方法有（　　）。
A. 决策树法　　B. 分层法　　C. 因果分析图法　　D. 排列图法　　E. 直方图法
17. 根据《建筑工程施工质量验收统一标准》（GB/T 50300—2013）的规定，建筑工程质量验收划分为（　　）。
A. 单项工程　　B. 单位（子单位）工程　　C. 分部（子分部）工程
D. 分项工程　　E. 检验批
18. 工程质量成本中运行质量成本由（　　）构成。
A. 内部故障质量成本　　B. 外部故障质量成本　　C. 工程鉴定成本
D. 工程建设成本　　E. 工程预防成本
19. 对ISO9000系列标准，我国目前采用的方法是（　　）采用。
A. 等效　　B. 等同　　C. 参照　　D. 参考
20. 2000版ISO9000系列标准的核心标准有（　　）。
A. ISO9000：2000 基本原则和术语
B. ISO9001：2000 质量管理体系——要求
C. ISO9004：2000 质量管理体系——业绩改进指南
D. ISO19011：2000 质量和环境管理审核指南
E. ISO9004：2000 质量管理和质量管理体系要素指南

7-3 名词解释

1. 质量　　2. 质量管理　　3. 全面质量管理　　4. 质量保证体系
5. PDCA循环　　6. 检验批　　7. 主控项目　　8. 一般项目
9. 质量成本　　10. ISO9000系列标准　　11. 质量体系认证

7-4 简答题

1. 产品（工程）质量、工序质量、工作质量和人的素质之间的关系如何？
2. 简述PDCA循环过程，以及PDCA循环的特点。
3. 建筑企业质量保证体系的内容有哪些？
4. 建筑工程施工质量控制有哪些规定？当建筑工程质量不符合要求时，应如何处理？
5. 质量成本的构成内容有哪些？
6. 用图表示寻求成本最低的质量水平的方法。用图表示寻求利润最高的质量水平的方法。

7-5 论述题

1. 试述全面质量管理应树立哪些基本观念。
2. 试述建筑企业如何建立全面质量管理保证体系。

7-6 计算题

某施工项目混凝土强度达不到要求，资料如下：

序号	原因	次品件数	序号	原因	次品件数
1	配合比不当	160	5	计量不准	70
2	水泥过期	30	6	石子级配不当	15
3	砂子不洁净	10	7	运距过远	4
4	搅拌不良	6			

（1）试用排列图分析主要原因。
（2）试用因果图分析最终原因。

社会调查

选择一个建筑企业和某一在建工程作为调查对象，调查和参与以下工作，并写出调查报告。

1. 某一分部分项工程的质量验收。
2. 企业质量体系的建立和运行。

第8章 建筑企业劳动人事管理
综合练习

8-1 填空题
1. 职工招聘的原则是：_____、公开招收、_____、择优录取。
2. 建筑企业劳动定额有两种表现形式，即_____与产量定额。
3. 建筑企业目前采用的工资制度有_____和结构工资制。
4. 激励的方式包括物质奖励与精神鼓励、_____、_____。

8-2 名词解释
1. 劳动人事管理　　2. 劳动定额　　3. 工资制度　　4. 职工能力

8-3 简答题
1. 劳动人事管理的任务是什么？
2. 劳动合同的主要内容有哪些？
3. 劳动力使用和调配的原则有哪些？
4. 工资形式主要有哪几种？
5. 职工行为激励应坚持哪些原则？

社会调查
选择一个建筑企业作为调查对象，调查以下内容，并写出调查报告。
1. 组织机构设置。
2. 工资制度及发放办法。
3. 职工聘用及劳动合同执行情况。
4. 职工考核内容及考核办法。

第9章 建筑企业材料管理
综合练习

9-1 填空题

1. 建筑企业材料管理，是指建筑企业对施工生产过程中所需各种材料的_____、_____、_____、保管、使用等一系列相互关联的业务活动进行管理的总称。
2. 建筑企业材料管理体制，由_____、_____及组织机构组成。
3. 材料管理的主要内容是两个领域、_____和_____。
4. 建筑企业的材料定额，分为_____与_____两大类。
5. 建筑工程的材料消耗一般由_____、_____、_____三部分组成。
6. 材料消耗定额的确定方法主要有_____、_____、_____、_____四种。
7. 建立储备定额的关键问题，在于寻求既_____，又_____。
8. 材料储备定额按作用可分为_____、_____和_____。
9. ABC 管理法就是对企业使用的各材料，以材料的_____和_____两个方面分析材料的重要程度，划分控制重点。
10. 材料需用量计划的编制可采用_____和_____两种方法。
11. 材料采购的原则是_____、_____、_____和_____。
12. 材料采购决策的主要内容包括：选择供货单位、_____、_____等。
13. 材料盘点分为_____和_____两种。

9-2 选择题(不定项)

1. 构成工程实体净用量的消耗是（　　）。
   A. 工艺损耗　　B. 有效损耗　　C. 运输损耗　　D. 保管损耗
2. 所谓经济订购批量，就是使仓储费和订购费之和（　　）的订购量。
   A. 最高　　B. 最低　　C. 平均　　D. 居中
3. 建筑企业材料管理的范围包括（　　）等部分。
   A. 各种劳动对象　B. 机械设备　C. 周转材料　D. 工具、用具
4. 对 A 类材料应实行（　　）。
   A. 重点控制　B. 次要控制　C. 一般控制　D. 不控制
5. 以下属于工艺损耗的有（　　）。
   A. 运输损耗　B. 操作损耗　C. 余料损耗　D. 保管损耗　E. 废次品损耗
6. 材料储备定额按作用可分为（　　）。
   A. 年度储备定额　　B. 经常储备定额　　C. 保险储备定额
   D. 季节储备定额　　E. 季度储备定额

7. 下列计算式中，正确表达材料最优采购经济批量（C_j）的公式是（ ）。（其中：Q 为材料的年订货总量，P 为材料单价，C 为购货费用，A 为仓库年保管费率）

A. $\sqrt{\dfrac{QC}{PA}}$ B. $\sqrt{2\dfrac{QC}{PA}}$ C. $\sqrt{\dfrac{QC}{2PA}}$ D. $\sqrt{2\dfrac{QP}{CA}}$

8. 某材料的年订货总量为 20 000t，该材料的单价为 60 元/t，每次采购费用为 50 元，仓库年保管费率为 4%，则该材料的最优采购经济批量为（ ）。

A. 800t   B. 912.87t   C. 1 000t   D. 1 095.45t

9. 抓住重点、照顾一般的存货控制方法是（ ）。

A. ABC 分类法   B. 比率分析法   C. 头脑风暴法   D. 功能成本法

10. 下列关于材料管理中 ABC 分类法的描述正确的是（ ）。

A. ABC 分类法主要考虑的因素包括材料的品种和占用的资金
B. ABC 分类法主要考虑的因素包括材料的品种和数量
C. ABC 分类法主要考虑的因素包括材料的品种和市场价格
D. ABC 分类法主要是分析材料管理的重点，对材料实行分类分级管理
E. ABC 分类法的结果从材料品种的数量上看：A＞B＞C

11. 用 ABC 分类法可分析出（ ）。

A. 主要材料   B. 次要材料   C. 一般材料   D. 不合格材料   E. 材料管理的重点

9-3 名词解释

1. 材料管理   2. 材料消耗定额   3. 材料储备定额   4. 经常储备定额
5. 保险储备定额   6. 季节储备定额   7. 有效消耗   8. 工艺损耗
9. 管理损耗   10. 经济订购批量   11. ABC 管理法

9-4 简答题

1. 材料管理的意义是什么？
2. 材料管理的任务主要有哪些？
3. 材料管理的内容有哪些？
4. 材料储备定额的作用是什么？
5. 材料采购的原则是什么？
6. 材料采购的方式有哪几种？
7. 材料验收入库，要检查哪些项目？
8. 仓库材料保管有哪些基本要求？
9. 材料盘点的要求是什么？

9-5 计算题

1. 某建筑公司全年钢材总需求量为 950t，钢材交货间隔期为 25 天，发运 1 天，途中运输 1 天，提货 1 天，验收整理 1 天，平均误期为 10 天。试求该企业钢材的经常储备定额，最高、最低储备定额是多少？

2. 某建筑企业在计划年度内耗用 A 种材料 200t，该材料单价为 1 600 元/t，平均每次订购费为 75 元，年仓储费率为 5%，试求经济订购批量、订购次数和供应间隔期。

社会调查

选择一个当地的建筑企业作为调查对象,调查以下内容,并写出调查报告。

1. 材料储备定额的建立。
2. 材料采购的控制程序。
3. 材料供应办法。
4. 材料需用量计划的编制。
5. 材料供应量计划的编制。
6. 现场材料管理的状况。
7. 限额领料制度。

第10章 建筑企业机械设备管理
综合练习

10-1 填空题

1. 建筑企业的机械设备很多，可分为＿＿＿＿＿＿＿＿和＿＿＿＿＿＿＿＿两大类。
2. 机械设备管理包括＿＿＿＿＿＿＿＿和＿＿＿＿＿＿＿＿。
3. 建筑企业装备机械设备的形式一般有三种：＿＿＿＿＿＿＿＿、＿＿＿＿＿＿＿＿和＿＿＿＿＿＿＿＿。
4. 社会租赁有＿＿＿＿＿＿＿＿和＿＿＿＿＿＿＿＿两种形式。
5. 机械设备的成本按其性质可以分为＿＿＿＿＿＿＿＿和＿＿＿＿＿＿＿＿两部分。
6. 界限时间比较法是以机械设备＿＿＿＿＿＿＿＿相等的作业时间为选择标准的方法。
7. 机械设备人员的业务培训要分类进行，即分为＿＿＿＿＿人员、＿＿＿＿＿人员和＿＿＿＿＿人员的培训三类。
8. 机械设备在使用过程中不可避免地要发生损耗。这种损耗有两种形式，即＿＿＿＿＿＿＿＿和＿＿＿＿＿＿＿＿。
9. 有形损耗分为＿＿＿＿＿＿＿＿和＿＿＿＿＿＿＿＿两种。
10. 机械设备的保养分为＿＿＿＿＿＿＿＿和＿＿＿＿＿＿＿＿两种。
11. 机械设备从投入使用开始，直到不能使用而报废为止所经历的时间，称为机械设备的＿＿＿＿＿＿＿＿。
12. 机械设备在使用期限内的年平均总费用由＿＿＿＿＿＿＿＿和＿＿＿＿＿＿＿＿组成。

10-2 选择题（不定项）

1. 机械设备的自然寿命主要是由（　　）原因决定的寿命。
   A. 合理损耗　　B. 无形损耗　　C. 有形损耗　　D. 非合理损耗
2. 由于技术进步、劳动生产率的提高所决定的设备的使用寿命是（　　）。
   A. 自然寿命　　B. 经济寿命　　C. 正常寿命　　D. 技术寿命
3. 使机械设备年平均总费用最低的年限是机械设备的（　　）。
   A. 自然寿命　　B. 经济寿命　　C. 正常寿命　　D. 技术寿命
4. 建筑机械设备的定期保养一般分为（　　）。
   A. 例行保养　　B. 一级保养　　C. 二级保养　　D. 三级保养　　E. 四级保养
5. 在科学技术飞速发展的今天，（　　）是企业更新设备的主要形式。
   A. 原型更新　　B. 扩大更新　　C. 改造更新　　D. 技术更新

10-3 名词解释

1. 机械设备管理　　2. 融资租赁　　3. 经营租赁　　4. 年等值成本　　5. 有形损耗

6. 无形损耗　　　7. 使用寿命　　　8. 自然寿命　　　9. 技术寿命　　　10. 经济寿命

10-4　简答题

1. 机械设备管理的意义是什么？内容和任务是什么？
2. 机械设备购置的原则是什么？购置应考虑哪些因素？
3. 机械设备租赁有哪些优越性？
4. 机械管理中的规章制度主要有哪些？
5. 机械设备日常管理的主要工作内容有哪些？
6. 机械设备保养的主要内容是什么？
7. 机械设备修理的方式有几种？各有什么特点？

10-5　计算题

1. 某设备购入价格为 25 000 元，每年递增的使用费为 800 元，计算该设备的最佳使用年限。

2. 现有技术上、生产上均适用的三种型号的机械设备供选择，资料如下，试问应选用哪种设备？

设备名称	购入价/元	使用寿命/年	年均使用费/元	残值/元	年利率（%）
A	20 000	8	1 800	1 000	10
B	25 000	10	2 000	—	10
C	32 000	15	2 500	2 000	10

3. 现有 A、B 两种设备，资料如下表所示，要求：

1）用单位工程量成本比较法对两种设备进行选择；

2）求界限时间并判断使用的时间范围。

设备名称	年固定费用/元	变动费用/（元/台班）	产量/（m³/台班）
A	8 000	35	40
B	9 500	30	42

 社会调查

选择当地的一家建筑企业进行实地调查，了解该企业机械设备的管理体系是如何运行的，其机械设备的购置、租赁、使用、维修、保养等环节是如何开展工作的，合理否？谈谈自己的心得体会。

第 11 章 建筑企业经营评价
综合练习

11-1 填空题

1. 建筑企业的经营评价从评价的范围上分为_____和_____。
2. 建筑企业经营效果评价指标体系可以划分为：_____、_____、_____、生产性指标、成长性指标。
3. 安全性是衡量企业_____程度的指标。
4. 建筑企业进行经营评价，一般常用的技术方法有_____、_____和_____三种。

11-2 选择题（不定项）

1. 以下属于成长性指标的是（　　）。
   A. 产值利润率　　B. 资产增长率　　C. 销售收入增长率　　D. 资金利润率
   E. 利润增长率
2. 建筑企业经营效果评价指标体系可划分为（　　）等。
   A. 收益性指标　　B. 安全性指标　　C. 流动性指标　　D. 生产性指标
   E. 成长性指标
3. 下列属于生产性指标的是（　　）。
   A. 人均利润率　　B. 劳动生产率增长率　　C. 资产增长率
   D. 劳动装备率　　E. 固定资产投资效率
4. 以下比率属于盈利能力分析评价指标的是（　　）。
   A. 总资产报酬率　　B. 资金周转率　　C. 资产负债率　　D. 利润增长率
5. 以下比率属于成长能力分析评价指标的是（　　）。
   A. 劳动生产率增长率　　B. 销售收入增长率　　C. 资本金增长率
   D. 人均利润率　　E. 总资产报酬率
6. 总资产报酬率是指（　　）。
   A. 企业运用净资金的收益率　　B. 企业运用全部资产的收益率
   C. 企业运用固定资产的收益率　　D. 企业运用流动资产的收益率
7. 净资产收益率的计算公式为（　　）。
   A. 净资产收益率 = 利润总额/平均净资产×100%
   B. 净资产收益率 = 息税前利润总额/平均资产×100%
   C. 净资产收益率 = 净利润总额/平均净资产×100%
   D. 净资产收益率 = 息税前利润总额/平均净资产总额×100%
8. 存货周转率反映了企业（　　）。
   A. 存货的多少　　　　　　　　B. 存货管理的效率和水平

C. 营运能力的强弱　　　　　　D. 发展能力的强弱
9. 应收账款周转率是指企业在一定时期内（　　）之间的比率。
A. 应收账款与流动资产　　　　B. 应收账款与企业总资产
C. 营业总收入与应收账款　　　D. 赊销收入净额与应收账款
10. 资产负债率的计算公式为（　　）。
A. 资产负债率＝负债总额/资产总额　　B. 资产负债率＝负债总额/营业收入总额
C. 资产负债率＝负债总额/净资产　　　D. 资产负债率＝负债总额/主营业务收入总额
11. 速动比率是指企业的（　　）之间的比率关系。
A. 速动资产与负债总额　　　　B. 速动资产与总资产
C. 速动资产与流动资产　　　　D. 速动资产与流动负债
12. 经验认为，速动比率为（　　）就说明企业有偿债能力，低于这个数值则说明企业偿债能力不强。
A. 50%　　　B. 80%　　　C. 100%　　　D. 120%
13. 以下属于反映企业经营安全性指标的有（　　）。
A. 流动比率　　B. 权益比率　　C. 存货周转率　　D. 总资产报酬率
E. 利润增长率

11-3　名词解释

1. 经营评价　2. 流动比率　3. 速动比率　4. 比较法　5. 比率法　6. 因素分析法

11-4　简答题

1. 经营评价有什么意义？经营评价的种类有哪些？
2. 建筑企业经营状况评价包括哪些内容？
3. 建筑企业经营效果评价的指标体系有哪些？
4. 经营评价有哪些主要方法？
5. 因素分析法的计算步骤是什么？

11-5　计算题

某分项工程材料支出情况见下表。现已知材料费超支 1 400 元，试用因素分析法分析超支的原因。

材料支出计划与实际数对比表

指　　标	计　划	实　际	差　　额
工程量/m³	100	120	+20
材料消耗定额/（kg/m³）	10	9	−1
材料单价/（元/kg）	4	5	−1
材料费/元	4 000	5 400	+1 400

社会调查

选择当地的一家建筑企业进行实地调查,获取该企业基本情况和相关的财务报表资料,通过询问、听取、调查、计算评价指标等方法,对该建筑企业的经营状况和经营效果作出简要的评价。

第二部分 参考答案

第1章 建筑企业经营管理基础知识
综合练习参考答案

1-1 填空题
1. 计划，决策，组织，指挥，控制，协调
2. 资料依据，基本手段，前提条件
3. 单位，部门，职责

1-2 选择题
1. AE，BD
2. ACDE
3. CDE

1-3 名词解释
1. 企业管理是指企业为实现经营目标，对生产经营活动及人、财、物、信息等资源所进行的计划与决策、组织与指挥、控制与协调、教育与激励等一系列活动的总称。

2. 经营管理，有狭义和广义之分。广义的经营管理，就是指企业管理，本课程指的就是广义上的经营管理，强调其企业经营的意义，内容上则包含对企业生产经营活动的全部管理工作。狭义的经营管理，则单指对企业经营活动的管理。

3. 规章制度是企业职工参与生产经营活动应遵守的行为准则。建筑企业的规章制度可分为社会性规章制度和企业内部规章制度两大类。

4. 经营管理标准指企业经营管理中应当遵守的各种工作制度、规程、准则等。如工资标准、消耗定额、考勤制度、会计制度等。

1-4 简答题
1. 什么是企业管理？什么是经营管理？二者之间有什么关系？

【答】企业管理是指企业为实现经营目标，对生产经营活动及人、财、物、信息等资源所进行的计划与决策、组织与指挥、控制与协调、教育与激励等一系列活动的总称。

企业管理的对象是企业的生产经营活动。企业生产经营活动可以归纳为两个部分：生产活动和经营活动。生产活动，指企业内部以生产为中心的活动，包括基本生产、辅助生产、生产技术准备、生产服务等内容；经营活动，指企业以经营为中心的活动，主要包括

制订经营战略、市场调查与预测决策、市场开拓、产品销售、技术开发、资金筹措等。对生产活动的管理称为生产管理，对经营活动的管理称为经营管理。

经营管理，有狭义和广义之分。广义的经营管理，就是指企业管理，强调其企业经营的意义，内容上则包含对企业生产经营活动的全部管理工作。狭义的经营管理，则单指对企业经营活动的管理。

2. 企业经营管理有哪些主要职能？

【答】在市场经济条件下，企业经营管理的职能可分为四个方面八项基本职能。

（1）计划与决策　计划是指确定企业生产经营活动目标，以及实现目标的途径、方法、措施的管理活动。

决策是对市场环境进行分析，确定生产经营目标，拟定多个可行方案，从中选择一个最佳方案的管理活动。

（2）组织与指挥　组织是实现企业计划或目标的一种行为，是根据计划把生产力各要素（人、财、物）和生产经营各环节（供、产、销）合理地结合，使机构、人员和岗位协调，达到高效率。

指挥是对企业各类人员发布命令，分派工作，提出要求的管理活动。

（3）控制与协调　控制是指在计划的实施过程中，及时发现偏差，采取恰当措施加以纠正的管理活动。控制的对象是生产经营活动全过程和各项管理业务，控制的标准是国家的政策、法规、计划和定额。

协调又称调节，是对控制中所出现的与决策或计划偏离所做的处理，协调各部门、各环节之间的关系，解决协作中的问题，发现潜力并使之发挥作用。

（4）教育与激励　教育是提高企业素质的战略措施，是多层次多形式的培训，是提高全体人员能力的手段。

激励，指为调动职工积极性而进行的各项管理活动。企业可通过精神鼓励和物质奖励来激发职工的劳动热情，对失职的职工进行必要的惩罚，以鼓励先进，鞭策后进，调动广大职工的积极性、主动性和创造性。

以上八个基本职能，相互联系、相互渗透、相互制约和依存，不可偏废。

3. 建筑企业经营管理有哪些基础工作？

【答】企业经营管理的基础工作，是指为实现企业经营目标和有效地开展各项生产经营活动，而提供资料依据、基本手段和前提条件的各项工作。主要有：标准化、定额与清单计价、信息、计量、规章制度、职工教育与训练等。

4. 建筑企业的规章制度有哪些？

【答】建筑企业的规章制度可分为以下两大类：

（1）社会性规章制度　社会性规章制度，指政府主管部门制定颁发的各种法规、政策性制度。主要有：

1）技术制度。包括各种设计规范、施工及验收规范、材料检验验收标准、质量检查及评定标准、施工操作规程、安全技术规程等。

2）经营管理制度。如企业法、公司法、合同法、招标投标法、建筑法、资质等级标准、定额等。

3）财务会计制度。如会计制度、会计准则、财务通则、财经纪律等。

（2）企业内部规章制度　企业内部规章制度是对企业职工在工作、施工、生产、生活等例行性的活动中应遵守的有关要求、方法、规程、标准等所做的各种严格的规定。主要有：

1）经营方面的制度。如决策工作制度、合同管理制度、预结算制度等。

2）生产技术方面的制度。如生产管理制度、技术管理制度、劳动人事制度、设备管理制度等。

3）财务会计方面的制度。包括出纳、会计、财务、经济活动分析、审计等方面的规定。

4）办公、行政、保卫及综合治理、教育、医疗、计划生育等例行性工作制度。

5）其他方面的制度。如责任制等。

5. 建筑企业经营管理的特点是什么？

【答】（1）经营业务不稳定　建筑产品类型繁多，无法批量生产，造成建筑企业的经营业务不稳定，管理对象多变。另外，建筑企业的经营业务受国家固定资产投资政策的影响，市场的需要随投资的大小而波动，更加剧了经营业务的不稳定性。

（2）经营环境多变　建筑产品的固定性和生产的流动性以及经营业务的不稳定，使建筑企业的经营环境经常变化。不同的施工地点，其工程地质、气候等自然条件差异很大；当地的政策、业主心理、物资供应、劳动力供应、道路运输、价格变动、协作条件等社会环境也有较大差异。

（3）机构变动大　为了适应经营业务不稳定、经营环境多变等特点，建筑企业必须建立灵活、善于变化的组织机构。

1-5　论述题

1. 试述你对企业经营管理的理解。

【答题要点】

企业管理是指企业为实现经营目标，对生产经营活动及人、财、物、信息等资源所进行的计划与决策、组织与指挥、控制与协调、教育与激励等一系列活动的总称。企业管理是社会化大生产的必然产物，它是随着企业的出现而逐步形成的。

企业管理的对象是企业的生产经营活动。企业生产经营活动可以归纳为两个部分：生产活动和经营活动。生产活动，指企业内部以生产为中心的活动，包括基本生产、辅助生产、生产技术准备、生产服务等内容；经营活动，指企业以经营为中心的活动，主要包括制订经营战略、市场调查与预测决策、市场开拓、产品销售、技术开发、资金筹措等。对生产活动的管理称为生产管理，对经营活动的管理称为经营管理。

经营管理，有狭义和广义之分。广义的经营管理，就是指企业管理，强调其企业经营的意义，内容上则包含对企业生产经营活动的全部管理工作。狭义的经营管理，则单指对企业经营活动的管理。

企业经营管理具有二重性质，即自然属性和社会属性。自然属性是指经营管理具有同生产力、社会化大生产相联系的自然属性，社会属性是指经营管理具有同生产关系、社会制度相联系的社会属性。

2. 论述建筑企业经营管理体系的组成。

【答题要点】

建筑企业经营管理根据生产经营过程的需要，建立了由各种经营管理活动组成的完整体系。建筑企业经营管理体系，一般由建筑市场经营、建筑企业计划管理、施工技术管理、建筑企业质量管理、建筑企业劳动人事管理、建筑企业材料管理、建筑企业机械设备管理、财务管理等组成。招标投标是建筑商品供需双方建立承发包关系的一种最常用的手段和途径。建筑企业通过各种途径获得的承包业务，都必须用工程合同的形式明确承发包双方的权利和义务。

第2章 建筑市场经营
综合练习参考答案

2-1 填空题

1. 建筑商品，相关要素
2. 业主（发包方），承包商（承包方），中介服务方
3. 指导思想，行为准则，以用户为中心，以企业形象为基础，讲求经济利益
4. 承包经营方式，出租或出售
5. 预计，推测
6. 肯定型决策，风险型决策，非肯定型决策

2-2 选择题

1. ABCD
2. A，C，BDE
3. ACD，BEF
4. ABDE
5. ABCD
6. A，BC，DEF

2-3 名词解释

1. 市场有广义和狭义之分。狭义的市场是指有形市场，是商品买卖双方交易交换商品的场所，如百货商场、集市等。广义的市场包括有形市场和无形市场。无形市场是指没有固定的交易场所，靠广告、中间商以及其他形式，沟通买卖双方，实现商品交换的市场，如某些技术市场、房地产市场、建筑市场等。

2. 建筑市场是进行建筑商品及相关要素交换的市场。

3. 建筑市场经营是指建筑企业销售建筑商品以满足业主需求而进行环境分析、市场调查、市场预测、经营决策、投标与签订合同、工程施工、竣工验收与交付使用、售后服务等综合性活动。

4. 建筑企业市场经营方式，是指建筑企业在市场经营活动中向业主（建设单位）提供建筑商品或服务的方式。

5. 市场调查就是企业运用一定技术、方法、手段，对影响市场变化及发展的条件、因素等所进行的收集情报，掌握客观情况，提供市场信息，为企业进行经营预测、制订正确的经营方针和合理的经营决策提供可靠依据的一系列工作。

6. 预测，是人们通过对事物历史、现状和环境的分析，运用人们的知识、经验和科学方法，对事物的未来发展趋势进行的预计和推测。

7. 经营预测，是人们对企业经营活动的发展趋势作出的预测。例如，通过建筑市场预测，掌握社会对建筑商品的需求量。

2-4 简答题

1. 建筑市场有哪些特点？

【答】建筑产品本身及其生产过程的特点导致了建筑市场具有以下特点：
1）建筑市场范围广，变化大；
2）建筑产品生产与交易的统一性；
3）建筑市场主要交易对象的单件性；
4）建筑市场交易对象的社会性；
5）建筑产品交易的长期性和阶段性；
6）建筑市场交易活动的不可逆性；
7）建筑市场无固定场所；
8）建筑市场竞争激烈。

2. 建筑市场经营有哪些主要内容？

【答】建筑企业进行建筑市场经营，主要包括以下内容：
1）建筑市场调查；
2）建设工程投标；
3）选择经营方式；
4）谈判与签订合同；
5）办理签证和中间结算；
6）竣工结算。

3. 建筑市场调查的内容有哪些？

【答】建筑企业的市场调查主要包括如下几方面内容：
1）市场需求调查；
2）市场供应调查；
3）市场竞争状况调查；
4）对建筑市场参与单位的调查；
5）企业外部环境整体的调查。

4. 建筑企业经营预测有哪些主要内容？

【答】
1）建筑市场预测；
2）资源能力预测；
3）生产能力预测；
4）企业的技术发展预测。

此外，还有利润预测、成本预测、多种经营方向预测等内容。

5. 决策的组织系统如何构成？

【答】决策的组织系统由领导层、管理层和实务层组成，见本书图2-5。
(1) 领导层　领导层是以法人代表为中心组成的企业最高决策班子。
(2) 管理层　管理层是企业实施经营决策方案的组织者，包括企业的各级管理人员。

(3) 实务层　实务层是指企业的实际工作人员。

6. 什么是决策树法？用图示之。

【答】决策树法是借助于决策树形象地分析决策问题，计算与比较各方案的期望值，从而作出决策的一种方法。如图 D-1 所示。

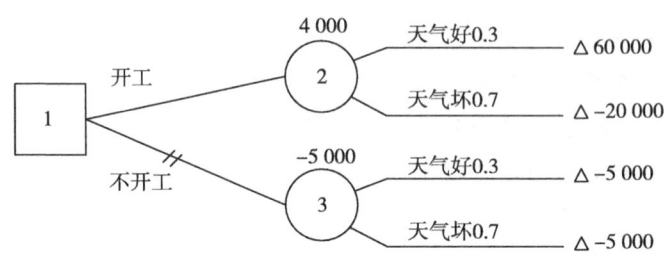

图 D-1　某工程开工决策树图

2-5　论述题

1. 建筑市场经营应树立什么样的观念？

【答题要点】

(1) 建筑市场经营观念的含义　建筑市场经营观念，是指建筑企业在从事生产和经营活动时所依据的指导思想和行为准则，经营观念是否正确，直接影响到经营状况的好坏。

(2) 建筑市场经营应具备的观念

1) 以用户为中心。要求建筑企业以满足消费者的需求作为企业生存和发展的基本条件，将用户放在市场经营的中心位置，为业主提供各方面的优质服务。

2) 树立企业形象。要求建筑企业在市场经营中注意树立企业形象，以取得良好的社会信誉。主动维护消费者的长远利益和整个社会利益，争创名牌。

3) 讲求经济利益。建筑企业经营的最终目的，是要通过建筑商品交易获取利润。现代市场经营，就是要通过良好的企业形象赢得用户，在努力为消费者提供满意服务中获取最大的利润。

2. 试述建筑市场调查、建筑市场经营、经营预测、经营决策等之间的关系。

【答题要点】

1) 解释建筑市场调查、建筑市场经营、经营预测、经营决策的含义。

2) 建筑市场经营必须建立在市场调查、经营预测、经营决策的基本上，工作程序为：建筑市场调查→经营预测→经营决策；建筑市场调查、建筑市场经营、经营预测、经营决策构成建筑市场经营的主要内容。

2-6　计算题

1. 【解】1) 用算术平均法预测该年12月的销售量

$$\bar{x} = \frac{20 + 22 + 24 + 22 + 23 + 21 + 24 + 22 + 26 + 25 + 27}{11} 万 m^2$$

$$= 23.27 \text{ 万 } m^2$$

即该企业某年12月可能实现的销售量为23.27万 m²。

2）用加权平均法预测某年12月的销售量：取1、2、3、4、5、6、7、8、9、10、11为1～11月各月销售量权数，则

$$\bar{x} = \frac{1 \times 20 + 2 \times 22 + 3 \times 24 + 4 \times 22 + 5 \times 23 + 6 \times 21 + 7 \times 24 + 8 \times 22 + 9 \times 26 + 10 \times 25 + 11 \times 27}{1 + 2 + 3 + 4 + 5 + 6 + 7 + 8 + 9 + 10 + 11} 万 m^2$$

$$= 24.09 万 m^2$$

3）用算术移动平均数法预测该年12月和次年1月份的销售量（取$n=3$）

设3个数据为一段，则该年12月的销售量

$$S_{11+1} = \frac{x_9 + x_{10} + x_{11}}{3} = \frac{26 + 25 + 27}{3} 万 m^2 = 26 万 m^2$$

当12月结束，假设实现的销售量实际达到28万 m²，则可进一步预测次年1月份的销售量。

即

$$S_{12+1} = \frac{25 + 27 + 28}{3} 万 m^2 = 26.67 万 m^2$$

4）用加权移动平均数法预测该年12月和次年1月份的销售量（取$n=3$）

设3个数据为一段，权数分别1、2、3，则该年12月的销售量

$$S_{11+1} = \frac{1 \times 26 + 2 \times 25 + 3 \times 27}{1 + 2 + 3} 万 m^2 = 26.16 万 m^2$$

当12月结束，假设实现的销售量实际达到28万 m²，则可进一步预测次年1月份的销售量。

即

$$S_{12+1} = \frac{1 \times 25 + 2 \times 27 + 3 \times 28}{1 + 2 + 3} 万 m^2 = 27.16 万 m^2$$

2.【解】1）绘图观察并确定相关关系（图略）。

从图可以看出，数据点分布是线性趋势。因此，可以采用一元线性回归模型进行预测。

2）建立数学模型

$$y = a + bx$$

式中　y——年利润额；

　　　x——年施工产值；

　　　a、b——回归系数。

3）回归系数估计

根据表2-7给出的数据，列表计算，见表D-1。

表D-1　一元线性回归计算表

年份	x_i	y_i	x_i^2	$x_i \cdot y_i$
2004	5600	550	31360000	3080000
2005	5500	530	30250000	2915000
2006	6000	590	36000000	3540000
2007	7000	690	49000000	4830000

(续)

年份	x_i	y_i	x_i^2	$x_i \cdot y_i$
2008	6800	670	46240000	4556000
2009	6500	640	42250000	4160000
2010	6600	660	43560000	4356000
2011	6700	650	44890000	4355000
2012	6900	670	47610000	4623000
2013	7200	700	51840000	5040000
合计	64800	6350	423000000	41455000

$$b = \frac{\sum_{i=1}^{n} x_i \cdot y_i - \bar{x}\sum_{i=1}^{n} y_i}{\sum_{i=1}^{n} x_i^2 - \bar{x}\sum_{i=1}^{n} x_i} \quad \text{(D-1)}$$

$$a = \bar{y} - b\bar{x} \quad \text{(D-2)}$$

其中：$\bar{y} = \frac{\sum_{i=1}^{n} y_i}{n}$；$\bar{x} = \frac{\sum_{i=1}^{n} x_i}{n}$。

将表 D-1 数据代入式 D-1 和式 D-2 中，求得 a、b 回归系数

$$b = \frac{41455000 - 6480 \times 6350}{423000000 - 6480 \times 64800} = 0.0992$$

$$a = 635 - 0.0992 \times 6480 = -7.816$$

4) 建立数学模型

$$y = -7.816 + 0.0992x$$

5) 应用数学模型进行预测

$$y = (-7.816 + 0.0992 \times 8000) \text{万元} = 785.784 \text{万元}$$

即该公司 2014 年可能实现利润 785.784 万元。

3. 【解】根据已知条件 $C = 6000000$ 元，$P = 1500$ 元，$V = 1000$ 元。

则

$$Q = \frac{C}{P - V} = \frac{6000000}{1500 - 1000} \text{件} = 12000 \text{件}$$

4. 【解】1) 用期望值法决策方案：用 A、B、C 分别表示投资 1200 万元、投资 800 万元、投资 600 万元三个方案，则

$E(A) = 0.45 \times 500$ 万元/年 $+ 0.25 \times 180$ 万元/年 $+ 0.30 \times (-120)$ 万元/年 $= 234$ 万元/年

$E(B) = 0.45 \times 320$ 万元/年 $+ 0.25 \times 250$ 万元/年 $+ 0.30 \times 100$ 万元/年 $= 236.5$ 万元/年

$E(C) = 0.45 \times 180$ 万元/年 $+ 0.25 \times 200$ 万元/年 $+ 0.30 \times 160$ 万元/年 $= 179$ 万元/年

投资 800 万元方案的期望值最大为 236.5 万元/年，所以选择投资 800 万元方案。

2) 用决策树法决策方案：(略)。

5. 【解】1) 按小中取大法的原则列表决策，见表 D-2。

表 D-2　方案收益及决策表

自然状态	收益/（万元/年）		
	投资1200	投资800	投资600
销路好	500	320	180
销路一般	180	250	200
销路差	-120	100	160
最小损益值	-120	100	160
最小损益值中的最大损益值	160		
对应的方案	投资600万元		

由表 D-2 可知，投资 1200 万元、800 万元、600 万元三种方案的最小收益分别为 -120 万元/年、100 万元/年、160 万元/年，其中最大的是 160 万元/年，其对应的方案为投资 600 万元。

2）按大中取大法的原则列表决策，见表 D-3。

表 D-3　方案收益及决策表

自然状态	收益/（万元/年）		
	投资1200	投资800	投资600
销路好	500	320	180
销路一般	180	250	200
销路差	-120	100	160
最大损益值	500	320	200
最大损益值中的最大损益值	500		
对应的方案	投资1200万元		

由表 D-3 可知，投资 1200 万元、800 万元、600 万元三种方案的最大收益分别为 500 万元/年、320 万元/年、200 万元/年，其中最大的是 500 万元/年，其对应的方案为投资 1200 万元。

3）列表计算后悔值进行决策，见表 D-4。

表 D-4　后悔值计算表

自然状态	收益/（万元/年）		
	投资1200	投资800	投资600
销路好	500-500=0	500-320=180	500-180=320
销路一般	250-180=70	250-250=0	250-200=50
销路差	160-(-120)=280	160-100=60	160-160=0
最大后悔值	280	180	320
最大后悔值中的最小值	180		
对应的方案	投资800万元		

表 D-4 中的数据按后悔值的公式计算，例如：

投资800万元在销路好状态下的后悔值＝500－320＝180

余下的类推（详见表D-4）。

从表D-4中计算的结果可知，三个方案的最大后悔值分别为280万元/年、180万元/年、320万元/年，其中最小的是180万元/年，对应方案为投资800万元。

第3章 建设工程招投标
综合练习参考答案

3-1 填空题
1. 法律保护和监督，双方同意基础
2. 公开招标，邀请招标
3. 单项工程，单位工程
4. 投标截止日期
5. 企业目标，竞争对手情况，投标策略
6. 签订合同
7. 企业能力及竞争环境，具体投标策略
8. 承包企业亏损，中标率
9. 方式、手段和艺术，报价
10. 招标信息，开标程序，评标标准和程序，中标的结果

3-2 选择题
1. A
2. A
3. B
4. C
5. B
6. C
7. D
8. A
9. B
10. D

3-3 名词解释
1. 工程招标是指招标人以项目建造的期望价为尺度，择优选择投标人的一种经济活动。
2. 工程投标是指具有合法资格和能力的投标人根据招标条件，以投标报价形式争取获得工程任务的一种经济活动。
3. 公开招标是指招标人以招标公告的方式邀请不特定的法人或者其他组织投标。
4. 邀请招标是指招标人以投标邀请书的方式邀请特定的法人或者其他组织投标。
5. 投标策略，也称投标决策，指企业在投标中采取的对策以及所进行的各项决策工作。投标策略包括两个主要方面：一是基于企业能力及竞争环境，为实现企业经营目标，对投标工程的选择；二是工程项目的具体投标策略，如标价、工期等。前者是就企业的角

度考虑，后者是就某一工程而言。

3-4 简答题

1. 建筑工程招标有哪几种基本方式？它们各有何特点？

【答】目前，建设工程采用的招标投标方式可分为两种：

(1) 公开招标　公开招标是指招标人以招标公告的方式邀请不特定的法人或者其他组织投标。

这种招标的主要特点是：能促进企业精心经营，以求中标和承包工程；有利于施工准备。它适用于任何大、中型项目或专业性较强的工程项目，可向某一地区、全国乃至国际招标时采用。

(2) 邀请招标　邀请招标是指招标人以投标邀请书的方式邀请特定的法人或者其他组织投标。

这种招标方式的优点是：由于被邀请投标者往往不知道还有谁参加这项投标，可以避免他们之间的互相串通，抬高标价。

2. 建筑工程招标与投标的基本程序及相互关系如何？

【答】(1) 建筑工程招标的基本程序

1) 申请招标；

2) 准备招标文件；

3) 编制标底；

4) 发布招标公告；

5) 对投标单位资格审查；

6) 组织现场考察；

7) 召开标前会议；

8) 开标、评标、定标。

(2) 建筑工程投标的基本程序

1) 投标准备工作；

2) 研究招标文件；

3) 参加现场考察；

4) 编制投标文件；

5) 递送标书，参加开标。

(3) 相互关系　建筑工程招标的基本程序决定了建筑工程投标的基本程序，建筑工程投标工作应严格按建筑工程招标的基本程序进行。

3. 建筑工程施工招标要求建设工程项目必须具备的基本条件是什么？

【答】建设项目招标应具备的条件包括：

1) 概算已经批准；

2) 建设项目已正式列入国家、部门或地方的年度固定资产投资计划；

3) 建设用地的征用工作已完成；

4) 有能够满足施工需要的施工图纸及技术资料；

5) 建设资金和主要建筑材料、设备来源已落实;

6) 已经建设项目所在地规划部门批准,施工现场的"三通一平"已完成或一并列入招标范围。

4. 建筑工程招标文件的主要内容有哪些？招标单位必须具备什么具体条件？

【答】(1) 招标文件通常包括以下内容

1) 工程综合说明;

2) 设计图纸和技术说明书;

3) 工程量清单;

4) 单价表;

5) 投标须知;

6) 合同主要条件。

(2) 招标单位应具备的条件

1) 招标单位是法人、依法成立的其他组织;

2) 有与招标工程相适应的经济、技术管理人员;

3) 有组织编制招标文件的能力;

4) 有审查招标单位资质的能力;

5) 有组织开标,评标,定标的能力。

不具备上述2) 至5) 项条件的,须委托有相应资质的招标代理（或中介）机构代理招标。

5. 招标公告一般应包括哪些内容？

【答】招标公告应包括的内容有：招标单位和招标工程名称；招标工程内容简介；承包方式；投标单位资格；领取招标文件的地点、时间和应交费用等。

6. 招标单位如何对投标单位进行资格审查？投标单位应具备什么条件？

【答】(1) 投标单位资格审查的目的主要是考察该企业总体能力（包括资质条件、人员、设备、技术能力、工作经验、企业经验、企业经营等）是否具备完成招标工作所要求的条件。

资格审查的主要内容应依据招标工程项目对投标人的要求来确定,中小型工程的审查内容可适当简单,大型复杂工程则要对承包商的能力进行全面审查。

(2) 投标单位须具备的条件

1) 有政府主管部门批准注册的营业执照;

2) 企业资质须符合招标工程的要求。

7. 评标工作由谁组织？如何进行定标工作？

【答】评标是对各种标书优劣的比较,以便最终确定中标人,由评标委员会按评标程序负责评标工作。

招标单位应根据评审委员会提出的评标报告和推荐的中标候选单位确定中标单位,也可授权评标委员会直接确定中标单位。

定标的原则,即中标单位的投标应符合：第一,能够最大限度地满足招标文件中规定的各项综合评价标准；第二，能够满足招标文件的实质性要求，并经评审的投标价格最低，但是投标价格低于成本的除外。

8. 工程项目施工投标报价策略有哪几种？

【答】投标报价策略有以下几种：

（1）以信取胜　这是依靠企业长期形成的社会信誉，利用技术和管理上的优势，优良的工程质量和服务措施，合理的价格和工期等因素争取中标。

（2）以快取胜　通过采取有效措施缩短施工工期，并能保证进度计划的可行性与合理性，从而使招标工程早投产，早收益，以吸引业主。

（3）以廉取胜　其前提是保证工程质量，这对业主一般都是有较强的吸引力。从投标单位角度出发，采取这一策略也可能有长远考虑，即通过降低投标报价来扩大任务来源，从而降低固定成本在各个工程的摊销比例，既降低工程成本，又为降低新投标工程的承包价格创造了条件。

（4）靠改进建设方案取胜　通过仔细研究原设计图纸，若发现明显不合适之处，可提出改进设计的建议和能切实降低造价的措施。在这种情况下，一般先按原设计报价，再按建议的方案报价。

（5）采用以退为进取胜　当发现招标文件中有不确定之处并有可能据此提出索赔时，可报低价先争取中标，再寻找索赔机会。采取这一策略一般要在索赔事务方面等具有相当成熟的经验。

第4章 建设工程合同管理
综合练习参考答案

4-1 填空题
1. 平等主体
2. 合同有效要件
3. 国家所有
4. 主要合同，进度管理，质量管理，费用管理
5. 合同当事人，合法继承人
6. 公平的，显失公平
7. 直接发包，招标发包
8. 30
9. 《协议书》，《通用条款》，《专用条款》

4-2 选择题
1. D
2. B
3. B
4. D
5. C
6. B
7. D
8. D
9. B
10. C

4-3 名词解释
1. 合同又称契约，它是平等主体的自然人、法人、其他组织之间设立、变更、终止民事权利义务关系的协议。合同有广义和狭义之分，《中华人民共和国合同法》中所称的合同，是指狭义上的合同。

2. 合同生效，是指合同当事人依据法律规定经协商一致，取得同意，双方订立的合同即发生法律效力。

3. 无效合同是指不具备合同有效要件而且不能补救，对当事人自始即不应当具有法律约束力的合同，应当由国家予以取缔的合同。

4. 施工合同即建筑安装工程承包合同，是发包人和承包人为完成商定的建筑安装工程，明确相互权利、义务关系的合同。

5. 发包人指在协议书中约定，具有工程发包主体资格和支付工程价款能力的当事人

以及取得该当事人资格的合法继承人。

6. 承包人指在协议书中约定，被发包人接受的具有工程施工承包主体资格的当事人以及取得该当事人资格的合法继承人。

4-4 简答题

1. 合同有哪几种形式？施工合同的内容包括哪些？

【答】合同的形式有三种，即书面形式、口头形式和其他形式。

合同的内容由当事人约定，一般包括当事人的名称或者姓名和住所、标的、数量、质量、价款或者报酬、履行期限、地点和方式、违约责任与解决争议的方法等。

2. 合同生效应具备哪些条件？

【答】合同生效应具备的条件如下：

1) 当事人具有相应的民事权利能力和民事行为能力。
2) 意思表示真实。
3) 不违反法律、行政法规的强制性规定，不损害社会公共利益。
4) 具备法律所要求的形式。

3. 施工合同有哪些特点？施工合同的内容包括哪些？

【答】（1）施工合同的特点

1) 合同标的物的特殊性。
2) 合同履行周期的长期性。
3) 合同条款内容多。
4) 合同涉及面广。

（2）订立施工合同时，承发包双方应签订以下主要内容

1) 合同的法律基础。
2) 合同语言。
3) 合同文本的范围。
4) 双方当事人的权利及义务（包括工程师的权力及工作内容）。
5) 合同价格。
6) 工期与进度控制。
7) 质量检查、验收和工程保修。
8) 工程变更。
9) 风险、双方的违约责任和合同的终止。
10) 索赔和争议的解决等。

第5章 建筑企业计划管理
综合练习参考答案

5-1 填空题
1. 编制阶段，实施阶段，检查分析阶段
2. 事前控制
3. 具有系统性，具有群众性，具有协作性
4. 自身内在条件，外部环境条件，综合平衡法
5. 总目标，各级组织的分目标，分目标
6. 预期目标水平
7. 国家对企业考核指标，企业内部考核
8. 滚动计划
9. 年（季）计划
10. 发现偏差，纠正偏差

5-2 名词解释
1. 计划是基于现状的认识，确定未来一段时间应达到的目标，并进行科学合理的安排实现目标的一切资源、条件、方案以及实施的步骤、时间等一系列活动的总称。

2. 计划管理是指利用计划这种管理手段，通过计划的编制、实施、检查分析，指导和调整企业生产经营管理活动的全过程。

3. 目标管理是企业提出一定时期期望达到的理想状态，并组织全体职工共同实现的一种管理方法。

4. 计划指标是用来表示一定时期内，在具体的经济条件下，企业生产经营活动所应达到的预期目标水平。它是企业生产经营目标的具体化和数量化。

5. 计划指标体系，是一项计划指标，只能反映企业生产经营活动某个侧面，为了全面指导和控制企业的生产经营活动，就必须设置一系列相互联系而又相对独立的计划指标。这一系列计划指标的集合就被称为计划指标体系。

6. 数量指标，是表示企业在计划期内，生产经营活动数量上应达到的要求。一般用绝对数表示。如施工产值、工程成本、竣工面积、实物工程量、利润等。

7. 质量指标，是表示企业在计划期内，生产经营活动质量上应达到的要求。一般用相对数表示。如工程成本降低率、劳动生产率、工程优良品率、资金利润率等。

8. 货币量指标，是指用货币单位表示的指标。它反映了企业生产经营活动的价值形态。如施工产值、工程成本、资金占用额、工资等。

9. 实物量指标，是指用实物单位表示的指标。它反映了企业生产经营活动的实物形态。如实物工程量、设备数量、竣工面积等。

5-3 简答题

1. 计划的含义是什么？

【答】计划是基于现状的认识，确定未来一段时间应达到的目标，并进行科学合理地安排实现目标的一切资源、条件、方案以及实施的步骤、时间等一系列活动的总称。

2. 计划管理包括哪几个阶段？

【答】计划管理一般分为三个阶段：一是计划的编制阶段，包括确定目标和拟定实施计划的方法、措施等；二是计划的实施阶段，包括执行计划和执行过程中的组织工作等；三是计划的检查分析阶段，包括执行过程中和执行完毕后的检查分析。这三个阶段进行周期性循环，但相互间也有渗透。

计划管理按照其工作程序，包括四个阶段的工作内容，即计划的编制、实施、检查和处理。

3. 计划指标是如何分类的？

【答】（1）按指标的性质不同划分

1）数量指标。表示企业在计划期内，生产经营活动数量上应达到的要求。一般用绝对数表示。如施工产值、工程成本、竣工面积、实物工程量、利润等。

2）质量指标。表示企业在计划期内，生产经营活动质量上应达到的要求。一般用相对数表示，如工程成本降低率、劳动生产率、工程优良品率、资金利润率等。

（2）按指标的计量尺度不同划分

1）货币量指标。指用货币单位表示的指标。它反映了企业生产经营活动的价值形态，如施工产值、工程成本、资金占用额、工资等。

2）实物量指标。指用实物单位表示的指标。它反映了企业生产经营活动的实物形态，如实物工程量、设备数量、竣工面积等。

4. 中长期经营计划的编制方法是什么？

【答】中长期计划没有统一的编制方法，需要根据实际情况综合运用各种编制方法。由于中长期计划的计划期长，实施过程中不可能完全不变，因此要求计划具有一定的弹性，以适应变化的需要。在现代管理中，常用滚动计划的方法处理中长期计划的变动和修正。

5. 月度作业计划的内容有哪些？

【答】月度施工作业计划的内容包括：

1）单位工程施工进度计划。包括按建设单位分列的单位工程形象进度及工作量计划。

2）施工项目计划。它是计划月度内施工的工程项目的汇总，包括各项目的主要指标及施工单位。

3）实物工程量计划。这种计划汇总了计划月度施工各工程的主要实物量，是编制资源计划的依据。

4）劳动力需用量计划。这种计划是提出完成施工任务的人员数量及平衡措施，是完成任务的人力保证。

5）材料需用量计划。这种计划反映计划月度各主要材料的需用量和供应情况。

6）主要构配件需用量计划。这种计划反映计划月度内施工的各工程对主要构配件的需用情况。

7）机械台班需用量计划。这种计划反映月度各施工项目需用施工机械的情况。

8）主要计划指标汇总表。这种计划是月度施工作业计划的综合反映，它用指标形式对全月的生产情况作出归纳。

6. 简述月度作业计划的编制方法和各具体计划内容的相互关系。

【答】月度施工作业计划的计划期短，编制条件大多已知，对市场的依赖较年度计划小，故主要用综合平衡的方法编制。编制中，重点处理好以下的平衡关系：①月度计划和年、季度计划的平衡关系；②产量指标和产值指标的平衡关系；③月度施工进度和单位工程施工进度的平衡关系；④施工进度和实物工程量、各种资源计划的平衡关系。

第6章 施工技术管理
综合练习参考答案

6-1 填空题
1. 如何对施工过程进行全面控制
2. 图样交底，分项工程技术交底
3. 引进型，总结、提高型

6-2 名词解释
1. 图样会审是指开工前由建设单位、设计单位、施工单位对图样共同进行的检查与核对。其目的是领会设计意图，熟悉图样内容，明确技术要求，及早发现并消除图样中的错误和不当之处，以便正确无误地进行施工。

2. 技术复核是指在施工过程中，对重要的和涉及工程全局的技术工作，依据设计文件和有关标准进行的复查与校核。其目的是避免发生重大差错，影响工程的质量和使用，以维护正常的技术工作秩序。

3. 技术核定是指在正式施工前和施工过程中，修改原设计文件必须遵循的权限和程序。在施工过程中，往往会遇到设计图样有差错，或因施工条件发生了变化，需进行材料代换、构件代换或采用新技术、新材料等而不能按原设计进行施工的情况，此时应按照核定程序及时办理设计变更核定单，即技术核定。

4. 工程竣工验收是建筑工程投入使用前的最后一次验收，也是全面检验建筑工程是否符合设计要求和施工质量，同时还是检查施工承包合同完成情况的一项重要工作。工程竣工验收应按照《建筑工程施工质量验收统一标准》（GB/T 50300—2013）进行。

5. 技术开发是指在科学技术的基础研究和应用研究的基础上，将新的科研成果应用于生产实践的开拓过程。

6-3 简答题
1. 施工管理的主要任务是什么？

【答】施工管理的任务是：合理组织完成最终建筑产品的全过程，充分利用人力、物力，有效地使用时间和空间，保证综合协调施工，按质、按期地完成施工任务。其基本内容包括：

1) 落实施工任务，签订承包合同；
2) 进行开工前的各项业务准备和现场施工条件的准备，促成工程开工；
3) 进行施工中的经常性准备工作；
4) 按计划组织综合施工，进行施工工程的全面控制和全面协调；
5) 加强对施工现场的平面管理，合理利用空间，保证良好的施工条件；
6) 组织工程的交工验收。

2. 现场施工管理有哪些内容？

【答】现场施工管理的主要内容应包括两个问题：一是如何按计划组织综合施工；二是如何对施工过程进行全面控制。具体内容有：

(1) 按计划组织综合施工　所谓综合施工，就是指所有不同工种、配备不同机械设备、使用不同材料的工人队组，在不同的地点和工作部位，按预定的顺序和时间，协调地从事施工作业。

(2) 施工工程的全面控制　施工工程的全面控制，就是通过对施工进度、质量、成本、安全等方面的检查，对出现的偏差进行分析，提出纠偏的具体措施，实施调控，以期达到预定的目标。

3. 技术管理有哪些工作内容？

【答】建筑企业技术管理内容包括技术管理的基础工作和技术管理的基本工作。技术管理的基础工作包括建立技术管理组织体系、建立技术责任制、制订与贯彻技术标准和技术规程、建立和健全技术原始记录、建立工程技术档案、做好科技情报工作、开展技术培训等。技术管理的基本工作内容丰富，主要包括图样会审、技术交底、技术复核与核定、工程质量检查与验收等工作。

4. 施工设备阶段应做好哪些工作？

【答】施工准备工作的主要内容包括以下几个方面：

(1) 技术准备

1) 调查研究、搜集资料；

2) 熟悉、审查图样；

3) 编制施工组织设计；

4) 编制施工图预算和施工预算。

(2) 现场施工准备　现场施工准备主要包括：现场施工控制网的测量、做好"三通一平"、搭设临时设施、施工机具的安装与调试等工作。

(3) 物资准备　物资准备是保证施工顺利进行的物质基础，必须在工程开工前把这项准备工作做好，主要内容包括：建筑材料的准备、构配件及制品的加工准备、建筑安装机械和机具的准备以及生产工艺设备的准备等。

(4) 施工队伍准备　内容包括：根据项目的规模、结构特点和复杂程度，建立项目管理组织机构；组建综合素质较高的施工队伍；组织劳动力进场，同时要进行技术、安全、消防和文明施工、劳动纪律等方面的教育。

(5) 资金准备　按照工程合同的规定，及时筹集工程备料款及其他资金，确保工程施工的需要。

(6) 签订分包合同　分包合同的条款依据分包的工程内容，按照工程承包合同管理条例的规定确定。

(7) 申请开工　当做好了施工准备工作，具备开工条件后，便可申请开工。

第7章 建筑企业质量管理
综合练习参考答案

7-1 填空题

1. 产品（工程）质量，工序质量，工作质量
2. 标准化工作，计量工作，质量情报工作，质量管理制度
3. 质量（保证）体系
4. 周而复始，系统性（大环套小环），循环上升
5. 施工准备过程，施工过程，使用过程
6. 分项工程，主控项目，一般项目
7. 工程竣工验收报告，建设行政管理部门
8. 运行质量成本，外部质量保证成本
9. 寻求成本最低的质量水平，寻求利润最高的质量水平
10. 企业的市场营销活动，企业提高经营管理水平，世界经济的交流和发展

7-2 选择题

1. BEA
2. ABC
3. D
4. A
5. C
6. D
7. C
8. D
9. ABCD
10. ABC
11. BDE
12. BCDE
13. ABCD
14. ABCE
15. AD
16. BCDE
17. BCDE
18. ABCE
19. B
20. ABCD

7-3 名词解释

1. 质量是指反映产品或服务满足明确或隐含需要能力的特征和特性的总和。质量管理中的质量包括产品（工程）质量、工序质量和工作质量。

2. 质量管理是指确定并通过质量体系中的诸如质量策划、质量控制、质量保证和质量改进等手段来实施质量方针、目标和职责的全部管理职能的所有活动。

3. 全面质量管理是指一个组织以质量为中心，以全员参与为基础，目的在于通过让顾客满意和本组织所有成员及社会受益而达到长期成功的管理途径。

4. 质量保证体系是指企业以最经济的手段，以保证长期生产（提供）用户满意的产品（服务）为目标，运用系统的管理思想和方法，把质量管理的各阶段、各环节的质量职责组织起来，形成一个既有明确任务、职责和权限，又相互协调、相互促进的有机整体。

5. PDCA循环是指质量体系的运行按计划（Plan）、实施（Do）、检查（Check）、处理（Action）四个阶段循环推进，简称PDCA循环。

6. 检验批是指按同一生产条件或按规定的方式汇总起来供检验用的，由一定数量样本组成的检验体。

7. 主控项目是指建筑工程中的对安全、卫生、环境保护和公众利益起决定性作用的检验项目，主控项目的条文是必须达到的要求。

8. 一般项目是指除主控项目以外的检验项目，也是应该达到的条文要求。

9. 质量成本是指企业为了保证和提高产品质量所支付的一切费用，以及未达到产品质量标准而产生的一切损失费用之和。根据国际标准（ISO）的规定，质量成本由运行质量成本和外部质量保证成本两部分构成。

10. ISO9000系列标准是指国际标准化组织（ISO）发布的适用于一切经济实体、组织和机构的国际质量管理标准。2000版ISO9000族标准有四个核心标准：ISO9000：2000基本原则和术语，ISO9001：2000质量管理体系要求，ISO9004：2000质量管理体系-业绩改进指南，ISO9011：2000质量和环境管理审核指南。

11. 质量体系认证是指经认证机构对企业质量体系的检查和确认并颁发证书，证明企业质量保证能力符合相应要求和活动。

7-4 简答题

1. 产品（工程）质量、工序质量、工作质量和人的素质之间的关系如何？

【答】工作质量的高低是产品（工程）在形成过程中各环节、各因素、各方面工作质量的综合反映，要保证产品（工程）质量就要求有关部门和人员精心工作，对决定和影响产品（工程）质量的所有因素严加控制，即通过提高人员素质提高工作质量，通过工作质量保证工序质量，通过工序质量保证产品（工程）质量。

2. 简述PDCA循环过程，以及PDCA循环的特点。

【答】质量体系的运行按计划（Plan）、实施（Do）、检查（Check）、处理（Action）四个阶段循环推进，简称PDCA循环。它有以下特点：

（1）周而复始 质量体系按PDCA循环运行是一个周而复始的过程，没有止境。PDCA循环的理论和方法不仅用于质量管理，还适用于企业经营管理的各个方面，其实质就是精益求精。

（2）系统性（大环套小环）　PDCA不停运转就是管理，可运用于企业各个方面，从总公司到分公司，从分公司到项目部，从部门到岗位，大环套小环，大环小环相互关联，相互促进。

（3）循环上升　即PDCA每循环一周都有新的要求和目标，形成一个不断前进、不断提高的过程。产品质量犹如一个轮子在楼梯上转动，逐级上升。

3. 建筑企业质量保证体系的内容有哪些？

【答】建筑企业质量保证体系包括：施工准备过程、施工过程和使用过程三个部分的质量保证工作。

（1）施工准备过程的质量保证　主要内容包括：①严格审查图样；②编制好施工组织设计；③搞好技术交底工作；④严格材料、构配件和半成品的质量控制；⑤做好施工机械设备的检查维修工作。

（2）施工过程的质量保证　主要内容包括：①加强施工工艺管理；②加强施工质量检查和验收；③掌握工程质量动态。

（3）使用过程的质量保证　主要内容包括：①及时回访；②保修。

4. 建筑工程施工质量控制有哪些规定？当建筑工程质量不符合要求时，应如何处理？

【答】（1）建筑工程应按下列规定进行施工质量控制

1) 建筑工程采用的主要材料、半成品、成品、建筑构配件、器具和设备应进行现场验收。凡涉及安全、功能的有关产品，应按各专业工程质量验收规范规定进行复验，并应经监理工程师（建设单位技术负责人）检查认可。

2) 各工序应按施工技术标准进行质量控制，每道工序完成后，应进行检查。

3) 相关各专业工程之间，应进行交接检验，并形成记录。未经监理工程师（建设单位技术负责人）检查认可，不得进行下道工序施工。

（2）当建筑工程质量不符合要求时，应按下列规定进行处理

1) 经返工重做或更换器具、设备的检验批，应重新进行验收。

2) 经有资质的检测单位检测鉴定能够达到设计要求的检验批，应予以验收。

3) 经有资质的检测单位检测鉴定达不到要求，但经原设计单位核算认可能够满足结构安全和使用功能的检验批，可予以验收。

4) 经返修或加固处理的分项、分部工程，虽然改变外形尺寸但仍能满足安全使用要求，可按技术处理方案和协商文件进行验收。

5) 通过返修或加固处理仍不能满足安全使用要求的分部工程、单位（子单位）工程，严禁验收。

5. 质量成本的构成内容有哪些？

【答】根据国际标准（ISO）的规定，质量成本由运行质量成本和外部质量保证成本两部分构成。其中工程运行质量成本由内部故障质量成本、外部故障质量成本、工程鉴定成本和工程预防成本构成。外部质量保证成本包括：①为提供特殊附加的质量保证措施、程序、数据等所支付的费用；②产品的验证试验和评定的费用；③为满足用户要求，进行

质量体系认证所发生的费用等。

6. 用图表示寻求成本最低的质量水平的方法。用图表示寻求利润最高的质量水平的方法。

【答】答案参考本书图 7-8 和图 7-9。

7-5 论述题

1. 试述全面质量管理应树立哪些基本观念。

【答题要点】全面质量管理的基本观念包括：

(1) 为用户服务的观念　推行全面质量管理的宗旨是一切为了用户，把用户的利益放在第一位。这里所说的"用户"有多种含义。对企业外部而言，凡是接受和使用本企业产品（工程）或服务的单位和个人，都是用户。对企业内部，下道工序就是上道工序的用户，要求每道工序都以下道工序为自己的用户，本工序的质量问题在本工序内发现和解决，不给下道工序留隐患。通过每道工序的质量控制，达到提高最终产品（工程）质量的目的。

(2) 全面管理的观念　全面管理最明显的标志是突出"全面"二字，就是实行全过程、全企业和全员的"三全"管理。

全过程管理要求对产品形成过程进行全面控制。在建筑企业，对于每个建筑产品必须从规划、勘察设计、施工准备、正式施工、竣工验收、交付使用、售后服务等全过程实施质量控制。

全企业管理要求企业所属单位和各部门都要参与质量管理工作，共同对产品质量负责和保证。应将经营、生产、技术、安全、劳动人事、物资供应、机械设备、财务及后勤服务等各部门都纳入到质量保证体系中，围绕提高产品（工程）质量而开展各项工作。

全员管理要求把质量控制工作落实到每个职工，让所有员工都关心产品质量，把提高产品（工程）质量和本人的工作结合起来，通过全体职工的工作，保证产品（工程）质量的提高。

(3) 预防为主的观念　任何一件产品的质量，都是经过设计、制造（施工）在生产活动中通过各种工序形成的。事后检验在质量管理中是一种重要手段，能起到质量把关的作用，但是一种"马后炮"的做法。全面质量管理把着眼点放在"事前控制"、"防患于未然"上，采用科学手段，对产品形成过程中的各道工序和各个因素进行质量控制，对每个分部分项工程的质量进行预防性管理，及时发现和消除隐患，使每道工序始终处于控制状态。

(4) 用数据说话的观念　准确的数据是科学管理的依据。全面质量管理的主要特点是依靠了反映质量特性的数据及广泛地运用了数理统计的方法。用数理统计方法，对生产中搜集的大量数据进行分析整理，研究质量运动的规律，找出影响质量的原因，采取恰当的对策来改善质量控制方法，有针对性地采取保证质量的措施，全面提高管理工作的质量。

2. 试述建筑企业如何建立全面质量管理保证体系。

【答题要点】建筑企业质量保证体系包括：施工准备过程、施工过程和使用过程三个部分的质量保证工作。

（1）施工准备过程的质量保证　主要内容包括：①严格审查图样。对设计图样存在的差错，及早发现，及时纠正。②编制好施工组织设计。认真分析施工中存在的薄弱环节和工程特点，有针对性地提出防范措施。③搞好技术交底工作。向执行者进行全面的技术交底，使人员了解任务的质量特性，避免盲目行动。④严格材料、构配件和半成品的质量控制，把好质量关，为工程施工提供良好的物质条件。⑤做好施工机械设备的检查维修工作，使机械设备保持良好的技术状态，避免发生机械故障，影响工程质量。

（2）施工过程的质量保证　主要内容包括：①加强施工工艺管理。严格按照设计图样、施工组织设计、施工验收规范、施工操作规程施工。坚持质量标准，保证各分部分项工程的质量。②加强施工质量检查和验收。十分重视对隐蔽工程和已完分部分项工程的及时检查验收，不合格者，必须返工，不留隐患。③掌握工程质量动态。通过质量统计分析，找出影响质量的主要原因，总结产品质量的变化规律，采取相应对策，防止质量事故发生；对工程施工中的重点控制工序、部位和容易发生质量通病的地方，要设立质量控制点，重点控制。

（3）使用过程的质量保证　主要内容包括：①及时回访。认真听取用户对施工质量的意见，收集有关资料，并对用户反馈的信息进行分析，从中发现施工质量问题；了解用户需要，为以后施工积累经验。②保修。对于施工原因造成的质量问题，企业要负责无偿维修，取得用户的信任；对于设计原因或用户使用不当造成的质量问题，应协助修理，提供必要的技术服务，保证用户正常使用。

7-6　计算题

【解】（1）试用排列图分析主要原因

1) 按频数从多到少排列，计算频率和累计频率，见表 D-5。

表 D-5　频率和累计频率

原序号	原　因	次品件数（频数）	频数（%）	累计频率（%）
1	配合比不当	160	54.2	54.2
5	计量不准	70	23.7	77.9
2	水泥过期	30	10.2	88.1
6	石子级配不当	15	5.1	93.2
3	砂子不洁净	10	3.4	96.6
4	搅拌不良	6	2.0	98.6
7	运距过远	4	1.4	100
	合计	295	100	

2) 根据计算结果画排列图（略）。

3) 分析：A 类因素（主要原因），有 2 个（配合比不当、计量不准）；

　　　　　B 类因素（次要因素），有 1 个（水泥过期）；

　　　　　C 类因素（一般因素），有 4 个（石子级配不当、砂子不洁净、搅拌不良、运距过远）。

（2）试用因果图分析最终原因（图略）

人的原因：配合比不当；
工艺的原因：搅拌不良；
设备的原因：计量不准；
材料的原因：水泥过期、石子级配不当、砂子不洁净；
环境的原因：运距过远。

第8章 建筑企业劳动人事管理
综合练习参考答案

8-1 填空题
1. 面向社会，全面考核
2. 时间定额
3. 岗位技能工资制
4. 正激励与负激励，内激励与外激励

8-2 名词解释
1. 劳动人事管理，是以企业职工为对象的人力资源的规划、培养、开发、引进和利用的综合性管理，是有关人事、劳动、报酬、教育培训等方面管理工作的总称。

2. 劳动定额，是指在一定的管理水平和生产技术组织条件下，完成单位合格产品（或工作）所规定的必要劳动消耗的数量标准。建筑企业劳动定额有两种表现形式，即时间定额与产量定额。

3. 工资制度，工资是依据劳动者提供的劳动量，支付给劳动者的报酬。工资制度是指与工资决定和工资分配相关的一系列原则、标准和方法。建筑企业目前采用的工资制度有岗位技能工资制和结构工资制。

4. 职工能力，是指职工在工作中表现出来的履行职务的能力。影响职工能力的因素主要有体力、智力、知识、性格、经验、适应能力、工资热情等。职工能力就是这些因素有机结合而形成的一种综合能力。

8-3 简答题
1. 劳动人事管理的任务是什么？

【答】劳动人事管理的核心是合理地组织劳动力和劳动活动，发挥劳动者的积极作用，提高劳动生产率，从而实现企业的经营目标。具体任务为：

1）协调劳动过程中人与人之间的关系，科学地组织劳动，合理地降低劳动消耗，提高工作效率。

2）不断提高职工的技术水平和业务水平，充分开发劳动者的能力。

3）正确解决劳动者的劳动报酬、社会保障和福利待遇。

4）尽量改善劳动环境，不断改善劳动条件，保障劳动者在生产劳动过程中的安全和健康。

2. 劳动合同的主要内容有哪些？

【答】劳动合同应当以书面形式订立，其主要内容包括：劳动合同期限、工作内容、劳动保护和劳动条件、劳动报酬、劳动纪律、劳动合同终止的条件、违反劳动合同的责任以及当事人认为需要规定的其他事项。

3. 劳动力使用和调配的原则有哪些？

【答】劳动力使用和调配的原则有：

1）坚持"任人唯贤"的原则，坚决反对"任人唯亲"、"关系网"、"裙带网"等不正之风。

2）坚持"德才兼备"的原则，保证职工队伍良好的政治素质和技术素质。

3）坚持"量才使用"的原则，力求做到专业对口，尽量发挥劳动者的专长，努力做到人尽其才、人事相当，充分调动每个职工的积极性。

4）坚持"统筹兼顾、全面安排"的原则，根据施工生产和工作任务的需要，保证生产第一线有足够的劳动力，不能任意把劳动力调往二三线或从事非生产性的活动，造成前、后方人员比例失调，影响施工生产效率。

4. 工资形式主要有哪几种？

【答】工资形式指计算劳动报酬的具体形式。目前建筑企业的工资形式主要有：计时工资、计件工资和包干工资。

计时工资是根据劳动者的工作时间和相应的工资标准来支付劳动报酬的一种工资形式。

计件工资是按劳动者所生产合格产品的数量和事先规定的计件单价来支付劳动报酬的一种工资形式。

包干工资是将单位工程或分部、分项工程的全部施工任务及完成任务所需要的人工费包给作业队（班组）的一种工资形式。它将工资与工期、质量、工资、物资消耗等多项指标挂钩，有利于提高施工生产的综合经济效益。

5. 职工行为激励应坚持哪些原则？

【答】（1）目标结合的原则　当一个人有了明确的目标后，能激发其工作热情和信心。要激励职工，首先要设置明确的目标，使职工了解他们要做的是什么，与个人的目标利益及长远利益有何关系。

（2）因人制宜的原则　不同的人有不同的需要、不同的思想觉悟、不同的价值观和奋斗目标，因此，激励手段的选择与运用要因人而异。

（3）把握好激励的时间和力度　奖励要把握好时机，在不同的时间，其作用和效果是不一样的。超期的激励，可能导致人们对激励的漠视心理，影响激励的功效；迟到的激励则可能让人觉得多此一举，使激励失去意义。

激励要把握好力度，要以职工的业绩为依据，论功行赏。激励作用的大小，很大程度上取决于奖励同贡献的联系程度。过度奖励或过度惩罚都会产生不良后果。

（4）公平公正的原则　激励如果不公正，奖不当奖，罚不当罚，不仅收不到预期的效果，反而会造成许多方面的消极后果。公平不是搞平均主义，而是照章进行奖罚，制度面前全体职工人人平等，当奖则奖，决不吝惜，当罚则罚，决不姑息。

第9章 建筑企业材料管理
综合练习参考答案

9-1 填空题

1. 计划，采购，储备
2. 材料供应体制，内部材料管理体制
3. 三个方面，八项业务
4. 材料消耗定额，材料储备定额
5. 有效消耗，工艺损耗，管理损耗
6. 现场技术测定法，实验室试验法，现场统计法，理论计算法
7. 能满足施工生产需要，不过多占用资金的合理储备数量
8. 经常储备定额，保险储备定额，季节储备定额
9. 品种，价值
10. 直接计算法，间接计算法
11. 遵纪守法的原则，以需定购的原则，择优选购的原则，恪守信誉的原则
12. 选择订购时间，选择订购批量
13. 经常盘点，定期盘点

9-2 选择题

1. B
2. B
3. ACD
4. A
5. BCE
6. BCD
7. B
8. B
9. A
10. AD
11. ABCE

9-3 名词解释

1. 材料管理，就是围绕建筑材料的计划、采购、储备、保管、使用等一系列业务活动开展的管理工作，包括流通过程的管理和生产过程的管理两方面。
2. 材料消耗定额，是指在一定的生产技术和组织管理条件下，完成单位合格产品或单位工程量所规定的合理消耗材料的数量标准。
3. 材料储备定额，是指在一定的生产技术和组织管理条件下，为保证企业施工生产

的正常进行而建立必要的材料储备的数量标准。

4. 经常储备定额，是指在正常情况下，为保证施工生产需要而建立的储备量。

5. 保险储备定额，是指在发生意外情况造成供货误期或消耗加快的条件下，为保证施工生产需要而建立的储备量。

6. 季节储备定额，是指在由季节影响造成停货的情况下，为保证施工需要而建立的储备量。

7. 有效消耗，是指构成工程实体的净用量。

8. 工艺损耗，是指由于工艺原因，在施工准备过程和施工过程中发生的损耗，包括操作损耗、余料损耗和废品损耗。

9. 管理损耗，是指在材料管理过程中发生的损耗。包括运输损耗、保管损耗和事故损耗等。

10. 经济订购批量，是指订购材料的最优经济批量，是某种材料总需要量中每次采购的数量，是使材料采购费用和仓库保管费用之和最低时的订购量，简称经济批量。

11. ABC管理法，是指对企业使用的各种材料，以材料的品种和价值两个方面分析材料的重要程度划分控制重点，把全部材料按一定标准分为A、B、C三类，实行分类管理的一种科学方法。分类标准见表D-6。

表D-6 ABC管理法分类标准

材料类别	品种占总品种的比例（%）	价值占总价值的比例（%）
A	5~20	70~90
B	25~40	10~25
C	50~70	5~15

9-4 简答题

1. 材料管理的意义是什么？

【答】加强材料管理是改善企业各项技术经济指标和提高经济效益的重要环节。材料管理水平的高低，会通过工作量、劳动生产率、工程质量、成本、流动资金占用的多少和周转速度等各项指标直接影响到企业的经济效果。因此，材料管理工作直接影响到企业的生产、技术、财务、劳动、运输等方面的活动，对企业完成生产任务，满足社会需要和增加利润起着重要作用。

2. 材料管理的任务主要有哪些？

【答】材料管理工作的任务，一方面既要保证生产的需要，另一方面又要采取有效措施降低材料的消耗，加速资金的周转，提高经济效果，其目的就是要用少量的资金取得最大的效果。具体要做到以下两方面：

1）保证适时、适地、按质、按量、成套齐备地供应施工生产所需的材料。

2）降低材料消耗，加速资金周转，提高经济效果。

3. 材料管理的内容有哪些？

【答】材料管理的主要内容是两个领域、三个方面和八项业务。"两个领域"是指在物资流通领域的材料管理和生产领域的材料管理。"三个方面"是指建筑材料的供、管、用，它们是紧密结合的。"八项业务"是指材料计划、市场采购、运输供应、验收保管、加工发料、现场管理、耗料核算、统计分析等。

4. 材料储备定额的作用是什么？

【答】1）材料储备定额是编制材料供应计划，组织采购和加工订货的重要依据。

2）材料储备定额是掌握材料库存，使企业的库存材料经常保持在管理水平的重要标准。

3）材料储备定额是编制资金使用计划，正确合理地确定储备资金占用量，有效地加快流动资金周转和提高企业经济效益的重要工具。

4）材料储备定额是合理确定仓库规模、保管设备以及仓库定员的重要依据。

5. 材料采购的原则是什么？

【答】（1）遵纪守法的原则　建筑企业材料采购工作，必须严格执行国家的政策，遵守有关物资管理工作的法规、法令和制度，自觉维护国家物资管理秩序。

（2）以需订购的原则　材料采购工作的根本目的，是满足施工生产的需要，保证供应。因此，必须坚持按需订购的原则，避免供需脱钩或库存积压现象的发生。具体做到，按需用计划编制供应计划，按供应计划编制订货、采购计划，按计划组织采购活动。

（3）择优选购的原则　材料采购工作的另一个目标，是要在满足施工生产需要的同时，加强材料成本核算，降低采购成本。坚持比质、比价、比供应条件，经综合分析、对比、评价后择优选择供货单位。

（4）恪守信誉的原则　材料采购工作，是企业经营活动的组成部分，体现了企业供应业务和外部环境的经济关系，是显示企业信誉水平的一个窗口。因此，材料采购部门和业务人员必须做到信守合同，恪守诺言，提高企业的信誉。

6. 材料采购的方式有哪几种？

【答】一般包括合同订购、自由选购、委托代购、加工订购、固定订购五种方式。对于消耗量大，须提前订货的材料一般应签订购销合同。用合同的方式把供需关系固定下来，保证供应。对于市场上随时都能购买到的材料，需方可在市场和生产厂家中自由选购。企业由于采购的力量不足，可以委托生产资料服务公司（物资企业）代购所需材料，并付一定的代购费。物资企业通常开展"四代一调"业务，即代购、代销、代加工、代办运输和调资调剂。如果企业所需材料规格特殊，市场无货源供应，就需加工订购。即委托外单位按要求加工而获得特殊材料的一种订购方式，包括带料加工、成品改制、加工订货等。对于消耗量特别大，需求稳定的材料，可以向生产厂家投资联营，包销部分产品，从而使企业拥有稳定的材料来源，固定的供货单位。

7. 材料验收入库，要检查哪些项目？

【答】（1）证件核对　证件核对的内容有：入库通知单、合同、质量证明书、说明书、装箱单、磅码单、发货明细表、运单、货运记录、发票等。必须做到齐全、准确，否则不予验收。

（2）实物验收　实物验收要从数量是否充足、品种是否齐全、质量是否达到、供货是否及时和手续是否完备等方面进行。包括数量检验和质量检验两个方面，数量检验包括全检和抽检两个方面。

8. 仓库材料保管有哪些基本要求？

【答】材料保管是仓库管理的中心任务，库存材料堆放合理、质量完好、库容整洁是仓库管理的基本要求。

（1）全面规划　根据材料性能、搬运、装卸、保管要求、吞吐量和流转情况，合理安排材料货位。同类材料应安排在一处，性能上互相影响或灭火方法不同的材料，严禁安排在同一处储存。实行"四号定位"，即库内保管划定库号、架号、层号、位号，库外保管划定区号、点号、排号、位号，对号入座，合理布局。

（2）科学管理　必须按类分库、新旧分堆、规格排列、上轻下重、危险专放、上盖下垫、定量保管、五五堆放、标记鲜明、质量分清、过目知数、定期盘点，便于收发保管。

（3）整齐清洁　材料码垛要牢固、定量、整齐、方便，料架料垛要成排成行。要经常保持仓库和周围环境的清洁卫生，无尘土、无垃圾、无杂草、无虫害，做到仓库整洁、管理文明。

（4）制度严密　要建立健全保管、领发等管理制度，认真执行，使仓库管理井然有序。要做到防火、防潮、防腐、防盗，确保安全。

9. 材料盘点的要求是什么？

【答】检查材料账面数和实际数是否相符，检查材料收发有无差错，检查各种材料有无超储积压、损坏、变质，检查安全设施和库房设备有无损坏，核实库存资金占用量。

9-5　计算题

1. 【解】钢材每日需用 $= \dfrac{950\text{t}}{360\ \text{天}} = 2.64\text{t}/\text{天}$

经常储备天数 $=(25+1+1+1+1)$ 天 $=29$ 天

钢材经常储备定额 $=2.64\text{t}/\text{天} \times 29$ 天 $=76.56\text{t}$

钢材最高储备定额 $=2.64\text{t}/\text{天} \times (29+10)$ 天 $=102.96\text{t}$

钢材最低储备定额 $=2.64\text{t}/\text{天} \times 10$ 天 $=26.4\text{t}$

2. 【解】利用经济订购批量计算式，则

$$经济订购批量 = \sqrt{\dfrac{2 \times 200 \times 75}{1\,600 \times 0.05}} = 19.36\ 吨$$

此时，每年订购次数 N，平均供应间隔期 T 分别为

$$N = \dfrac{Q}{C_\text{j}} = \dfrac{200}{19.36}\ 次 = 10.33\ 次 \approx 10\ 次$$

$$T = \dfrac{360}{10}\ 天 = 36\ 天$$

第10章 建筑企业机械设备管理
综合练习参考答案

10-1 填空题

1. 生产性机械设备，非生产性机械设备
2. 技术性管理，经济性管理
3. 自己制造，购置，租赁
4. 融资租赁（财务租赁），经营租赁（营业租赁）
5. 固定费用，变动费用
6. 单位工程量成本
7. 机械设备管理，机械设备技术，机械设备操作维修
8. 有形损耗（物质损耗），无形损耗（精神损耗）
9. 使用损耗，自然损耗
10. 例行保养，定期保养
11. 使用寿命
12. 年平均折旧费，经常使用费

10-2 选择题

1. C
2. D
3. B
4. BCD
5. D

10-3 名词解释

1. 机械设备管理，就是对机械设备运行全过程的管理，即包括对机械设备的选择与购置，投入使用，维修保养，直至报废退出企业为止的全过程的管理。

2. 融资租赁，又称财务租赁，是一种融资与融物相结合的租赁方式。它是指租赁公司为解决建筑企业在发展生产中需要添加机械设备而又资金不足的困难，而融通资金、购置企业所选定的机械设备并租赁给建筑企业，建筑企业按租赁合同的规定分期交纳租金，合同期满后，建筑企业留购并办理产权移交手续。融资租赁是现代设备租赁的主要方式。

3. 经营租赁，又称营业租赁，是一种传统的设备租赁方式。它是指建筑企业为解决企业在生产过程中对某些大、中型机械设备的短期需要而向租赁公司租赁机械设备。在租赁期间，建筑企业不负责机械设备的维修、操作，建筑企业只是使用机械设备，并按台班、小时或施工实物量支付租赁费，机械设备用完后退还给租赁公司，不存在产权移交的问题。

4. 年等值成本，是指在机械设备的使用期限内，将购入价格（包括按复利计算的利

息）减去残值（包括按复利计算的利息）加上平均使用费，均匀摊入每年的成本。

5. 有形损耗，有形损耗又称物质损耗，是指设备在使用过程中的磨损和损坏，以及由于自然力的作用导致设备受腐蚀或损失，而使设备丧失精度或工作能力。

6. 无形损耗，无形损耗又称精神损耗，是指由于劳动生产率的提高导致原有设备贬值，或者由于新设备的出现而使原有设备显得落后而形成的一种损耗。

7. 使用寿命，机械设备从投入使用开始，直到不能使用而报废为止所经历的时间，称为机械设备的使用寿命。

8. 自然寿命，又称物质寿命，是有形损耗的原因决定的寿命，即设备从投入使用开始，由于磨损和自然力的腐蚀作用，逐步老化、损坏，直至报废为止所经历的时间。自然寿命可以通过加强对设备的维修保养而延长。

9. 技术寿命，是指机械设备在使用过程中，由于精神损耗所造成的，从开始投入使用直到因为技术落后而被淘汰为止所经历的时间。技术寿命可以通过对机械设备的技术改造而延长。

10. 经济寿命，是指在机械设备自然寿命的后期，由于有形损耗和无形损耗所造成的机械设备的老化，使用费用大量增加，依靠消耗大量能源费用，维护保养费用和修理费用等来维持设备的自然寿命，使继续使用设备显得不经济，这时就需要对设备进行更新。这种由于使用费用决定的设备使用寿命，就称为经济寿命。经济寿命已到的机械设备，可通过设备更新或技术改造加以解决。

10-4 简答题

1. 机械设备管理的意义是什么？内容和任务是什么？

【答】（1）机械设备管理的意义　建筑企业拥有的机械设备中，生产性机械设备是生产力的重要组成要素，是建筑企业从事生产的物质技术基础。机械设备管理是企业经营管理的重要组成部分，所以搞好机械设备管理，对企业全面完成生产任务，减轻工人劳动强度，提高劳动生产率，保证工程质量，降低工程成本，缩短工期都有意义。

（2）机械设备管理的内容　机械设备管理包括技术性管理和经济性管理。所谓技术性管理，就是根据机械设备的物质运动形态而对机械设备的选购、验收、安装、调试、使用、保养、检修、改造、报废等方面的技术因素进行的管理。所谓经济性管理，是根据机械设备的价值运动形态对机械设备的支出费用、收入费用和价值还原费用等方面的经济因素进行的管理。

机械设备管理的内容可归纳为：

1) 正确选购和合理使用机械设备；
2) 及时搞好机械设备的维护、保养和检修；
3) 机械设备的日常管理；
4) 机械设备的更新与改造。

（3）机械设备管理的任务　机械设备管理的主要任务就是：正确选择施工机械，保证机械设备经常处于良好状态，并提高机械设备的效率，适时地改造和更新机械设备，提高企业的技术装备程度，以达到机械设备的寿命周期费用最低，设备综合效能最高的目标。

2. 机械设备购置的原则是什么？购置应考虑哪些因素？

【答】（1）机械设备的购置原则

1）应符合国家关于建筑机械设备装备的技术政策。

2）要考虑必要性与可能性。应根据企业装备规划有计划、有目的地进行，防止盲目性。

3）要考虑经济效益，发挥现有机械设备的作用，充分挖掘企业的潜力。

4）要考虑成龙配套，合理装备，要大中小结合和土洋结合。

5）要考虑维修的难易程度和维修配件的来源，以保证机械设备的正常维修和安全运转。

6）要考虑机械设备本身的技术、经济性能是否先进，充分体现建筑机械化的优越性。

（2）机械设备的选择 机械设备的选择一般应考虑机械设备的生产性、可靠性、节能性、安全性、成套性、环保性、灵活性、耐用性、维修性、机械设备的购置价格等重要因素。但各方面的因素有时是相互矛盾，相互制约的。因此，在选择设备时，凡是可以用数量表示的，如生产率、能源、原材料节约等，应进行定量分析；不能用数量表示的，如安全性、成套性等，则进行定性分析。最简便的方法是综合评分法，即按每个因素的情况给不同设备评分，最后以累计得分最高的为最优设备。

3. 机械设备租赁有哪些优越性？

【答】1）不需要一次性支付数额较大的机械设备购置费，不增加固定资金占用额。

2）使有限的固定资金用于最关键的机械设备购置上，更好地发挥投资效益。

3）减少机械设备的积压浪费，减轻企业固定资本负担，有利于提高企业经济效益。

4）更好地结合施工高峰，保持较高的机械利用率和效率。

5）可选租技术先进的机械设备，以获得较高的经济效益。

6）企业不承担无形磨损带来的损失，减少了因机械维修所占用的资金、费用支出及人员配备。

7）租赁费可计入成本，不占用企业自有资金。

4. 机械管理中的规章制度主要有哪些？

【答】（1）定机、定人、定岗位责任的三定制度 三定制度即人机固定的岗位责任制度。企业拥有的所有机械设备，都应固定操作人员（或机组），并明确岗位责任。谁操作哪台设备，不能随意变动。实行三定制度，能够调动操作人员的积极性，增强责任心，有利于设备的保养、维修和正确使用。

（2）操作证制度 凡上岗操作机械设备的人员，必须经过技术培训，经考试合格发给操作证后，方能上机操作，否则按违章处理。实行操作证制度，有利于促进操作人员钻研技术，保证机械设备的正确使用。

（3）交接班制度 一台机械设备交班作业时，要执行交接班制。交班作业人员应向接班人员交代设备的运转情况，故障的处理记录等；接班人员应全面检查设备的状况，有疑问要及时提出，以分清责任，保证设备正常运转。

（4）单机（或机组）核算制度 岗位责任制必须与经济责任制挂钩。单机（机组）

核算就是以设备或机组为单位，核定生产效率、消耗费用、保修费用的定额，用定额考核单机或机组的作业效果，并作为考核操作人员工作成绩的依据。

(5) 奖惩制度　定期对设备的使用状况进行检查、评比，根据评比结果实施奖惩，以鼓励先进，鞭策后进。奖惩制度可以和三定制度、单机核算制度结合起来，提高奖惩的效果。

5. 机械设备日常管理的主要工作内容有哪些？

【答】(1) 机械设备的分类与编号

(2) 设备的登记与建账

1) 机械设备总台账。

2) 机械设备分户台账。

3) 机械设备卡片。

(3) 机械设备的调拨与报废

(4) 机械设备人员的业务培训

1) 机械设备管理人员的业务培训。

2) 机械设备技术人员的培训。

3) 机械设备操作维修人员的培训。

6. 机械设备保养的主要内容是什么？

【答】机械设备的保养分为例行保养和定期保养两种。

(1) 例行保养　例行保养是指每班作业前、使用中和停机后的日常保养工作。它不占用机械设备的运转时间，由操作人员负责完成。基本内容是：清洁、润滑、紧固、调整、防腐等。

(2) 定期保养　定期保养是指设备运转到一定周期，不管技术状况好坏，按规定停机进行的保养。定期保养的周期根据各类机械设备的磨损规律、作业条件、操作维修水平和经济性四个主要因素确定。定期保养，一般机械实行三级保养制，大型机械实行四级保养制，小型机械实行二级保养制。

7. 机械设备修理的方式有几种？各有什么特点？

【答】机械设备修理的方式主要有五种，详见本书表10-4。

10-5　计算题

1. 【解】
$$T_0 = \sqrt{\frac{2P}{\lambda}} = \sqrt{\frac{2 \times 25000}{800}} \text{年} = 7.9 \text{年}$$

即该设备的最佳使用期为 7.9 年。

2. 【解】

A 设备年等值成本 = $(20000-1000)$ 元 $\times \dfrac{0.1 \times (1+0.1)^8}{(1+0.1)^8 - 1} + 1000 \times 0.1$ 元 $+ 1800$ 元

$= 5461.44$ 元

B 设备年等值成本 = $(25000-0)$ 元 $\times \dfrac{0.1 \times (1+0.1)^{10}}{(1+0.1)^{10} - 1} + 0 \times 0.1$ 元 $+ 2000$ 元

$= 6068.63$ 元

C 设备年等值成本 = $(32000-2000)$ 元 $\times \dfrac{0.1\times(1+0.1)^{15}}{(1+0.1)^{15}-1}+2000\times 0.1$ 元 $+2500$ 元

$\qquad\qquad\qquad\quad =6644.21$ 元

由于 A 设备年等值成本最低，所以选用 A 设备。

3. 【解】1) 用单位工程量成本比较法对两种设备进行选择。

分别计算两种设备的单位工程量成本：每年按 360 个台班考虑，则

$\quad$ A 设备的单位工程量成本 $=\dfrac{8000+35\times 360}{360\times 40}$ 元/m³

$\qquad\qquad\qquad\qquad\qquad\ =1.43$ 元/m³

$\quad$ B 设备的单位工程量成本 $=\dfrac{9500+30\times 360}{360\times 42}$ 元/m³

$\qquad\qquad\qquad\qquad\qquad\ =1.34$ 元/m³

计算结果说明应选购 B 种设备为好，在上述条件下，B 种设备和 A 种设备相比，每完成 1m³ 工程量可节约成本 0.09 元。

2) 求界限时间并判断使用的时间范围。

利用界限时间公式计算，有

$$X=\dfrac{F_b Q_a - F_a Q_b}{V_a Q_b - V_b Q_a}$$

$$\quad =\dfrac{9\,500\times 360\times 40 - 8\,000\times 360\times 42}{35\times 360\times 42 - 30\times 360\times 40}\ 台班/年$$

$$\quad =163\ 台班/年$$

即，每年作业 163 台班，两种设备的单位工程量成本相等。因为

$$F_b Q_a - F_a Q_b = 9\,500\times 360\times 40 - 8\,000\times 360\times 42$$

$$\quad = 15\,840\,000 > 0$$

$$V_a Q_b - V_b Q_a = 35\times 360\times 42 - 30\times 360\times 40$$

$$\quad = 97\,200 > 0$$

故每年作业时间如果低于 163 台班，应选择 A 设备；反之则应选择 B 设备。

第11章 建筑企业经营评价
综合练习参考答案

11-1 填空题

1. 个体评价，整体评价
2. 收益性指标，安全性指标，流动性指标
3. 经营风险
4. 比较法，比率法，因素分析法

11-2 选择题

1. BCE
2. ABCDE
3. ABDE
4. A
5. BC
6. B
7. C
8. B
9. D
10. A
11. D
12. C
13. AB

11-3 名词解释

1. 经营评价，指由经营管理专家按照企业的要求，根据企业生产经营活动的有关资料，运用科学的方法，对企业经营活动的实际情况进行调查、比较分析，判断企业经营状况，找出差距，采取改进措施，不断提高企业的经营管理水平。

2. 流动比率

$$流动比率 = \frac{流动资产}{流动负债} \times 100\%$$

流动比率是反映企业在短期内偿还债务能力的指标。流动比率越高，说明企业用流动资产偿还负债的能力越强。一般要求流动资产在流动负债两倍以上。

3. 速动比率

$$速动比率 = \frac{速动资产}{流动负债} \times 100\%$$

式中，速动资产指能立即变现的流动资产，如现金、银行存款等。一般用流动资产减去存货确定。速动比率是衡量企业在短期内迅速偿还流动负债能力的指标，一般要求在

100%以上。

4. 比较法，又称指标对比法，就是通过有可比性的经济指标的对比，找出差异，然后从中分析产生差异的原因。

5. 比率法，是指通过计算各对比指标的比率，评价企业经营状况和效果的方法。其分析方法为首先把对比分析的数值变为相对数，再观察其相互之间的关系。

6. 因素分析法，是指通过指标组成各因素的变化，对指标本身影响的分析，以观察变化规律和原因的一种技术分析方法。因为企业生产经营活动的各个指标，都在不同程度上受到相关因素的制约，这些因素的变化会引起指标的变化。通过因素分析，能更深入地测定指标变化的原因，找到问题的根源。

11-4 简答题

1. 经营评价有什么意义？经营评价的种类有哪些？

【答】（1）经营评价的意义

1) 全面掌握企业经营状况，提高企业管理水平。
2) 弥补企业信息不足，避免引起信息误导，为经营决策提供正确可靠的依据。
3) 全面客观掌握企业的经营状况，避免组织惯性的约束。
4) 提供科学的管理知识和方法，迅速提高企业管理者的管理水平。
5) 合理调配资源，促使企业充分挖潜节约，提高企业经济效益。

（2）经营评价的种类　建筑企业经营评价可从不同的角度分为不同类别，具体分类方法有：从评价人员的来源分为自我评价和专家评价；从评价时间上分为定期评价和不定期评价；从评价的范围上分为个体评价和整体评价；从评价对象的发展过程分为事前评价、事中评价和事后评价；从评价对象的选择上分为例行评价和特定评价；从评价的深入程度上分为初步评价、基本评价和综合评价。

2. 建筑企业经营状况评价包括哪些内容？

【答】建筑企业经营状况评价包括企业经营概貌评价、领导班子评价、经营规模评价、经营能力评价、质量安全评价、管理体系评价等内容。

3. 建筑企业经营效果评价的指标体系有哪些？

【答】经营效果（经济效益）评价是企业经营评价的核心。建筑企业经营效果评价指标体系可以划分为：收益性指标、安全性指标、流动性指标、生产性指标和成长性指标。

4. 经营评价有哪些主要方法？

【答】建筑企业进行经营评价，一般常用的技术方法有以下几种：

（1）比较法　又称为"指标对比法"，就是通过有可比性的经济指标的对比，找出差异，然后从中分析产生差异的原因。

（2）比率法　是指通过计算各对比指标的比率，评价企业经营状况和效果的方法。其分析方法为首先把对比分析的数值变为相对数，再观察其相互之间的关系。

（3）因素分析法　是指通过指标组成各因素的变化，对指标本身影响的分析，以观察变化规律和原因的一种技术分析方法。因为企业生产经营活动的各个指标，都在不同程度上受到相关因素的制约，这些因素的变化会引起指标的变化。通过因素分析，能更深入地测定指标变化的原因，找到问题的根源。

5. 因素分析法的计算步骤是什么？

【答】1）确定分析对象（即所分析的技术经济指标），并计算出实际与计划数的差异额。

2）确定所分析指标是由哪些因素构成的，并按其相互关系进行排序。

3）以计划数为基础，将各因素的计划数相乘，作为分析替代的基数。

4）将各个因素的实际数按照上面的排列顺序进行替换计算，并保留计算结果。

5）将每次替换计算值与前一次的计算值相比较，两者的差异即为该成本的影响程度。

6）各个因素的影响程度之和，应与分析对象的总差异一致。

11-5 计算题

【解】用连环替代法（因素分析法分析）

$$材料费 = 工程量 \times 材料消耗定额 \times 材料单价$$

材料费支出的计划数为

$$(100 \times 10 \times 4) 元 = 4\,000 元$$

第一次替换，分析工程量变动影响

$$(120 \times 10 \times 4) 元 = 4\,800 元$$
$$(4\,800 - 4\,000) 元 = 800 元$$

由于工程量增加 $20m^3$，导致材料费增加 800 元。

第二次替换，分析材料消耗定额变动的影响

$$(120 \times 9 \times 4) 元 = 4\,320 元$$
$$(4\,320 - 4\,800) 元 = -480 元$$

由于材料消耗定额下降 $1kg/m^3$，导致材料费减少 480 元。

第三次替换，分析材料单价变动的影响

$$(120 \times 9 \times 5) 元 = 5\,400 元$$
$$(5\,400 - 4\,320) 元 = 1\,080 元$$

由于材料单价增加 1 元/kg，导致材料费增加 1 080 元。

分析结果： $(800 - 480 + 1\,080) 元 = 1\,400 元$

通过替代分析可知，材料费超支的主要原因是材料单价增加和工程量增加，而企业自身是努力的。工程量超过计划，材料消耗定额降低，既增产又节约。企业材料费超支 1 400 元，是由于材料单价提高的客观原因造成。